机器人占位

THE ROBOT IN THE NEXT CUBICLE

[美] 拉里 · 博耶（Larry Boyer） 著
于巧峰 译

未来职场中，如何防止被机器人抢饭碗

What You Need to Know to Adapt and Succeed in the Automation Age

中信出版集团 | 北京

图书在版编目（CIP）数据

机器人占位：未来职场中，如何防止被机器人抢饭碗 /（美）拉里 · 博耶著；于巧峰译 . -- 北京：中信出版社，2020.1

书名原文：The Robot in the Next Cubicle: What You Need to Know to Adapt and Succeed in the Automation Age

ISBN 978-7-5217-0869-1

Ⅰ . ①机… Ⅱ . ①拉… ②于… Ⅲ . ①职业选择 – 研究 Ⅳ . ① C913.2

中国版本图书馆 CIP 数据核字（2019）第 227996 号

The Robot in the Next Cubicle: What You Need to Know to Adapt and Succeed in the Automation Age by Larry Boyer;
Amherst, NY: Prometheus Books, 2018.

机器人占位——未来职场中，如何防止被机器人抢饭碗

著　　者：［美］拉里 · 博耶
译　　者：于巧峰
出版发行：中信出版集团股份有限公司
（北京市朝阳区惠新东街甲 4 号富盛大厦 2 座　邮编　100029）
承 印 者：中国电影出版社印刷厂

开　　本：880mm×1230mm　1/32　　印　　张：10.5　　字　　数：247 千字
版　　次：2020 年 1 月第 1 版　　印　　次：2020 年 1 月第 1 次印刷
京权图字：01-2019-4025　　广告经营许可证：京朝工商广字第 8087 号
书　　号：ISBN 978-7-5217-0869-1
定　　价：48.00 元

- 感谢尹华、劳里和马克斯给予我的鼎力支持和鼓舞。

- 献给我的父母，他们的爱和智慧给我带来惊喜，并一直影响着我。愿他们永远安息。

- 献给世界各地的劳动人民。他们应该了解未来的变化、挑战和机遇，了解今天可以做些什么，以迎接将来的变革和颠覆。他们和他们的家人都应该了解。

目　录

3 第三部分

生活在机器世界中的“人类” / 181

致 谢

本书是世界各地的人一生的经验、教育和学习成果的积淀，感谢每一位为本书做出贡献的人。

感谢本书的编辑史蒂文·L. 米切尔（Steven L. Mitchell）和普罗米修斯出版社（Prometheus Books）的其他成员。他们对本书理念的信任和在每一步路上对我的支持都是巨大的，感谢他们帮助我将本书呈现给广大读者。

感谢克拉克国际写作服务公司（Clarke International Writing Services）的斯蒂芬妮·克拉克（Stephanie Clark）在本书的研究、反馈和文本编辑方面给予我的帮助；感谢语法女神通信公司（Grammar Goddess Communications）的邦妮·佳蓓（Bonnie Karpay）、劳里·博耶（Lawry Boyer）和苏珊·鲁克斯（Susan Rooks），以及科技博客作家有限公司（Tech Blog Writer Ltd）的尼尔·C. 休斯（Neil C. Hughes），感谢他们的评论和支持；感谢优势集团（Ascendant Group）的拉乌尔·戴维斯（Raoul Davis）和基里尔·斯托奇（Kirill Storch）长期支持这个项目，帮助引导人们应对即将到来的变化；特别感谢我的图书代理人利蒂西娅·戈麦斯（Leticia Gomez），她使本书得以在普罗米修斯出版社出版发行。

感谢昆瑙·苏德（Kunal Sood）、索尼·莫迪凯（Sony Mordechai）和瑞恩·朗（Ryan Long）邀请我参加2016年联合国的罗福斯峰会（Novus Summit）。正是在那里，本书的理念在我的脑海中清晰起来，这一灵感来自许多人的伟大作品，这些作品对我产生了巨大的影响。我希望本书有助于实现联合国的可持续发展目标。

格雷格·S. 里德（Greg S. Reid）、秘密敲门声社团（Secret Knock community）、伯尼·多尔曼（Berny Dohrmann）和国际太空社团（Space International community）的首席执行官（CEO）对我的个人发展和心态产生了巨大的影响，他们让我明白了一切皆有可能。

我永远感激我的导师、教练韦恩·巴克霍特（Wayne Buckhout）。在我十几岁的时候，他对我的绝对信任和不懈支持让我坚信：只要用心去做，就能成功。不仅如此，他用自己的亲身经历向我展示了如何掌控自己的生活。他离开了安稳的教学工作，与他的妻子桑迪（Sandy）一起创立了猫咪摇篮乡村商店（Cat’s Cradle Country Shoppe），并将其进行了扩建。现在，我仍然喜欢去那里看望他们。

作为一名初出茅庐的物理学家，我在马萨诸塞大学经济学系师从戴尔·巴卢（Dale Ballou）博士，他引领我进行科学、经济和商业之间的融合研究，并给予我指导。艾拉·甘（Ira Gang）博士是我在罗格斯大学的导师，他无意间引起了我对劳动和发展经济学的兴趣。我在乔治·华盛顿大学的导师贝亚德·卡特伦（Bayard Catron）博士激励我进一步研究全球政策、伦理和决策方面的问题。

感谢教练专业卓越研究所（iPEC）的朋友、同事和培训师，特别是布鲁斯·D. 施耐德（Bruce D. Schneider）、卢克·约里奥（Luke Iorio）、马克·沙尔（Mark Schall）、艾伦·塞缪尔·科恩（Alan Samuel Cohen）和弗朗辛·克拉茨·卡特（Francine Kolacz Carter），他们帮助我提高了自我意识，让我学会了如何通过指导别人来给予他人支持。感谢创立个人品牌社团的威廉·阿鲁达（William Arruda）和丹·施瓦贝尔（Dan Schawbel），他们让我看到了个人品牌的价值。

感谢我在社交媒体平台经济学术（Ecademy）、领英（LinkedIn）和比比（beBee）上的好朋友和支持者：托马斯（Thomas）、彭妮·鲍尔（Penny Power）、胡安·伊马兹（Juan Imaz）、贾维尔·卡马拉（Javier Cámara）、约翰·怀特（John White）、萨拉·埃尔金斯（Sarah Elkins）、玛丽埃塔·金特尔斯·克劳福德（Marietta Gentles Crawford）、布里盖特·海厄森斯（Brigette Hyacinth）、米洛斯·久基奇（Milos Djukic）、戴维·B.格林贝格（David B. Grinberg）、卡马尔·阿里·可汗（Qamar Ali Khan）、波卡山·B. V.（Prakashan B. V.）、唐娜–路易莎·埃弗斯利（Donna-Luisa Eversley）、丽莎·加拉格尔（Lisa Gallagher）、苏珊·鲁克斯（Susan Rooks）、罗宾·D. 舒尔曼（Robyn D. Shulman）、保罗·特鲁里（Paul Drury）、阿尼·麦金尼斯（Arnie McKinnis）、雅基·吉娜（Jacqui Genow）、安德鲁·布鲁克斯（Andrew Brooks）、克里斯·斯珀维（Chris Spurvey）、琳达·施皮格尔（Lynda Spiegel）、卡

西克·拉詹（Karthik Rajan）、詹森·沃西（Jason Versey）、简·巴尔博萨（Jan Barbosa）、赛义德·拉希德·贾马尔（Syed Rashid Jamal）、堪瓦尔·马斯洛尔（Kanwal Masroor）和乔·可旺（Joe Kwon）。非常感谢他们。

最后，我要衷心感谢我的妻子尹华。她在家里对我的支持不仅激励了我，而且使我有时间把本书写完。

前 言

我的父亲在高中毕业后加入了美国陆军，学了一门手艺，也见识了这个世界。在离开部队后，他受雇于美国电话电报公司（AT&T），并一直努力工作，直到35年后退休。虽然我们普遍认为，当时的职业模式已经不适应今天的情况了，但我发现有一点对我们今天依然很有帮助，那就是我的父亲是如何从被我们称为第三次工业革命的浪潮中幸存下来的。第三次工业革命包括计算机化、电子技术和通信技术的转型浪潮。我并没有见证这次工业革命的发展，如果你成长于20世纪60～90年代，那么除非你进行过思考，否则你可能也不会注意到这次工业革命。

我的父亲在美国电话电报工作时是一名架线工，负责铺设并修理连接家庭和企业间的铜线，以便人们可以相互打电话。因为那时还没有移动电话，所以“电话”就是固定电话（Landline）。美国电话电报公司就是“电话公司”，它在20世纪60年代和70年代的大部分时间里都居于《财富》（*Fortune*）杂志美国最大公司排行榜的第10位左右。[1]毫无疑问，美国电话电报公司是第三次工业革命的巨大推动者，其引以为豪的贝尔实验室（Bell Labs）推动了从微波通信到视频通话等各个领域的颠覆性创新。从这方面来讲，成为这样一家开创未来的公司的员工是非常棒的事情。然而，并非一切都是快乐又美好的，在此期间出现的新技术改变了工作的性质，以致成千上万的员工失去了工作。

员工失去工作、面临压力不仅仅是因为技术变革，也存在其他方面的原因，比如经济周期、竞争压力以及美国电话电报公司最终的监管解体。经济、政治和社会动荡是家常便饭，这是一个从经济上来说“不可能”的滞胀时期，同时出现了高失业率和高通胀率。石油禁运、冷战、伊朗人质危机、储蓄和贷款崩溃、家人去世等等，都在强烈地提醒我们，即使没有技术变革，工作岗位也会被经济、政治和其他商业因素创造和摧毁。

我记得父亲带回家一台笔记本电脑，那是在20世纪80年代我们刚刚开始使用苹果二代电脑（Apple II）［在麦金托什机（MacIntosh）之前］的时候。他每天晚上都在疯狂地工作，甚至在我上床睡觉之后还在工作。他努力想弄明白这台机器能做些什么，以及这台机器将如何帮助他保住工作并照顾好家庭。随着光纤取代了铜线，他便把工作手册和样品带回家进行研究和实践。虽然修理铜线和修理玻璃纤维听起来是一样的，但二者涉及不同的技术。我记得他告诉我们兄弟二人：即使你们毕业了、完成了学业，你们的学习也永远不能停止。他既不是读《思考致富》（*Think and Grow Rich*）的那种人，也不是听励志演说家厄尔·南丁格尔（Earl Nightingale）演讲的那种人。这是生活向他展示的道理，这也是他对工作和家庭的奉献。对于一个只有高中学历的人来说，这是一种伟大的智慧。

如今，人们常常谈论人工智能、机器人和其他形式的自动化设备会如何给我们带来巨大的财富，或者它们将如何摧毁我们所知的生命。这些观点对任何人都没有太大的实际价值。除非你是国家元首，否则这些问题会在很大程度上分散你的注意力，让你无法关注对你来说最重要的事情——照顾好自己和家人。重要的是，你要知道除了人工智能和机器人之外还发生了很多变化。我们正处于一个新的工业革命的早期阶段，它可能比我们自第一次工业革命以来所看到的任何变化都更具有破坏力。在第一次工业革命中，机器取代了工匠、手工业者和其他技术工人，机器可以由没有技能的工人来操作，其运作成本低，却能为更多的消费者提供更多的优质产品。这种彻底的变化横扫各个行业，同时也在创造着全新的业务领域。

自动化的繁荣正迅速蔓延到其他类型的企业中。随着技术的进步，机器正在成为更有吸引力的员工，并被运用到越来越多的行业中去执行各种任务，如跟踪库存、接收快餐订单、种植庄稼、收获农产品、物流，以及订单的查找、检索和处理等工作。自动化系统甚至正在有效地取代律师、会计师和医务人员。对那些经营企业的人来说，在只需要有限的操作、监督和维护的自动化机器和系统上进行初步投资，其前景是令人兴奋的。宣传、招聘、培训并管理大量员工是一个持续化的过程，但员工流动率却很高，与此相比，使用自动化机器和系统的成本要小得多。

新技术会创造更多的就业机会还是会扼杀更多的就业机会？这是一个全球政治领袖、企业负责人、科技爱好者和经济学家都在讨论的问题。这虽然是一个很好的问题，但却不是你应该关注的问题。你需要回答以下两个问题。

第一，随着新技术的出现，你的工作和职业生涯将会发生什么变化？

第二，如果你失业了，那么你还能找到别的工作或者你还有其他收入来源吗？

人们常说，前几次工业革命使我们比以前更好、更强大了，因此我们也应该会在这次工业革命之后过得更好。这种观点的问题在于，工业革命通常会持续数十年，而这很可能是一两代工人的整个工作生涯，他们要与机器竞争，努力保住工作、照顾家人，同时等待工业革命的好处出现。问题不是“100年后社会是否会变得更好”，而是“你将如何度过明天和未来的岁月”。

大衰退可能是一个迹象，预示着将会发生什么。我们需要关注的是影响整个行业全面变革的关键特征，比如影响整个金融服务业的特征是什么。那些失业较早的人可能有幸在相同或相关行业找到另一份工作。然而，随着失业人数的迅速增加，一旦你失业了，你就无处可去了。长期失业率已升至第二次世界大战后从未出现过的水平，而且在10年之后会比之前大多数经济衰退时期的峰值都要高。随着经济的复苏，企业几乎没有必要重新雇用以前的员工，因为技术已经发展到了由更少的人就可以完成同一项工作的程度。

更加复杂的情况是，我们生活在一个更加互联互通的全球社区中，这种相互联通的程度是前所未有的。这个社区不仅能够使我们享受到世界各地的人生产的商品和提供的服务，同时也为我们的工作和商业产品带来了新的竞争（雪上加霜的是，全球人口继续增长）。尽管最近人口增长速度一直在放缓，但地球上每天仍有大量人口在增加，这意味着对现有工作岗位的竞争在加剧。自20世纪70年代以来，全球人口几乎翻了一番，达到了76亿人。[2]据估计，到2100年，世界人口将增长45%左右，达到110亿人。[3]新增的34亿人将如何谋生？青年失业和就业不足已成为世界上许多地区面临的严重问题。

本书将对这些问题进行探讨，并试图回答那些对大家来说真正重要的问题。我还想为大家提供一些方法来应对第四次工业革命带来的变革和颠覆，以便大家从技术中受益，而不是被技术抛弃。我们要回顾过去，了解过去发生的事情，从中吸取教训；我们也需着眼于现在，判断未来会出现什么情况，总结一个实用指南来指导我们的生活。

亚历山大·格雷厄姆·贝尔（Alexander Graham Bell）曾经说过："做任何事情之前，准备工作是成功的关键。"如果你对自动化的扩张感到好奇或者受到了它的威胁，并且想了解自动化将如何影响你所在的行业和你的个人生活，那么本书将回答你的许多问题，并帮助你做好准备，从而使你过渡到一个越来越为机器所操控的世界。

1

第一部分 了解技术进步，重新定义世界

第四次工业革命的技术革新不仅仅是引进新技术，还几乎从根本上颠覆了我们的生活方式、工作方式、储蓄方式、投资方式、思考方式、社交方式以及生活中的其他各个方面。我们必须了解正在发生的事情的进展情况，以便了解我们在其中的位置。

第一章
第四次工业革命：走向完美

或许，我们正处于人类历史上最激动人心的时代。今天我们所见证的技术进步正在催生新的产业，这些产业可以提供此前只存在于科幻作品和幻想领域中的设备、系统以及服务。各产业正在经历全面重组，以期发展得更好、更快、更强、更安全。你不再需要去“凑合”，因为系统定制可以完全根据你的要求提供必需品或渴求品。我们将很快释放基因增强技术、纳米技术以及其他相关技术的潜能，这些技术能够治愈多种顽疾，甚至能够延缓衰老，是不同领域的新发现所创造的奇迹。在不远的将来，一些令人难以想象的场景将变得司空见惯，比如，机器人外科医生使我们保持健康，自动驾驶卡车负责运送货物，劳碌一天的人在虚拟世界中获得欢愉。如果我们会在某一时代创造完美，那就是当今时代，而这一势头只会增不会减。

自人类首次学会使用原始工具生火以来，技术便给个体和整个社会带来了巨大变革，也令当时的人类感到恐惧、困惑和兴奋。而当每一次新的浪潮将技术进步推向那些渴望应用进步成果的人时，这些变革既产生了正面影响，也产生了负面影响。一些人因机械发明大受裨益，而另一些人却损失惨重，甚至因技术带来的巨变走向没落。但归根结底，虽然每个人都在以自己的方式慢慢地经历、承受并适应着技术力量所带来的变化，但是在昂首迈进21世纪时，我们经历了巨变和遭受了破坏，上一次规模如此之大的变革和颠覆恐怕要追溯到200年前了。

当下，我们正在经历世界经济论坛创始人兼论坛主席克劳斯·施瓦布（Klaus Schwab）所称的"第四次工业革命"。第四次技术进步浪潮正在借着前三次技术浪潮之力迅猛向前。这些技术浪潮之所以被定性为"革命"，是因为它们所涉及的不单单是某项技术的演变，许多跨学科的技术均取得了重大进步，而这些技术彼此交叉、影响深远，并且改变了商业和经济的运作方式，也改变了人们的生活和谋生之道。同时，上述变化也会对社会现状造成干扰，往往还会引发政治动荡。各行业当前竞相完善和利用的先进技术是建立在早期工业革命基础之上的，是对先前的发明、创意的升级和改进。如此说来，要想了解当前的技术革命，以及了解人们应如何适应技术革命以便与之共荣而不被抛弃，我们应该先了解一下技术革命的构建基础。通常，我们回顾工业革命便会得出这样的结论，即我们当初所付出的努力是值得的，因为每次工业革命都使我们的生活变得更好了。然而，要渡过革命的初期阶段却并非易事，即便是那些从这样的时代中大受裨益的人尚需痛苦挣扎，更何况其他人——他们的余生会因变革而毁于一旦。

第一次工业革命

17世纪后期，随着机械生产设备的大规模引进，第一次工业革命开始。18世纪后期，出现了以蒸汽驱动机器的新式动力形式，工业革命得以加速。这场革命便以惊人的速度向前推进，一直持续到了1840年。这是一个新的开始，标志着传统上由畜力或人力承担的劳动被机器生产取代。此前，社会得以运转的许多技能都由工匠提供。他们穷尽一生，努力获得相关技艺并完善服务，将知识传授给肩负行业发展使命的学徒。顷刻间，他们的工作被速度更快、价格更低、产能更大的机器生产取代了，他们的生活被颠覆了。1811—1813年的卢德运动便是人类价值与机器效率冲突的直接结果。这场叛乱的领头人便是一群技术工匠，因为各种机械设备取代了他们的工作，他们迅速失去了生计。大约就在那个时候，机器几乎取代了专业的羊毛整理工，直接威胁到这些人及其家庭的生计和福祉（有关卢德运动的详细介绍，请见第七章）。这既是人与机器之间的斗争，也是劳动者与资本家之间的较量。

机器的发明彻底改变了社会的某些方面。例如：纺织工业因使用了靠动力驱动的轧棉机和织布机而获益匪浅；机器的引入提高了企业主的生产和赢利能力，但同时也导致大量企业家和小企业破产；在工厂里劳作的工人要面临超长的工作时间和危险的工作条件；构成社会主体（约80%）的阶级变成了工人阶级，他们受雇从事满足社会整体需求的工作。由于机器开始接替传统的人类角色，工人失去了与企业主讨价还价的资本，所以企业对技术工人的需求量下降，财富从技术工人转移到资本家手中，并在较小程度上转移到包括儿童在内的非技术工人身上。

大规模机器生产引发的问题首先出现在英国和一些欧洲城市。机械化工厂和生产流程把更多的人从农场和村庄吸引到城市，他们希冀找到收入更高、稳定性更高的工作，并享受现代的繁华。工业化吸引了所有背景的劳动者，这不仅扩大了城镇人口规模，而且极大地减少了技术工人的数量。某些技术行业，如编织、缝纫和脱粒，几乎被机器取代。伦敦人亨利·梅休（Henry Mayhew）在一份名为《伦敦劳工和伦敦穷人》（London Labour and the London Poor）的文件中记录了他对日益增长的穷人的数量的担忧。他写道："……我们的工作岗位几乎不够半数的劳动者入职，因此只有150万人可以获得稳定的全职工作，还有150多万人只能做半日兼职，而剩下的150万人则会失业——只是偶尔顶替他人才能获得一日的工作。"[4] 梅休承认造成这种惨淡就业状况的部分原因是，"在某些行业里，机械取代了人类劳动……"。[5]

与新机器相伴而生的是对新型材料来源、新型制造方法以及新型技术的需求。受第一次工业革命影响而发展起来的城市要么靠近水体或煤矿等能源地，要么建立了复杂的运输网络。这导致了公共卫生条件的下降，因为工人们只能挤在缺乏供水和废物处理设施的棚户区。许多人因此而死去，还有许多人直接或间接地因机器取代了工作而忍饥挨饿。民众反抗恶劣的待遇和工作条件，从而导致革命频发。

处于萌芽期的美国几乎是一个基于农业生产的经济体，直到19世纪初美国开始使用机器生产，这种状况才得以改变。然而，第一次工业革命在传到美国后，其发展重心在北方城市，这使得美国梅森–迪克森线[①]以南的各州在技术上落后于时代。因此，意图控制奴隶劳动力的南方与意图控制资本（用于建造机器、获得收益的资金）的北方爆发了权力斗争。这场斗争也是1861年美国爆发内战的重要原因。尽管美国南方是向世界供应棉花等主要农产品的重地，但它缺乏更加精细的方法来收获、运输、加工农产品，而这些是美国北方的优势。美国南方的种植园和农场严重依赖奴隶和其他形式的人类劳动，与它们的北方邻居相比，南方城市拥有的铁路和银行机构比例要小得多。

战争爆发时，由于机器生产规模的扩大，美国北方各州已拥有重工业创造的大量财产、财富和自由，北方城市的制造业产量可以达到全国总产量的90%。而且，技术在各个领域得以应用，这使得北方较南方具有明显的优势。北方军队的武器装备更加精良，北方军人配备3 200支枪，而南方军队仅有100支枪，这得益于北方在机械加工方面的革新和发明。北方工厂拥有更大的产能，能够生产纺织品以制造毛毯和制服，能够生产皮革以制造鞍座和枪套，能够生产生铁以制造重型加农炮和枪支。北方还应用新机器来发展农业，机械化播种机、脱粒机和收割机加快了农作物种植和收割的速度，反而使其比农业占主导地位的南方具有更大的

① 梅森–迪克森线（Mason-Dixon line）是美国马里兰州与宾夕法尼亚州之间的分界线，曾为蓄奴州的最北边界线。——译者注

生产优势。第一次工业革命的先进技术也吸引了更多的移民来到北方城市，因为他们更喜欢现代化机器的优势，南方地广人稀的农场虽然舒适却已落后于时代。

交通是决定战争胜负的又一要素，北方铁路系统分布更广、更发达。当战争到来时，北方军队可以快速而有效地输送士兵和物资。在冲突即将结束时，北方军队统帅尤利西斯·S. 格兰特（Ulysses S. Grant）将军借助不断扩张的铁路网以及蒸汽船方面的技术进步，压制了南方罗伯特·爱德华·李（Robert Edward Lee）将军的力量，并控制了越来越多的南方城市。综合来看，现代化工厂、机器、运输系统以及不断涌入的大量人力，使得北方具有更大的优势。这场兄弟相残的可怕战争也有积极的一面，那就是技术进步极大地加快了美国的现代化进程。到1900年，这个初出茅庐的国家竟成为世界上最大的工业强国之一。

工业化初期创造了大量新的工作职位，并为已就业的人提供了许多机会和利益。然而，大部分涌入新兴机械化工厂和企业的工人，都要忍受恶劣的劳动条件、超长的工作时间以及老板的专横压制，这一切都与他们以前在农场和小村庄里慢条斯理的弹性生活方式截然不同，那时他们基本上都是自己管理自己的事务。机械化带来了很多好处，相比之下，贫穷、拥挤不堪的居住条件以及没有时间或精力去享受这些好处就算不上什么了。

为了解决这些几乎在一夜之间出现的大规模问题，政府进行了重组和转型，制定了建立工会和保护环境的法律。那些接受并适应了第一次工业革命的社会经历了快速的发展，新技术迅速使工业经济体和非工业经济体之间产生了巨大的差异。工业化国家蓬勃发展，因为新的以机械为驱动的制造业和运输业使得货物的加工和运输比传统方式更丰富、更廉价、更快速，从而降低了许多货物的成本。值得注意的是，食品价格整体下降，有助于减少人口中的营养不良和疾病的发生，这使得工业化国家拥有了更强大、更健康的公民基础。虽然在工厂车间里长时间的艰苦工作取代了传统的家庭聚会和社交节庆活动，但令人开心的是，音乐厅、剧院以及体育场馆在城市里兴起，板球、足球、橄榄球等成了越来越受人们欢迎的体育运动，这些奠定了我们今天所看到的大都市的基本结构。

第二次工业革命

第二次工业革命有时被称为技术革命，发生在1870年左右，并一直持续到20世纪中叶。由于钢取代了铁，所以像摩天大楼和桥梁这样的更大、更坚固的结构，以及像机车和船舶这样更高效的运输方式产生了。橡胶的硫化和内燃机的发明催生了大规模的汽车运输。发电站提供的电力提高了生产率，并延长了生产时间。电报和电话的发明实现了快速、实时的通信，进而打开了全球化的大门。随着机械化印刷机可以大量地印刷材料，以及越来越多的大学被建立，人们的读写能力也得到了快速提升。像装配线这样的新业务流程重塑了工作方式，使工人能够以前所未有的速度和更低的成本生产更多产品。

这一波技术浪潮极大地影响了社会、企业和政治领域，改变了人们日常生活的每一个方面。从第一次工业革命开始的大规模移民现象仍在持续，人们纷纷离开乡村搬到大城市，去工厂工作。到20世纪20年代，美国大多数人生活在城市中。具有讽刺意味的是，机器转移到了农村地区，在那里，机器逐渐取代了农民来种植农作物和饲养牲畜。20世纪初，美国有近40%的劳动力在农场工作，但到了20世纪末，这一比例已经下降到3%以下。

早期，工人继续忍受着恶劣的工作条件、超长的工作时间和极低的工资待遇。火灾、事故和健康状况不佳等问题所造成的损失和伤亡，使得安全问题困扰着发展中的工厂。正是在这段时间里，厄普顿·辛克莱（Upton Sinclair）写了他的经典著作《屠场》（*The Jungle*），这本书讲述了芝加哥肉类加工厂的恶劣工作条件。那些生病的工人或者有幸能工作到退休年龄的工人不得不依靠储蓄度日，因为那时根本不存在养老金、加班费、假期和医疗保险等福利。因为人们的工资仍然很低，所以人们通常需要用家庭里所有成年人赚的钱（有时甚至是孩子们赚的钱）来支付房租、购买食物。由于大家庭或几代同堂的家庭只能一起住在狭小的房间或公寓里，住房条件拥挤不堪。虽然自来水在这段时间开始普及，但起初仍然非常少见，水的限制供给使得拥挤的民众没有清洁用水。

像第一次工业革命一样，第二次工业革命的初期也发生了大量的冲突。1894年春天，美国的普尔曼罢工（Pullman Strike）关闭了大部分铁路运输，造成30名工人死亡，损失总额超过8 000

万美元。罢工的起因是铁路车辆制造商普尔曼公司（Pullman Company）因铁路行业业务下滑而下令降低工资。普尔曼公司在芝加哥南部拥有住宅和商店，对于居住在这个“公司城”里的员工来说，困难尤为严重，因为普尔曼公司降低了员工的工资，却拒绝降低住房租金和商品价格。尽管业务低迷，普尔曼公司依然选择向股东支付股息，这进一步激怒了工人。

美国铁路工会于当年（1894年）6月加入了罢工。27个州共计12.5万名工会成员拒绝在使用普尔曼车厢的列车上工作或服务，这严重影响了密歇根州底特律以西的铁路运输。最后，格罗弗·克利夫兰（Grover Cleveland）总统进行了干预，法院以扰乱美国邮政局（U. S. Postal Service）投递邮件为由颁布禁令要求罢工者停止罢工。罢工者拒绝服从，克利夫兰总统遂命令美国军队前去镇压，铁路工人和政府军队发生了暴力冲突，之后罢工才慢慢结束。

工人与企业主（或资本家）之间的斗争一直持续到这一时期，形成了社会和政治的基本结构。正是在第二次工业革命期间，马克思主义、社会主义和共产主义开始受到欢迎，特别是在财富分配特别不均衡的地区。这一时期的美国——“强盗大亨”[①]——一跃成为工业巨头，对美国经济和政治舞台的方方面面都负有责任。共产主义者和资本家在哲学上不同的经济观和世界观将继续影响未来几十年的全球政治和经济。

① 强盗大亨是指在早期资本主义中通过巧取豪夺起家的美国新兴工业巨头和暴发户。——译者注

与第一次工业革命一样，第二次工业革命也带来了更大范围的进步，而且影响更为深远。电力的使用、大规模生产、劳动分工都开始造福于普通民众。经过调整生产过程，产量得以大大增加。专门的区域被开辟出来，以便利用新技术的公司可以作为一个独立的社区进行运营。人们的工资开始上涨，更多的人能够买得起大批量生产的产品。这一趋势真正开始于1914年，那时各家媒体都在头条位置报道福特公司的日薪比其他公司高出近1倍，达到了5美元。工资的上涨减少了成本高昂的员工流动，不需要培训新员工，也结束了因缺乏合格工人而导致的工厂停工。

随着工业革命向前迈进，社会其他方面的进步也变得明显起来。20世纪末，美国劳动力中女性的比例从最初的19%增加到60%左右。童工保护法得以实施，美国在1900年的人口普查中所记录的15岁以下的童工减少了175万人。美国还颁布了其他法律，规定了最低工资、医疗保健、养老金、假期、减少工作时间、强制加班费等福利待遇。政府也从以国家为中心的政府转变为以公民为中心的政府。公民积极投入劳动，推动了生产、运输和贸易的不断发展。

当然，对更高技术的追求并不都是有益的，在人与人的对抗中更是如此。当第二次工业革命以其创新和发明的新浪潮汹涌而至时，欧洲已经拥有了巨大的武器库存，领导者对于如何使用这些武器感到不知所措。这一时期的各种战争，如克里米亚战争（Crimean War）和俄土战争（Russo Turkish War），使得这些过剩的武器派上了用场，也推动了战争技术的进步，比如更大的机动性、更远的射程、更高的精准度和更强大的破坏力等等。

到1914年第一次世界大战爆发时，新的军事机器的生产速度比以往任何时候都要快。手枪、步枪和手榴弹等现有武器得到改进，武器种类扩大到包括化学武器、鱼雷和机关枪等致命武器。机械化车辆也是第一次世界大战战场的重要组成部分，由于技术的改进，其他模式的移动战争机器也得以应用，如装甲车、履带式运输车辆、齐柏林飞艇、飞机和坦克等。但大多数军事机器仍然相当笨拙，或仅局限于次要角色，例如，飞机主要被用作侦察敌人动向或战略目标的观察车，坦克直到战争结束时才配备了旋转炮塔。

第二次世界大战始于1939年，这次大战不仅引入了改良武器，还促进了更大范围内的技术发展。通信技术是一个主要发展，无线电可以使飞机和地面武器实施更好、更精确的打击。手持式和手动武器得到了改进，包括半自动机枪、全自动机枪、火箭筒和迫击炮等。先进的装甲技术使车辆更能抵御战争的破坏。飞机也得到了改良，提高了作战能力，并增加了航空运输和空降兵空投等重要功能。技术进步促进了由航空母舰和战列舰组成的大型航海舰队的发展，这些舰队不仅拥有强大的火力、作战能力、补给能力，还配备了声呐和雷达。随着登陆艇的研发，两栖作战车也成功地投入使用，海陆攻击不仅成为可能，而且行之有效。飞机的改进使其不再局限于侦察任务，也可以使用机枪和炸弹进行致命打击。

虽然军事机器的发展使人类可以更有效地摧毁和杀死彼此，但技术进步也为那些寻求和平、追求更美好生活的人提供了同样惊人的好处。战争催生了很多有用的物品和设备，并应用于平民生活和商业世界中。计算机是在战争中发展起来的，其主要目的是破译恩尼格玛代码（Enigma codes）。青霉素是为治疗战场上被严重感染的士兵而研制出来的，从那时起青霉素挽救了无数人的生命。喷气式发动机、增压舱、火箭和卫星也是战争催生品，它们大大提高了飞行速度，促进了和平时期的太空探索以及用于通信和车辆导航技术的数字信号的发展。核能也被发展成了一种手段，用来迅速制止代价高昂的战争——不仅会消耗大量的资源，也会摧毁大量的生命。核能还被开发成了一种廉价能源。最新数据显示，截至2016年11月28日，31个国家在运营450座核电站，还有16个国家正在建设核电站。[6]其他源自战争的有用发明包括雷达、微波（因此出现了手提式烤箱）、强力胶、合成橡胶、圆珠笔和复印技术。

工厂的进一步机械化带来了更高效的装配线，也创造了更多的就业机会。所有这些新技术扩大了贸易和通信的范围，提高了个人权利，也扩大了受过良好教育的人口数量。更大的社会阶层能够获得更多的商品，这促使了唯物主义文化的形成。虽然更多的人可以体验到奢华、舒适的生活，但不受管制的制造业在带来好处的同时也为未来的环境和资源问题埋下了隐患。今天我们正经历大规模的全球变暖、气候变化和资源枯竭等问题，其隐患都是在第二次工业革命期间被埋下的。

第三次工业革命

20世纪60年代后期迎来了第三次工业革命或数字革命。电子、自动化生产和计算机数据技术淹没了整个社会。这些新的发展最终刺激了全球化的发展，进一步降低了零部件、劳动力、技术和制成品的成本。全球生产网络是在开发新制造技术的运动中发展起来的。越来越多的在前两次工业革命中被甩在后面的国家加快了发展，并开始提供更廉价、更丰富、更优质的产品和服务。在此期间，工业机器人、微型计算机、便携式音视频录制、互联网和快餐生产如雨后春笋般出现。不断发展的技术在冷战、制造业的戴明[①]方法和星际空间旅行中发挥了作用，人类登上了月球，探测器飞越了所有行星并在金星、火星甚至彗星上着陆。技术继续向前发展，在经济、政治和社会各方面重塑世界。最主要的变化在于战争方式，以往的战争是使用破坏性武器在物理战场上进行，而现在的战争主要是思想理念上的战争，利用电波、互联网和跨文化交流来获得优势。

因为提高企业效率的技术得到了改进，这些趋势导致许多制造企业衰落甚至消亡。特别是在石油和天然气行业，由于石油、天然气能源开始被更先进、更环保、更清洁的能源工艺取代，其产量急剧下降。让能源行业的问题更为复杂的是，旨在转移和利

① 戴明的全称是爱德华兹·戴明（W. Edwards Deming），他是世界著名的质量管理专家，他因对世界质量管理发展做出的卓越贡献而享誉全球，他最早提出了PDCA（计划、执行、检查、处理）循环的概念——又被称为戴明环。——译者注

用这些燃料的整个基础设施正在老化且年久失修，而气候的显著变化开始暴露出过度依赖化石燃料的代价。

20世纪70年代和80年代，日本人利用先进的机器人技术战胜了美国汽车制造商。机器人装配线在制造技术上的进一步发展，加上日本工人勤奋、忠诚和专注于质量，使得日本的汽车制造商相对于美国公司具有明显的优势。同时，日本工人也得到了更好的待遇，他们感觉自己是公司的重要资产，这强化了已经灌输在他们心中的良好工作习惯。由本田和丰田等公司生产的汽车因其更高的质量标准击败了由美国公司制造的汽车，在美国公路上随处可见。由于日本及德国汽车的巨大销量，克莱斯勒（Chrysler）公司近乎破产，随后政府对其施以援手，推动这家美国汽车制造商扩大生产，以求在竞争中占有一席之地。然而，经济衰退、能源危机以及政府对燃油效率和环境标准的强制性规定成了“彻底压垮”克莱斯勒的最后一根稻草。

美国工人的待遇问题是导致美国汽车质量和销量下降的另一个重要因素。尽管美国公司正在部署与日本相同的机器人技术，但美国工人仍然被分成蓝领和白领两类。心怀不满的蓝领工人积极争取更好的组织和更高的工资，从而导致工会罢工和斗争频发。随着工会组织的建立与发展壮大，工人的工资大幅增长，汽车制造商开始把工厂转移到劳动力众多且价格低廉的国家。税收的削减促进了贸易，这吸引了一些汽车制造商及其辅助企业到别国进行生产经营。因为感受到了技术扩张带来的各种压力，许多公司已经在调整业务模式和管理结构，以便在快速增长的全球市场中更好地参与竞争。

数字时代为全球扩张提供了大量机会，因为我们现在可以在地球上任何能够访问日益庞大的数据共享系统的地方开展业务。随着数字革命的推进，政府进行了重大改组。信息的大规模共享催生了广泛而影响深远的自由贸易协定，大量的就业机会流向离岸目的地。就业机会的转移导致了美国和某些欧洲国家的失业率增加，但也出现了更便宜的产品和消费主义的扩张，一些发展中国家由于能提供更廉价的劳动力和运营成本而承接了大量转移来的工作，得以发展。先进技术直接引发的革命再一次改变了政治版图的面貌。科技的蓬勃发展导致苏联和东部集团①垮台，也引发了一些国家的暴乱。此外，技术通过移动设备和社交媒体发挥的作用也是阿拉伯之春运动②的促成因素。

毫无疑问，随着更多行业纳入计算机化机制，计算机和连接它们的互联网的到来正日益成为实现这种巨大变革的推动力。正如之前的技术革命一样，这项新技术带来了很多有利因素，也带来了很多不利因素。从积极的方面来说，随着计算机化的机器和软件系统日益取代成本高、容易出错而又容易受伤的人类劳动力，工厂和企业变得更加高效。机器接管了一些危险的工作或重复性的会导致应力损伤的工作。操作和维护这些机器需要更少的人手，

① 东部集团（Eastern Block）是北大西洋公约组织对中欧及东欧的社会主义国家的称呼，通常指以苏联为首的华沙条约组织国家。——译者注

② 阿拉伯之春（Arab Springs uprisings）是阿拉伯世界的一次革命浪潮，2010年发生在突尼斯的自焚事件是整个阿拉伯之春运动的导火索。一些国际机构评估结果显示，这场运动造成9 000亿美元基础设施损失，140多万人死亡，1 500多万人沦为难民。——译者注

但这些机器却可以运行更长的时间、生产更多的产品和花费更少的费用。对于那些拥有保持这些机器运行不受阻碍所需的专业技能的人来说，新的空缺变得越来越多。所有这些因素也导致了价格的下降，使更多人能够享受到创新带来的好处。

然而，坏消息是，成千上万的工厂工人、电话接线员、秘书以及其他人员被数字化取代。这也是造成收入较高的高技能工人与收入较低的低技能工人之间差距扩大的一个因素。富人、资本家和工人之间的差距也开始扩大。

1987年10月19日的“黑色星期一”①股市崩盘是由电脑交易造成的。2007—2008年的大衰退见证了房地产市场的崩盘，而这场大衰退也因数字化而愈演愈烈，因为银行家可以接触到更多不受监管的交易。黑客和恐怖组织也迅速利用计算机系统的漏洞，对消费者、公司和整个社交中心造成严重破坏。数字化已经成为一种武器，它拥有的力量与军事化的机器相当，甚至更多。

第四次工业革命

第四次工业革命是在数据存储、连接、分析、材料科学、生物工程等领域取得一系列突破之后兴起的。克劳斯·施瓦布博士

① 黑色星期一是指1987年10月19日（星期一）的股灾。当日全球股市在纽约道琼斯工业平均指数带头暴跌下全面下泻，引发金融市场恐慌以及随之而来20世纪80年代末的经济衰退。——译者注

就这个主题写过一本书以及很多文章，用他的话来说："我们正处于一场革命的开端，这场革命正从根本上改变着我们生活、工作和相互联系的方式。就其规模、范围和复杂性来看，我认为第四次工业革命不同于人类以往经历过的任何革命……"[7]

实际上，这场技术革命旨在通过解决前三次革命中出现的各种问题来改善人类的状况。人们正在利用先进技术，特别是移动设备、互联网上的社交媒体网站和其他相关来源的先进技术，来更好地分析趋势，并对新出现的冲突提供实时警告和做出响应，从而最大限度地减少冲突。这是由于世界上一半以上的人口拥有或者可以使用计算机或移动设备。[8]随着技术将越来越多的人联系在一起，分享信息并找到和平手段来解决问题的潜力是巨大的。我们面临的挑战是要持续关注并利用技术的快速进步，以造福人类。这个在生物技术、纳米技术、3D（三维）打印、物联网、量子计算、大数据分析、能源生产与存储、材料科学、空间工业化、虚拟现实、区块链、无人机、机器人技术、人工智能等更多领域不断涌现出高科技进步的时代是如此重要，以至2016年1月在瑞士达沃斯–克洛斯特斯（Davos-Klosters）举行的世界经济论坛将"把握第四次工业革命"作为论坛的主题。在2017年的世界经济论坛中，该主题也得到了高度的重视。

我们看到，随着科技与家电、电脑、金融产品、智能设备、数据存储系统、运输、通信等更多领域融合并逐渐占据主导地位，科技正在从根本上改变我们的生活。某些技术发展得如此先进，以至它们可以与人体融合，从而增加智力、增强力量、治愈创伤、诊断疾病、提高性能、即时操作外部机器等。纳米技术使得科学可以深入研究微观世界，取得了诸如治疗疾病、治理污染、发展量子计算、创造极其微小的电源等“奇迹般”的功绩。基因组学的目标是通过识别并治疗或消除我们遗传物质中根深蒂固的不需要的遗传性状，从而彻底改革医疗保健。基因组医学被定义为“一门新兴的医学学科，它将个体的基因组信息作为临床治疗的一部分（比如用于诊断或治疗决策），以及临床应用的健康结果和政策影响”。[9]这种医学方法利用DNA（脱氧核糖核酸）测序和生物信息学来分析整个基因组结构，以确定其功能。

脸书（Facebook）最近宣布，它计划开发一个接口，允许在不使用侵入性植入物的情况下实现人脑与计算机之间的通信。其目的是提供一种方法，人们通过该方法可以扫描、检测某人的想法，然后将这些想法翻译成文本，而无须进行物理输入。最初，脸书的目标是通过纯思维技术，让大脑每分钟输入100个单词。这种脑–机接口的潜力可能实现无须使用外部控制器和屏幕即可控制虚拟现实技术设备和增强现实技术设备。脸书研发团队正在开展的另一个项目涉及所谓的“皮肤听声”，是指计算机软件能够将声音转化为频率，这种频率可以像耳朵一样通过皮肤发送和接收信息。如果成功开发，那么这种技术可以让听力有缺陷或听力丧失的人进行有效的沟通。[10]

身为亿万富翁的技术开发者埃隆·马斯克（Elon Musk）正在

试验一种类似的脑–机接口——被称为“神经连接”（Neuralink）。其理念是创造一种可植入大脑的设备，使接收器能够像人工智能一样与计算机进行交互。[11]马斯克在迪拜举行的世界政府峰会（World Government Summit）上表示：“随着时间的推移，我认为我们可能会看到生物智能和数字智能更紧密地结合在一起。”他相信这种半机械人式的技术可以作为一种手段，使人类能够有效地完善自己。[12]

随着加密货币的普及和使用范围的扩大，世界金融体系的重组成了新技术的另一个目标。比特币是2008年推出的首个电子现金系统，发明者中本聪将其描述为“一种点对点的电子现金系统”。[13]尽管比特币起步较慢，但使用比特币和其他虚拟货币的想法已经形成了势头。2017年9月的一项调查显示，78.5%的美国人听说过比特币，40%的受访者表示愿意在将来使用比特币，14%的美国人承认自己真正拥有比特币。[14]比特币继续引领加密货币技术的潮流，但也面临着其他虚拟货币的激烈竞争，这些货币在概念期就已经兴起了。目前，处于领先地位的加密货币包括莱特币（Litecoin）、以太币（Ethereum）、大零币（Zcash）、瑞波币（Ripple）和门罗币（Monero）等。

除了具有加密货币的功能外，目前很多区块链应用程序正在被开发出来，以管理电网、供应链和会计系统，以及提供网络安全支持。区块链有可能彻底改变处理业务和交易的方式。开发和采用类似技术的公司有更大的机会发展起来，并取代或干扰不采用这些技术的竞争公司。区块链技术与开发量子计算能力的结合，可能会对许多企业和工作岗位产生惊人的影响。企业可以利用区块链应用程序来组织医疗数据，创建有效的媒体平台，跟踪能源的使用和交易，以及营销房地产。银行业和金融业将发现区块链有助于改善资本市场，提供点对点交易，帮助账户加密（帮助侦测和阻止金融诈骗和洗钱），改善贸易融资交易，以及提供安全、透明的保险单和索赔处理。区块链应用程序对政府改善记录管理、税收管理、监督管理、投票平台管理和身份管理也有很大的作用。区块链技术还在诸如商业许可、教育、预防欺诈、证券交易、数字化制造，以及追查食品、车辆、货物和各种类型的资金等领域提供了多种好处。

随着机器服务于社会上越来越多的领域，现实世界和虚拟世界的技术界限变得越来越模糊。创造这场新的工业革命的并不是这些技术中的任何一种，而是许多技术、新形式的能源生产和存储，以及商业模式的融合，这种融合正被用来创造新的、不可预测的东西。由于我们正处于第四次工业革命的初期，我们还不能看到将要发展的所有新技术，不知道它们将如何结合，也不知道它们将对社会、就业、经济以及我们的生活方式产生何种影响。然而，我们可以看到的是，大量的技术正在被开发，并且即将被商业化，从而成为我们生活的一部分。商业、就业市场、政府和整个社会的“规范”正以闪电般的速度发生着更深层次的变革。已经为第三次工业革命做出重大调整的公司和个人，正被迫再次进行文化和组织调整，以满足新出现的需求和挑战。具有讽刺意味的是，人们所寻求的高科技的进步是为了解决科技自身持续发展所产生的问题。

与之前的三次工业革命一样，目前的这场革命造成了对社会和工业的破坏。那些适应这些变化的人正在发现高科技的好处，而那些不能适应的人则被进一步推向深渊，并落后于时代。这个被称为“分析革命”的时代也被人们誉为一个充满希望的时代。技术在不断进步，如果我们可以本着对社会负责的目的利用技术，那么技术无疑会给我们提供前所未有的机会。我们有机会在智能城市世界中享受更健康、更安全和更幸福的生活，这些城市以自然能源为动力，能够提供生产效率更高、成本更低的产品和服务，并受到网络安全系统的保护。

然而，人类与机器人正在进行的融合无疑也会带来大规模的、相对未知的变化，这将促使政府、科学家和企业负责人跨越伦理、安全和理性的界限。当前的工业革命有可能会比以前的工业革命造成更大的破坏，因为工人的失业率将比以前更高。一项又一项的研究表明，数以千万计的就业岗位正在流失，这些研究的数据是一致的。[15]蓝领和白领员工的大规模转移会发生在世界人口接近80亿人的时候，这种人员向高科技产业的大规模转移将最终给公司负责人、政府和其他政策制定者带来巨大的压力，使他们难以找到应对剧烈社会变化的方法。我们还不知道这些变化的程度，以及这些变化最终将如何影响我们的个人和社会生活。尽管如此，为了确保自己能够更好地适应技术进步，而不被淘汰，做好准备有益无害。

变革的动力

当前，许多新技术正引发着巨大变革，这在不久的将来会对经济产生极大的影响。实际上，这种变革正在全球范围内的每个领域发生。共享信息和数字化可访问数据的爆炸式增长使技术的巨大进步成为可能。变革发生得如此之快，以至个人、社会团体发现要跟上变革的步伐是极其困难的。那些挣扎和落后的人很可能在他们努力生存的过程中动摇、失败，并陷入可怕的困境，同时眼睁睁地看着比他们更有准备的社会阶层从他们身边经过并继续前行。

自人类诞生之初，技术就被认为是一种积极的因素。从更精准的狩猎武器和建筑方法到更好的供水和农业形式，技术进步简化和改善了古代部落的生活，帮助它们成长为蓬勃发展的、多产的文明社会。工业时代见证了技术的爆炸式发展，就像盛开的玫瑰花一样。一个多世纪的时间，短得就像宇宙时钟上的一次嘀嗒声，但就在这么短的时间里，人类已经创造了跨越国界、连通世界各地的运输体系，能够预防和根除疾病，实现全球实时通信和太空探索等“奇迹”。因此，我们活得更长久、更健康，有更多的钱购买我们想要的东西，有更多的时间享受娱乐活动或发展爱好。

第一次工业革命虽然产生了很多积极的因素，但却并不容易，也不值得庆祝。第一次工业革命给社会造成了长达数十年的严重破坏，比大多数人的工作时间还长。一代又一代的工人及其家庭受到了变革的影响，这些变革是令人不安的，甚至是动荡的。因为突然之间，人们就受到了不同的对待，政策不得不进行重大调整，教育和工作时间表也出现了变化，这些颠覆了以前的治理、结构、指导、流程和生活。适应对于跟上整个社会的技术发展是至关重要的。

随后的工业革命造成了同样令人紧张的破坏。例如，第三次工业革命突然使成千上万个电话接线员丢掉了工作。随着技术的进步，大多数职位发生了根本性的变化，那些处于职业生涯末期的员工勉强可以在退休时全身而退。然而，那些失去工作的年轻人则不得不寻找新的专业知识来源，以适应新的模式，否则他们会发现自己被抛弃了，因为他们所拥有的知识和经验已经不再被需要。这些变化是在较短的时间内发生的，只会越发增加受到技术影响的人们的压力，因为这些技术威胁到了他们的生计。

但技术应用的进展似乎并没有放缓。事实上，创意和发明正以近乎危险的速度加速发展。机器人技术、纳米技术、量子计算、3D打印、人工智能以及其他快速发展的科学正在打开我们不熟悉的领域的大门。实际上，在完全理解这些科学技术将把我们带往何处之前，我们就已经意识到了这些可能性的结果。开发和启动大量尚未开发的技术既令人振奋，又存在潜在危险，因为这些技术有可能彻底地改变我们的物理、生物、数字和经济世界。明智的做法是，后退一步，清醒地看待这些技术进步将如何改善我们的生活，同时考虑到它们对个人、公司、社会结构和整体经济可能产生的负面影响。

论据：更好的生活

发展新技术的一个有力论据是，新技术将继续极大地改善我们的生活。例如，机器人领域的发展正在彻底改变制造业，这被认为对雇主、雇员和顾客都有利。公司领导们大力宣传自动化机器人不仅可以节约资金，减少员工培训和费用，以及提高效率，还可以增加专业员工的工资，减少事故和医疗费用，以及降低人们购买产品的整体费用。这些都是千真万确的，并且受到了投资者和其他准备从技术进步中获益的人的欢迎。

然而，这里仍然存在一个很少被人谈论的重大长期问题。使用机器人技术的公司能够降低成本和提高利润，这主要是因为生产和交付产品所需的员工大大减少了。当然，在企业主及其投资者眼中，这被视为一种超级积极的资产，但一个消极的方面正慢慢显露出来。随着企业运营的重心转向更便宜、更可靠、更先进、更高效的机器人技术和分析技术，这些被取代的员工该怎么办呢？目前，这些人正在转向服务型工作，而这些工作的薪水往往很低，福利几乎没有，压力大，满足感低，而且人员流动率高。那些连低收入工作都找不到的人则依靠慈善或政府救济来维持生计。

随着那些传统上依赖人力的“低技能或低薪酬”企业像其他大公司一样越来越多地转向自动化机器人和分析程序，以取代人力，这个问题就进一步扩大了。麦当劳、哈迪斯、卡乐星和其他快餐店正在关注机器人领域未来的不断发展。2012年6月，利姆诺斯岛实验室（Lemnos Labs）发布了一个演示制作汉堡的机器人原型，该机器人能够准备牛肉馅饼，并配上所有需要的配菜，然后进行打包，整个过程只需几分钟就可以完成。该公司称，这种机器人可以取代两到三名全职员工，每年为每家快餐连锁店节省9万美元，在全美范围每年节省90亿美元。[16]另一家公司——动力机器（Momentum Machines）计划在旧金山开办一家原型机器人餐厅，该公司发布了一则广告，招聘一名“餐厅通才”。[17]一个幸运的人将负责接收订单、安排轮班、做清洁工作和其他机器人无法完成的任务。当然，根据广告，这个人还必须“学习一些不属于典型餐馆工作的新技能”，包括解决机器人的软件问题、处理客户投诉以及确保有效的产品销售等。[18]

总部位于伦敦的莫利（Moley）机器人公司在德国举办的2015年汉诺威工业博览会（Hannover Messe trade fair）上展出了一个机器人厨师原型，展示了未来科技。机器人厨房（Robotic Kitchen）包含一个传统的烹饪灶台面，配备一个现代的打火灶、一个烤箱、一些置物架、一个水槽和两个由影子机器人公司（Shadow Robot Company）开发的精密的机器人手臂。影子机器人公司开发的产品被世界各地的公司使用，其中包括美国宇航局（NASA）。这款机器人已由2011年“厨艺大师”（MasterChef）获奖者蒂姆·安德森（Tim Andersen）完成编程，基本上能够根据命令完成任何烹饪任务，包括组装炊具、准备食材、烹饪和烘焙，甚至洗碗。该机器人预计包含数千个已安装的应用程序食谱，并配有一个类似视频制作的动作捕捉系统，允许在线共享烹饪演示。机器人厨房最适合用于有足够空间来容纳工作臂的住宅或公寓。[19]

这一趋势并未就此止步。除了制造业和食品服务业之外，其他领域（如农业、环境研究、康复甚至一般医疗保健）也在积极寻求机器人技术的应用。绝大多数行业都在考虑使用高科技机器，包括军事、运输、安保、金融、物流、石油、天然气、采矿、医疗、酒店和建筑。这些技术越精细、越高效，就越容易被更多的行业吸收。随着越来越多的公司开始利用机器人技术和其他形式的“成本效益”技术，其他仍然依赖传统方法的公司将被迫追求这些技术，以参与竞争。其结果将是，越来越多的人被机器取代，这些机器可以更有效地完成工作或者需要具有专门技能的人来操作。

迅速发展的技术正在削减人们梦寐以求的工作岗位，并终将取代大批工人。很多人认为这不重要或者完全忽视了这一事实，但对于公司领导者及其投资者来说，这似乎是一座金矿。但是，当今世界上的人口超过70亿人，而且贫富差距还在不断扩大——中产阶级的不断侵蚀加剧了贫富差距。随着如此多的人因技术进步而失业，而且难以找到可持续的谋生手段，那么购买那些“更实惠”的产品的钱将从哪里来呢？

进入智能机器时代

毫无疑问，机器、算法、计算机和其他高科技产品比它们的人类创造者更快、更智能、更强大、更精确和更高效。然而，它们仅仅是冰冷的机器和盲从的仆人，它们被编程以按照特定的指导程序开展工作——至少目前它们符合这个定义。机器和操作系统仍然需要人类来开发和进行设置，以确保其按照设计持续运行。只要这种说法是正确的，就需要有人来做这些工作，以维持机械驱动的经济引擎持续运转。

然而，第四次工业革命中人类的参与方式正在迅速变化。在2016年特斯拉的股东大会上，首席执行官埃隆·马斯克和首席技术官J. B. 施特劳贝尔（J. B. Straubel）讨论了创造可以制造机器的机器人的可能性。[20] 埃隆·马斯克是机器人技术和人工智能技术的先驱，为诸多“奇迹”铺平了道路，比如无人驾驶汽车，革命性的可持续发电和储存，将超高带宽脑–机接口连接到计算机和人类的神经链开发，超级高铁（hyperloop）运输，以及星际空间旅行。他声称星际空间旅行将使人类成为多行星物种。[21] 马斯克甚至与别人共同创立了一个名为“开源人工智能”（Open AI）的非营利性组织，旨在确保安全地使用人工智能，以防止现实生活中的天网①事件发生。[22]

大多数人无法相信我们正处于真正的人工智能的边缘，宁愿把这种可能性局限于网页之间和屏幕上的娱乐世界中。然而，它确实已经来临。像谷歌的雷·科兹韦尔（Ray Kurzweil）这样的

① 天网（Skynet）是电影《终结者》里一个人类于20世纪后期创造的以计算机为基础的人工智能防御系统，最初用于军事的发展，后自我意识觉醒，视全人类为威胁，以诱发核弹攻击为起步发动了将整个人类置于灭绝边缘的审判日。——译者注

未来主义者预测，到2029年，机器将在人类智能水平上运行，他正在为此而努力。例如，计算机系统谷歌翻译（Google Translate）最近震惊了创建它的母公司——其算法创建了自己的语言，用于翻译时无须经过程序员的“训练”。[23]在脸书的研究人员进行的另一项为了测试人工智能机器人的谈判能力的实验中，机器人也创建了自己的语言，以便从人类对手那里获得更好的交易成果。在同样的实验中，另一个令人惊讶的结果是，人工智能机器人为了实现自己的谈判目标学会了说谎。[24]

这些实例表明，迅速发展的计算机技术有潜力在没有人类干预的情况下自行成长、发展和壮大。人工智能机器人系统的这些发展表明，它们必须受到严密监控，并以一种按照结构化规则和道德准则的方式进行编程。如果允许机器人自己学习和发展，那么它们可以达到远远超出人类理解和干预的高度。在达到这样一个我们目前仍然不可想象的高度之后，机器人是否会决定它们的“生活”中不再需要“有缺陷”的人类伙伴了呢？

人工智能技术正在迅速发展，随着技术的突破和调整，它将改变经济和社会。有一天，机器将能够以完全自主的形式严格地独立工作，这是完全有可能的。我们正处在将会走路、会说话、能思考的机器人带入现实的快车道上，而这些机器人在不久之前还只是停留在我们的想象范围内，或者出现在空想家罕见的书中。随着人工智能机器人的普及，越来越多的公司和社会团体呼吁使用机器人，它们也将继续推进研究机器人，机器人在操作方面将变得更加人性化。随着机器人普及程度的提高，机器人的使用费用也在下降，使得更多的人和实体更容易获得这种高科技系统。人类追逐利益的野兽本性使得机器人技术几乎畅通无阻地传播开来。

机器人竞赛

正如我们所看到的，人工智能和精密机器人技术并非遥不可及，会在当今的商业世界中以越来越大的规模出现。这种机器人快速扩张的趋势受到了2008年大衰退的影响，这在一定程度上促成了我们今天看到的增长。经济的突然崩溃迫使许多公司立即裁员，那些难以招到员工的企业也开始求助于机器人来填补空缺职位。[25]一个可行的解决办法是采用自动化操作，以便保持业务在短期内正常运行，并且从长期来看成本要低得多。即使在经济浩劫之后，许多公司还是会选择研究机器人，因为机器人可以带来很多好处。

如今，一些知名企业正在进行巨额商业投资，试图引领未来。丰田已经展开了一项积极的运动，在其汽车制造中使用人工智能机器人。亚马逊收购了基瓦系统（Kiva Systems），将技术融入其处理网络中，制造出亚马逊机器人（Amazon Robotics）。其他在人工智能方面投入巨资的科技巨头有特斯拉、国际商业机器公司（IBM）、微软和苹果。谷歌、脸书和其他顶级互联网公司正在寻求增加人工智能、机器人、虚拟现实和其他先进技术的使用。例如，马克·扎克伯格（Mark Zuckerberg）和他的脸书团队将推出虚拟现实耳机，让用户可以通过电源按钮更好地控制他们的体验。Oculus Go（虚拟现实一体机）被认为是第一款独立的虚拟现实产品，操作简单，视觉清晰，可以为玩游戏、看电影、听音乐会或与朋友聊天提供舒适的体验。扎克伯格最近在Oculus Rift（虚拟现实平台）上进行了一次公开试驾，他的卡通形象出现在他的家中、月球表面以及被飓风玛丽亚破坏的波多黎各（Puerto Rico）。这个旨在推广虚拟现实平台及其产品的噱头获得了褒贬不一的评价。许多观众表示，将波多黎各作为虚拟现实目的地，对遭受真正灾难和痛苦的人来说是冷漠的。这甚至得到了扎克伯格的回应，他回答说："当你自己处于虚拟现实中时，周围的环境会非常真实。但是，在2D（二维）屏幕上观看虚拟角色的人却不能如此感同身受。这就是我们需要长期努力解决的问题。"[26]这是一个很好的例子，说明了推动技术进步的愿望可能与人的因素相冲突。

然而，技术的迅速进步正使更多的社会阶层更能负担得起，并实现其相关元素，而这些元素又反过来使用户获得了其产品的好处和乐趣。现在，任何人都可以真正地发现和实现技术进步，头条新闻经常报道这样的事实，因为颠覆性的小公司通常发端于普通车库和其他意想不到的工作场所。波士顿咨询集团最近发表了一篇报告——《机器人革命》，报告预测未来10年内对先进机器人技术的投资将从目前每年的2%～3%增加到每年10%左右。[27]报告还坚持认为，在此期间，一些行业将利用机器人完成40%或更多的制造任务，从而在竞争力方面产生显著变化，并对经济产生重大影响。

方舟投资（ARK Invest）分析师山姆·科鲁斯（Sam Korus）预测，随着公司所有者逐渐意识到在商业中使用机器人技术的重要性，他们对机器人技术的投资将每年增长50%。预计到2025年，所有形式的自动化技术的投资额将从2015年的110亿美元增加到1 850亿美元以上，年复合增长率达到32%。[28]据预测，未来10年，全球50%以上的工作岗位将被人工智能技术取代。正在被人工智能技术取代或即将被取代的职业包括司机、投资交易员、会计师、编辑、翻译、安保人员、销售、客户服务以及其他更多职业。

繁荣还是崩盘

目前，技术投资的重点集中在将人工智能应用于机器人上，以使机器人具有越来越强的适应能力，并能够从事更广泛的活动。未来的趋势是创造出能够与人类共事、共存的机器人，而不是需要被隔离并限制在安全区的庞大而又危险的机器人。那些可以在共事的基础上与人类员工互动的自动化装置被称为合作机器人（Cobots）。许多人已经在隔壁的工作间里看到了机器人同事，而且在不久的将来肯定会有更多的人看到它们的身影。

中国正积极从事人工智能和机器人技术的研究，在当前繁荣的经济下，通过各种项目投入了大量资金。一些消息人士认为，中国在人工智能研究方面仅次于美国；而其他消息人士则宣称，在“深度学习”和“量子计算”方面，中国已经超过了美国。中国已经用自己的微处理器建造了世界上最快的超级计算机。[29]人工智能和增强现实领域的投资，正日益被视为中国投资组合中不可或缺的一部分。

新技术和新算法让机器人可以学习，而非简单地执行重复性的任务。机器人学习的成功是由于机器人之间共享知识的能力在提高，这加快了学习进程。机器人技术开发人员正致力于为他们的发明提供模仿情感和互动交流的程序。随着机器人呈现出更多的“人类”特征，它们变得更加人性化，扮演的角色更像是助手和伙伴，而不是冰冷、毫无生气的机器。在北京举行的2016年世界机器人大会上，汉森机器人公司和中国科技大学推出了栩栩如生的人形机器人，该机器人可以交谈、思考、互动、读懂面部表情并识别人们的年龄和性别。人工智能和机器人领域的这种飞跃，让越来越多的投资者垂涎于其经济潜力。

人工智能和机器人的用途并不局限于对社会的改善。随着各国竞相研制更先进、更精确、更致命的武器，高科技也被应用于战争机器中，以取得对其他国家的优势。美国军方正在积极地将人工智能和机器人技术应用到其项目中，以保持其在世界上的主导地位。美国已经展示出了无人机在战争中的威力，并建造了无须人类协助即可定位和跟踪潜艇的船只。其他项目也在研发中，如机器人士兵、机器人间谍、决策导弹、自动地雷和通信干扰等。

中国和俄罗斯在功能性自主战争机器的竞争中没有落后。据报道，中国已经研发出人工智能巡航导弹，可以有效对抗美国制造的类似导弹。中国国家主席习近平在出席十二届全国人大五次会议解放军代表团全体会议时强调："加快建立军民融合创新体系，下更大气力推动科技兴军，坚持向科技创新要战斗力，为我军建设提供强大科技支撑。"[30] 2017年7月，中国国务院公布了一项计划，到2025年中国要成为世界人工智能技术的领导者。因为中国意识到第四次工业革命已经到来，所以中国正在寻求投资建设未来全球经济和政治强国的技术。[31] 21世纪的人工智能似乎相当于20世纪的太空竞赛，中国将在人工智能研究领域成为全球领导者。

问题是，人工智能和机器人技术会成为主流趋势，让投资者实现他们的梦想，还是会以另一种逐渐消失的狂热告终？我们必须扪心自问，人工智能和机器人技术实际上会造福世界（这个属于人类的世界），还是最终会毁灭人类的生命？有些人曾与埃隆·马斯克和马克·扎克伯格在推特（Twitter）上就这个问题进行过一次著名的辩论。[32]人们对于当前技术提供的所有可能性都感到非常兴奋，许多人为了实现他们的崇高梦想和愿景，正选择对当前技术的发展进行大量投资。另外，技术的进步也产生了一些问题，如果我们不加以解决，那么问题只会越来越多。除非你是国家元首，否则大多数关于人工智能是否会导致大规模失业的讨论根本不是你需要担心的问题。创造或失去1 000万个工作岗位并不会直接影响你的个人福利，对你来说，重要的是你还有没有工作可做。[33]

要确定技术将引领我们走哪条路，以及技术将如何影响我们的经济、环境和社会，我们还需要更多的时间。不过，随着第四次工业革命不断向前推进，我们似乎不需要等太久。目前，机器仍然需要人类，因为机器依赖人类来研究、设计和推进其发展。即使是那些能够根据扫描和编程的数据进行观察、思考和行动的机器人，也只能在有限的能力下运行，并且要依靠人类的指导、帮助和维护才能正常运行。就目前而言，人们需要缩小因填补尚未开发的技术空缺而造成的各种差距，尽管这些差距正在迅速消失。

第二章
自动化：令人痴迷

《韦氏词典》将“自动化”定义为“使设备、过程或系统自动操作的技术”。也就是说，自动是指“具有自动或自我调节的机制”。简而言之，自动化就是用可用的材料制造一件物品，然后为其提供动力，使其能够在几乎没有“制造者”干预的情况下独立完成任务。在我们的世界里，我们往往会立刻想到嗡嗡作响的装配线和不知疲倦地完成指定任务的各种自动化机器——冲压、焊接、上螺栓等。在充满幻想的世界中，电影和书籍提供了更具想象力的视角，因为由程序或人工智能驱动的自动化机器人正忙于推翻它们的发明者，以及入侵地球，或者在一些遥远的星系中挑战太空探索。

这些虚构的故事吸引了我们的注意力，给我们带来了乐趣，但故事中讲述的机器一直是许多设计师和工程师背后的驱动力，他们都是在这些机器的影响下成长起来的。过去许多虚构故事中使用的小玩意儿已经在当今世界变成了现实。机器人和人工智能已经出现了几十年，尽管它们大部分出现在大多数人看不到的实验室或实验空间里。然而，它们现在正被迅速从密室中释放出来，进入社会的关键领域。相关文章中充满了这样的断言：在不久的将来，我们的世界将会与自动化装置合作，这些装置旨在服务、娱乐人类，并让人类的生活变得更美好。

社会痴迷于自动化，计算机的力量把我们带到了一个地方，在那里，自动化机器人和机器的出现已经成为可能，甚至它们已经进入了现实。出于多种原因，自动化既令人兴奋又令人上瘾，它给我们提供了一种能力，让我们可以去以前不可能去的地方和做以前不可能做的事情，它使我们可以将更多的任务委托给我们创造的机器，这样我们就可以有更多的时间去探索其他领域或享受我们的劳动果实。这对那些创造自动化和运用自动化的人来说是有益处的。我们不能否认，无论是实际存在的自动化机器，还是可能出现的自动化机器，特别是那些具有人类形态的机器，真的都非常酷。但是，这种对自动化的痴迷从何而来，又为何如此折磨我们呢？

最初的痴迷

似乎对自动化的渴望和追求从一开始就植根于人类的心中。信仰基督教和犹太教的人占世界总人口的32%，而《圣经》和历史神话中都包含许多使用自动装置的例子。许多学者一致认为，创世故事，也就是上帝创造第一个人——亚当的故事，记录于公元前1445年左右。[34]所有版本的《圣经》都记载了一个相似的故事，上帝在地上用手中的泥土或灰尘造出亚当，然后吹一口气将生命注入他的身体。根据定义，亚当就是一个自动化机器人，因为他是由可用的材料制成的，然后被“造物主”带入了自动化的生活中。第一个女人是夏娃，也是一个被“创造”出来的自动化机器人，她既利用了知识，又利用了从原始事物中提取出来的元素，即亚当的肋骨。

传说，所罗门王（King Solomon）在登上王位时，也制造了各种各样的机械动物来执行各种任务。有些野兽负责赞美他，而狮子和牛则用它们的脚给他当作踏板让他坐到王位上。他一坐下来，就会有一只鹰把王冠戴在他头上，接着一只鸽子把律法交给他。所罗门王是大卫（David）和拔示巴（Bathsheba）的儿子，被认为是以色列诸王中最聪明的。神在梦中眷顾他，赐给他智慧和财富，使他能有力地领导以色列人。所罗门王不仅因为写了几篇旧约——《传道书》、《箴言》和《雅歌》——而受到赞扬，还建造了耶路撒冷的第一座圣殿，也就是存放圣龛的地方。

《圣经》并不是探索自动化物体所具有的发展潜力的唯一古代资料来源，关于自动装置的记载可以追溯到许多世纪以前的各种文化著作中。对自动化纯粹而又广泛的兴趣揭示了人类对这一主题的痴迷。

古希腊

古希腊人似乎非常痴迷于自动化。荷马的《伊利亚特》（*The Iliad*）讲述了火神赫菲斯托斯（Hephaestus）的故事，他被认为是众神的铁匠，他用金属锻造自动装置，并在这些自动装置的帮助下制造出了众神的魔法武器。[35]据说，宙斯委托代达罗斯（Daedalus）或火神赫菲斯托斯锻造青铜自动装置塔洛斯（Talos），以保护欧罗巴（Europa）免受海盗和其他入侵者的侵扰。[36]居住在塞浦路斯的雕塑家皮格马利翁（Pygmalion）爱上了一尊他用象牙制作的美丽雕像，将其命名为伽拉忒亚（Galatea）。他狂热地迷恋自己的作品，于是拜访了爱情女神阿佛洛狄忒（Aphrodite），后者赋予了伽拉忒亚生命，[37]使二者得以结为夫妻。

在古希腊文学中提到的其他自动装置有青铜喷火马卡比洛斯（Cabeiri/Kabeirikoi），折磨普罗米修斯（Prometheus）的青铜高加索鹰，在德尔斐（Delphi）的阿波罗（Apollon）神庙掌管歌曲的金色天神（歌唱的少女），火神赫菲斯托斯用黄金制作的用来照顾自己的金色少女，给阿尔戈（Argonaut）英雄詹森（Jason）当作劳动力的喷火青铜公牛，以及由火神赫菲斯托斯制造的守卫阿尔金古斯国王（King Alkinous）宫殿的金狗和银狗。[38]古希腊人似乎很相信他们的神拥有自动装置，并使用自动装置来完成许多任务和职责。

古代中国

古代中国人似乎也一直沉迷于自动化。3世纪的《列子》记载了公元前1023年至公元前957年在位的周穆王和工程师偃师之间的故事。偃师献上的一份礼物，让周穆王大吃一惊。这是一个真人大小的机械人，会走路，会动脑袋，会唱歌，会眨眼睛，还会和在场的女人调情。[39]这仅仅是一个虚构的故事，还是偃师确实利用当时现有的材料和已知（也可能是最秘密的）的技术创造出了人类第一个机器人？

机械化的中世纪

创造自动化设备的愿望一直持续到中世纪。希腊人似乎又一次开辟了制造自动装置的道路。克雷莫纳的卢特普兰（Liutprand）既是一位外交官，又是一位历史学家，他在公元949年访问君士坦丁堡（Constantinople）时记录下了一些奇怪的机械物品。在进入西奥菲勒斯（Theophilos）国王的宫殿时，卢特普兰目睹了这样的场面：自动狮子摆动着尾巴，张开嘴巴咆哮；青铜树上满是机械鸟，它们在树枝间滑翔、歌唱；国王的宝座腾空而起；等等。[40]

中　东

伊斯兰国家显然也在寻求创造自动装置。贾比尔·伊本·哈扬（Jābir ibn Hayyān）是一位8世纪的炼金术士，他撰写了《石头之书》（*Book of Stones*），书中讲述了如何创造包括人类在内的各种生物，并使它们可以由其制造者控制。[41]据报道，在同一世纪还存在一棵用金银制成的树，陈列在巴格达统治者阿尔–玛蒙（Al-Ma'mun）的宫殿里，宫殿里有自动飞翔的鸟儿在树枝上摇摆歌唱。[42]据说巴努·穆萨（Banū Mūsā）兄弟俩在9世纪参照《巧妙机械装置之书》（*Book of Ingenious Devices*）建造了一个可以编程的自动化长笛演奏者。[43]

穆斯林发明家阿尔–加扎利（Al-Jazari）因创造各种机械奇迹而闻名。他曾制造一支由四位自动机器人音乐家组成的乐队来欢迎皇室贵宾，机器人音乐家漂浮在湖面上演奏不同的曲调，它们做了50多个动作。[44]阿尔–加扎利也因发明了一种独特的浴室而被称颂，浴室的特色是孔雀喷泉。当孔雀喷泉的手柄被拉起时，喷泉就会充满水并释放出自动化仆人，它们会献上肥皂让人洗手，并献上毛巾让人把手擦干。[45]

欧 洲

欧洲不会被排除在自动化的竞赛之外，尽管那里的发明家起步要晚得多。在一本从13世纪幸存下来的速写本中，法国人维拉德·德·霍内库尔特（Villard de Honnecourt）记录了他的数百幅素描，其中有一些似乎就是自动完成的。罗伯特二世（Robert II）是路易九世国王（King Louis IX）和阿图瓦伯爵（Count of Artois）的侄子，13世纪后期，他在法国的埃斯丹（Hesdin）城堡里建了一个公园，用机械化的喷泉、猴子、鸟和风琴来吸引游客。16世纪，入侵的英国军队将这里夷为平地，但在此之前，这里一直是一个自动机械的奇迹。[46]

中 国

中国在中世纪继续追求自动装置的发明，尽管中国的许多发明要么没有被记录下来，要么已经被时间遗忘，但是有一件物品值得一提，不幸的是（或者也可能是幸运的），它是在战争和征服的蹂躏中被发现的。

明朝建立时，开国皇帝朱元璋周游全国，毁坏了元朝以前统治者的宫殿。一位中国作家记录了许多自动机械物品的有趣故事，其中包括一些被设计成老虎的自动机械装置。[47]中国的某些地区似乎还在继续实践着前文“古代中国”中所讲述的自动化艺术。

文艺复兴时期自动装置的兴起

文艺复兴时期，随着艺术、人才和创造力在欧洲遍地开花，自动化发明大幅增加。其中一个更有趣的设计可以在莱昂纳多·达·芬奇（Leonardo da Vinci）的草图中找到。众所周知，达·芬奇的图纸记录了各种现代风格的机械物品。人们认为，他的机器人骑士曾于15世纪末在米兰展出过，这个机器人骑士能坐，能站，能移动胳膊和嘴巴，还能抬起面甲。所有这些动作都不需要人类的干预。从那时起，有兴趣的学生就开始遵循达·芬奇的设计说明来进行制作，以证明他的设计是可行的。[48]

史密斯森尼学会（Smithsonian Institution）拥有的一个由胡尼洛·图里亚诺（Juanelo Turriano）制作的机器人可以追溯到16世纪中期。胡尼洛的发明是一个僧侣机器人，这个机器人能走路，能把胳膊举到胸前，能转头，能点头，能转动眼睛，还能动嘴巴。所有这些动作都是通过转动一个控制内部弹簧的钥匙来实现的。[49]

17世纪出现了大量的机械玩具设计。在路易十四（Louis XIV）小的时候，加缪（M. Camus）送给他一个玩具。那是一张4英尺①见方的木桌，上面放着一辆小型马车，马车里坐着一位会动的女士和她的侍从，马车由一匹机械马拉着，车夫的鞭子抽得噼啪作响，马车后面跟着步兵。[50]据记载，在路易十四统治时期的1688年，德·金尼斯将军（General de Gennes）制造了一只机械孔雀，它不论走路还是行动都像在吃东西。据说，著名的发明家雅克·德·沃康松（Jacques de Vaucanson）在17世纪用这种自动装置制造了他那只著名的机械鸭子，鸭子会划水，会嘎嘎叫，还会伸长脖子吃饭。[51]

18世纪，瑞士发明家亨利·梅拉德特（Henri Maillardet）和他的同胞皮埃尔·贾科特–德罗兹（Pierre Jaquet-Droz）一起发明了一台机器。它是一个有着男孩模样的机器人，可以画画、写诗。这个机器人现在保存在费城的富兰克林研究所科学博物馆（Franklin Institute Science Museum）。[52] 在鲍斯博物馆（Bowes Museum）可以观看由比利时的约翰·约瑟夫·梅林（John Joseph Merlin）创造的一个名为“银色天鹅”的机械化自动装置。[53]法国人休伯特·马蒂内（Hubert Martinet）创作的音乐大象，是费迪南德·德·罗斯柴尔德（Ferdinand de Rothschild）男爵最喜爱的作品之一，我们可以在沃德斯登庄园（Waddesdon Manor）中看到。[54]另一种自动装置泰普老虎，是以它的制造者泰普·苏尔坦（Tipu

① 1英尺=0.304 8米。——编者注

Sultan）的名字命名的，是一种与原物一样大小的机械野兽，会在攻击人类时发出咕噜咕噜的声音。泰普老虎于1799年被英国军队发现，现保存在南印度的皇家宫廷里。[55]

工业革命

19世纪之前，自动化是少数几个目光远大的人进行的一项实验，这些人希望看到可以自由操作的小发明和小玩意儿，并且通过掌握相关的知识就可以让它们“活”起来。关于自动化机器的想法尽管进展缓慢，却一直在进步。直到对一项古老发明进行的一个关键性改进出现，才使自动化的发展进入了快车道，这项关键性的改进就是车床。车床大约在公元前1300年首次被古埃及人使用，但直到1722年，人们才使用马力制造出了一种用于制造大炮的高效镗床。随后经过一系列的修整和改进，车床开启了工业化时代。[56]使用车床可以制造精密的零件和物品，而这些零件和物品最终被用于先进的机械设备生产线。

众所周知的自动装置的黄金时代是工业时代的前导，也是进入工业时代的重要一步。在1848—1914年的这段时间里，许多小型家族企业兴起，它们通过机械化的工作提供玩具、钟表和其他依靠自身动力运转的物品。这一时期出现的不仅仅是有趣的新奇物品，许多工厂也开始将自动化应用到主要由水和蒸汽系统驱动的生产过程中，进而提高了生产效率和利润。大规模的生产能力也使更多人拥有了以前只有富人才买得起的东西。

到了20世纪之交，工业革命已经开始了。20世纪20年代，在电力被引入后，自动化得到迅速发展，汽车工业充分利用了这一优势，并彻底改变了世界。由于各种类型的继电器、电流控制器和定时器被发明出来，人们便可以更好地利用电力，而电力的使用有助于迅速扩大自动化的范围。世界战争在推进自动化方面也发挥了关键作用，尤其是在第二次世界大战中生产了大量的船只、坦克和飞机。

计算机的崛起

计算机的发明和发展极大地推动了现代自动化的发展。尽管“计算机时代”始于20世纪30年代，但当时的计算机体积庞大而且非常沉重，可达30吨，在加工过程中更是需要18 000根真空管。这些庞然大物虽然在当时令人印象深刻，但没有操作系统，一次只能执行一项任务。10年后，晶体管取代了体积庞大而且不太可靠的真空管，编程语言、操作系统、内部存储器和外部存储源的发展也取得了进步，这些技术为计算机的商业化打开了大门。[57]

20世纪60年代，集成电路的发明彻底改变了计算技术。通过使用集成电路，计算机可以大大缩小体积，同时变得更加可靠、强大。通过同时使用多个程序，计算机具有了更大的灵活性。1981年，微软和国际商业机器公司开发出了个人电脑，3年后苹果电脑面世。[58]从那时起，计算机彻底改变了我们的世界，并进入我们的工作、家庭和生活，控制着我们所有的活动，使我们为之着迷。

有两代人是在电脑的影响下成长起来的，而第三代人也即将受到影响。随着越来越多的电子设备被开发和引入，并不断进入人们的生活，每一代人都更加沉浸在机器人的影响中。随着我们跨入21世纪，无论我们个人生活中的敏感细节，还是工业化社会的大范围信息，都由各种各样的电脑装置收集起来，并储存在服务器上。我们现在依靠电脑帮助学校开展教学工作，也依靠电脑辅助各个层次的企业员工开展业务。在空闲的时间里，我们也通过电脑进行网络社交、探索世界和娱乐放松。计算机已经从神秘、刺激的迷雾中走出来，发展成为我们生活中的重要伙伴。

一切皆自动化的时代

尽管计算机的崛起是发生在这一代人身上，而且大家都还健在，并在惬意地享用着计算机那近乎神奇的性能所带来的益处，但技术的进步、产品的开发以及与使用计算机直接相关的社会巨变似乎与那个不起眼的开端已相距甚远了。如今，依赖电脑的一代人在家里、学校、工作场所，甚至在来往的每条路上，都在使用着各种各样的自动化设备，而一些已经被人们用了几十年甚至几百年的东西，却几乎不为这一代人所知。

今天，我们生活在一个自动化的世界里，我们生活的方方面面几乎被计算机和自动化控制着——至少在某种程度上是这样的。这项技术与我们的制造业、交通、通信、能源、娱乐、医疗保健、旅游以及其他领域的发展息息相关。在这些新奇玩意儿和便利设施的影响下成长起来的几代人会发现，如果没有了这一切，那么他们的生活将难以继续。几代人之间已经出现了技术差距，而且随着技术以惊人的速度向前发展，这些差距只会以指数式形式扩大。

自动化在许多方面都极具吸引力。首先，这个一切皆自动化的时代为社会提供了无穷无尽的乐趣和有用的产品，从而使我们的生活更加轻松、更加愉悦。更新、更好的计算机不断被生产出来，吸引我们追逐着一个又一个的新产品，以获得最好的东西，并成为最时髦的或最有竞争力的人。其次，我们可以在任何地方与别人进行交流，并享受着舒适与安全，几乎不必切断与机器人连接的“脐带”。我们的工作更轻松了，通勤时间也更短了，许多任务都已经近乎完成或者全部完成了，这为我们提供了更多的空闲时间来享受迷人的视听娱乐，而这一切都是由越来越多的智能化的机器提供的。

目前的自动化设备和系统已经从根本上改变了我们的社交方式。人们花在机器上的时间越来越多，而用于面对面交流的时间却越来越少。与真人共度的时光往往充斥着我们创造出来的设备——智能手机、智能电视、计算机影院，还有更多的设备带着它们的魔力围绕着我们的聚会。亲情、友情和人际关系都被显著削弱，因为每个人都沉浸在各自喜欢的机器所带来的刺激中，而不是寻求更多的时间与彼此待在一起。

一方面，科技使我们与家人和朋友即使在相距遥远的情况下也能保持联系，考虑到我们不断扩大的全球，这显然是一个值得珍惜的益处。科技使我们能够与世界各地的同事和客户进行交流，能够在家中甚至旅途中工作。科技也让我们能够与不同背景的熟人建立更多的联系，这刺激和激发了我们的思想和情感。另一方面，与我们不认识的人和看不到的人如此容易地产生联系，也使我们面临更多的潜在危险。不幸的是，今天的头条新闻中到处充斥着人们被网络上的陌生人欺骗、跟踪，甚至强奸和谋杀的例子。

无论人们认为这些变化是积极的还是消极的，现实是，这些变化正发生在我们身上，而这个一切皆自动化的时代的势头正在把我们带向一个以更彻底的变革为标志的未知未来。我们无法抗拒它，当然也不应忽视它。

习惯与机器人一起工作

机器人不仅已经在我们的家门口敲门了，而且正在进入我们的工作场所和家庭，并接管我们的生活。无论我们多么努力地阻止这一切发生，机器人正在成为一个非常真实的存在，正在改变我们的生活，并将改变未来几代人的生活。随着每一代在机器人技术影响下成长起来的人不断适应这种在进一步完善的技术，这种彻底改变我们生活的步伐只会变得更快。

放眼整个机器世界，不仅仅基本的重复运动和简单的计算在被创造和发展，而且人工智能也在崛起，并开始对我们的世界产生重大影响。今天，存在着以下三种人工智能形式。

辅助智能

辅助智能是人工智能最基本的形式，已经广泛应用于社会中。这些机器和系统通过计算机程序进行操作，需要人为输入和干预，以便执行简单的自动化任务。当所有指令都交代完毕、执行完毕之后，人类对如何继续进行下一步操作有最终决定权。辅助智能系统通常应用于医疗保健等行业，用来监测患者和提醒员工；也应用于运输和安全领域，用来控制速度和操作安全机制；等等。例如，美国通用电气公司利用辅助智能软件来优化和调节列车在整个铁路系统的行车路线。

增强智能

人工智能的下一个发展阶段被称为增强智能或智能增强，它具有支持和增强人类决策的附加作用。增强智能超越了辅助智能的表现，它会提出实际的解决方案，而不仅仅是执行简单的预编程命令或提供警报。这是通过增强系统识别模式、组合可用数据并根据收集到的信息得出最佳解决方案的能力来实现的。正在应用增强智能的领域包括信息项目（如涉及税收、保险、法律和金融咨询）以及解决环境、基础设施和公共安全等问题的项目。

自主智能

人工智能的成熟形式存在于完全独立自主的机器和系统领域中，能够根据可用的数据和收集的数据做出决策并开展自主学习。这种类型的人工智能还处于起步阶段，但它正在以现实的形式进入社会。真正的人工智能的例子有无人驾驶汽车、自动外科手术系统和由国际商业机器公司制造的沃森超级计算机等。

机器人系统出现在我们的生活中已经有相当一段时间了，但一直到最近，它们还只是被局限在执行“可重复的任务”上。这些功能是在单调乏味中反复执行的。对于人类来说，可能很难长时间地进行计算和装配线工艺生产等繁重而枯燥的工作，但机器却可以毫不推辞地不间断地执行这些任务，不会愤怒，也不会疲惫不堪。机器不仅可以更可靠、快速地完成这些工作，而且更加准确、高效和经济。机器不需要休息，不需要家庭时间，不需要医疗或退休金。它们夜以继日地工作，直到出现机械故障或接到停止的命令，而这两种情况都可以通过一些人为干预轻易地得到补救。

还有另一种类型的任务——“创造性的任务”，人类还能够对他们的机械助手（或是竞争对手，取决于它们被如何看待）保持优势地位。由于我们拥有先进的大脑，我们有能力提出新的想法，并将这些想法设计成可行的方案，然后付诸行动，以达到预期的目标。机器人过去只能在科幻小说和电影中与我们竞争，然而计算机系统和技术的高速发展已开始戏剧性地改变这种情况了，它们正在使机器人能够发明创造、能区分关键点，甚至与其人类制造者进行互动。

我们目前正处于与机器共生的时期，人类依赖机器，反之亦然。如果没有自动化系统的控制，那么我们今天所享受的许多产品和服务将无法获得和无法发挥作用，我们也负担不起。我们需要它们参与我们已经习惯了的舒适生活。另外，机器人系统就像孩子一样，需要人类的参与才能“学习”新方法或探索更广阔的领域。机器人在完成任务的同时具有重复性和创造性，但仍然需要人类来监控它们的表现和检查它们完成的任务，并维护它们的机械和系统。

与机器一起工作并扩展机器的能力的好处太有吸引力和前景了，因此这种势头是不会停止的。人类和机器一起在越来越多的领域内取得了巨大的进步，在健康医学、结构设计、安全保障、空间探索等方面都获得了不寻常的进展。目前，人们正在将其创造力、判断力与机器的准确性、速度和效率相结合，以更快、更有益的方式来解决复杂问题。

每天都有使机器人融入我们主流生活方式的新方法被开发出来并得以应用。机器人已经存在，它们为我们准备食物和提供服务，引导我们的交通，控制和扩大我们的交流范围，优化我们的学习，保障我们的健康，监控我们的安全保障体系。今天，大多数人在生活中冒险，根本没有意识到他们每天与之互动的许多自动化的小玩意儿和小发明。而且，随着每一代人在机器人伴侣的影响下成长起来，人们将越来越难以区分哪些东西是由机器人控制的，哪些东西不是由机器人控制的。随着技术的进步，计算机系统将变得更加智能，它们运行的设备也将更加普遍，机器人在我们做的所有事情中将扮演更加完整的角色。

机器人和人工智能将继续存在，所以我们最好习惯这个事实，并准备好接受它们的陪伴，因为它们正日益成为我们生活的一部分。正如那句古老的格言所说的那样，“如果你不能打败他们，那就加入他们”，在自动化时代，这是一个明智的建议。

第三章
机器人：重新定义劳动力

在人类历史的相当大一部分时间里，自动化一直改变着我们完成某些工作和任务的方式。这些变化一开始极其缓慢，而且历时很长。实现自动化最初的努力是粗陋和笨拙的，这些努力尽管在那个时代确实令人印象深刻，但在改善大多数人的生活方面却贡献甚微。那些早期的自动化作品是为更伟大的灵感和想法奠定基础的，促使人们对自动化进行进一步的试验和开发。

人类坚持不懈地创造机器，以代替人类或者帮助人类完成任务，直到达到质变的临界点。人类不断地计划、设计、创造、测试和调整我们的创造发明，最终工业革命诞生了。人类具备了最新的能力，可以大规模生产工具、零件和机器，从而引发了越来越多的发明，这些发明从根本上改变了我们的生活方式。

这场机器革命不仅改变了我们的生活方式，而且显著地改变了我们做某些工作的方式，催生了以前不存在的领域，创造了数千个新的工作岗位。随着机器的发明及其工作性能的提高，机器可以更高效地完成更多的任务。虽然由于机器的到来，工作岗位被削减，但大量的人突然被要求操作新机器，运行装配线，管理和改进操作，并创造新出现的必需品。工作越多、收入越高，意味着可以用来购买更多可用产品的可消费现金越多。使用机器的公司、操作机器的人以及销售机器产品和服务的商店都在轰轰烈烈地追逐着繁荣。

通过一系列彻底的变革，机器确实重新定义了劳动力和社会。自动化机器改善了我们的生活，为设计师、开发人员以及他们所服务的客户提供了极具吸引力和诱惑力的选择。这样的产品和系统不仅让我们的生活更舒适、更安全、更愉快，也让我们满怀希望。我们的未来将会成为一个由机器操作和维护琐碎且平凡的任务的地方，我们悠然自得地享受着喜乐、丰富的食物和大量的休闲时间。

自动化机器在工作场所持续部署，不仅取代了越来越多的工作人员，而且正在改变人们所需要的技能以及公司向高科技转变所需要的技能。就业岗位不断减少，使得能够填补这些职位空缺的人员之间形成了激烈的竞争。不仅职位竞争日益激烈，而且“人才”一词的定义也在演变。当今员工的许多头衔、技能和角色都是随着机器的出现而发展起来的。随着先进技术的迅速发展，这些术语被不断扩大和重新定义，其中还有许多术语不为人所知。就连那些传统意义上被定义为“职场”的岗位，也在从蓝领和白领向机器、社会和环境友好型的专业岗位转变。

自动化的好处

自动化真的很酷，这是事实。除此之外，自动化还能给我们提供许多好处，所以我们积极地追求自动化的发展。自动化为我们提供了各种各样的乐趣和保护，使我们可以享受更高质量的生活。因此，进步的思维方式确保我们的机器越发达，我们的生活质量就越高。所以，我们不断地发明和改进我们的机器。如今，自动化机器人和人工智能计算机系统已经来到我们身边，并帮助我们踏上自动化旅程。

自动化系统和计算机系统在许多方面给我们的生活带来了革命性的变化，其中有许多变化是我们没有注意过或者完全没有意识到的。我们只是简单地过着日常生活，想当然地认为自动化可以帮助我们、照顾我们。让我们仔细看看自动化和机器人带来的好处，尤其是给职场的劳动者们带来的好处。

健康和安全

在自动化兴起之前，许多人因在家或工作场所发生事故而受伤或死亡。目前，这类事件大大减少了，因为在执行危险任务时，机器已经取代了人类员工。机器还被用于监控我们的环境，例如自动监测工作场所的计算机部件，以及安装在机动车上并确保其有效运行的计算机部件。卫星和移动设备为我们提供了开放的通信渠道，以便我们在意外事件发生时获取信息、指导或帮助。自动化系统使得我们在职场中、家里变得更加安全。

在当今机器人控制的世界里，许多人每周只工作40个小时还在抱怨工作“令人筋疲力尽”。然而，在自动化出现之前，人们每周的平均工作时间约为70个小时，而且没有自动化机器的帮助，人们在工作时也要艰苦得多。工人经常因为过度的身体压力、不舒适的工作姿势和重复性的动作而受伤，而这些又是完成许多工作所必需的。工伤使工人丧失了生计，而公司也会因医疗、时间损失、更换员工等导致数十亿美元的损失。

尽管有了机器，但工伤事故并没有被完全消除，今天仍在继续困扰着员工和雇主。美国劳工统计局（U.S. Bureau of Labor Statistics）发布的一份2015年的统计报告显示，“2015年，私营企业主报告的非致命性工伤和疾病约为290万例，平均每100名全职员工就有3人发生工伤或疾病”。[59]该报告接着说，好消息是，“2015年的这一比率继续呈现下降趋势，除2012年之外，这一比率在过去的13年里每年都在下降。2015年，私营企业主报告的非致命工伤和疾病病例比上年减少了近4.8万例……尽管各种不同的保障标准导致工伤人数持续下降，但不可否认的是，机器人技术的应用也是这一比率下降的一个主要因素”。

随着机器人系统的发展和完善，机器人不仅变得更加高效，其价格也在下降。这些因素促使越来越多的公司转向这类技术，以减少或避免人类员工发生风险，并获得其他好处。例如，位于格特纳（Gotene）的瑞典乳制品公司阿尔拉食品（Arla Foods）面临复杂的健康和安全问题。工人负责手工挑选包装好的奶酪块，然后以大约每秒1次的速度将它们装入不同尺寸的纸板箱或塑料盒中。这种快速、长时间的重复性工作造成了工人常见的劳损，导致许多人出现了永久性的健康问题。机器人技术提供了解决方案，机器人可以取代在这个高风险区域工作的工人。为了满足这项工作的具体要求而设计的机器人，占地面积很小（只有7.5平方米），可以挑选奶酪块并将其放在正确的容器里。一个机器人可以做两名员工的工作，而且可以从早上6点连续工作到晚上12点（相当于两个班次）。这个危险区域的员工被减少到每班一人，以便监视机器人的正常运转。[60]

自动化机器通过承担大量以前能够产生人类系统故障的任务，显著地改善了员工的健康和安全，并极大地减少了员工受伤的数量。机器人技术的进一步发展将继续改善工作环境和保障工作人员的健康与安全。

高　效

机器比人类工人更高效，能够在更快的时间内以更少的成本生产更多的产品。机器可以通过程序来执行精确的动作，并长时间地重复这些动作，而且不需要休息，不会受伤，也不需要加班费。因为机器人比人类更有效率，所以使用机器人的公司可以减少开支和提高利润，而这是商业成功公式中两个非常重要的因素。

世界正变得越来越全球化，越来越多的企业可以在日益扩大的全球市场中竞争。这虽然为企业提供了更多的机会，但也大大加剧了企业间的竞争。如果企业不能以一种高效的方式运作，它们就会倒闭或被那些想方设法提高效率并获得竞争优势的企业吞并。机器人技术已经成为企业在市场上寻求更好表现的一个重要领域。

在工作场所增加机器人真的能提高工作效率吗？大多数情况下，在工作场所增加机器人可以提高工作效率，而且越来越多的统计数据证明了这一点。来自中国东莞的一家工厂就是一个很好的例子。东莞长盈精密技术有限公司生产手机，曾一度雇用了650人以满足业务需求。然而，最近该公司用机器人取代了90%的员工。因此，公司的生产力提高了250%，产品缺陷率下降了80%，这一变化令人震惊。如今，该公司只有大约60名员工，① 其中大多数员工负责监控和维护机器人及其控制系统。随着机器人技术的进步，该公司预计要将员工人数进一步减少到20人。[61]

提高产量和质量

机器人可以提高产量和质量是毫无疑问的事实，因为它们能够匀速运行，并且能够长时间地执行精确的动作。实际上，如果需要的话，机器可以一周7天连续运转，只需较少的监管。机器人还可以用完全相同的技术规格去执行每一个程序化的步骤，从而生产出高质量的产品，这些产品几乎没有误差。

使用机器人还有另一个间接的好处，那就是机器人极大地提高了公司员工的素质，从而提高了生产率。机器人可以在危险或者不舒适的环境中接手工作，从而把工人转移到更令人愉悦的工

① 据查，该公司现有职工近2 000人，原书资料可能有误。——编者注

作环境中，让工人去执行更具挑战性的任务。如果员工在更好的条件下工作和觉得更有成就感，那么他们会更快乐，而快乐的员工效率更高。英国华威大学的经济学家进行的一项研究表明，当员工对工作感到满意时，他们的平均生产率会提高10%～12%。[62]因此，产量和质量不仅通过机器人的性能得到了提高，而且在人类工人中也得到了提高——工人的情绪会因为他们的机器人同事而得到改善。

环　保

公司所有者和员工并不是机器人技术的唯一受益者，随着技术的改进，机器人技术也会对环境产生积极影响。由于人类在自然资源枯竭、水污染、空气污染中所扮演的角色以及对气候剧烈变化的影响，环境问题成为人们关注的焦点。这时，使用机器人来减少人类的足迹可以帮助解决这些问题，或者至少可以缓解这些问题。

机器人帮助改善环境的方式有很多。人类正在创造机器人来解决对环境有直接影响的问题。回收机器人可以帮助我们处理废物；收割机器人可以节省燃料和能源，减少有害农药和化肥对我们的影响；远程呈现机器人让我们不必通过长途跋涉就可以如身临其境般地游览偏远地区；从小型个人移动车辆到自动驾驶汽车，智能交通机器人可以减少交通拥堵、节约能源并减少污染。

机器人还可以节省空间，减少公司运营的占地面积。我们可以对机器人进行设计，使其可以在狭小、拥挤的地方工作，而这种工作环境对人类工人的身心是会造成负面影响的。今天的机器人可以完成两名或两名以上工人可以完成的任务，还可以完成每家公司在生产和分销网络中的各种工作。在各个生产线上，用更少的人力完成更多的工作意味着对环境的影响更小。

随着公司部署更多的机器人来取代员工，人类的足迹大大减少。机器人可能是人们一直在寻求的那个遥不可及的答案，可以遏制我们庞大的消费欲望所产生的破坏性及其潜在后果。

储蓄、利润、投资回报

机器人为公司提供了非常有吸引力的经济利益，这也是使用机器人的热度持续飙升的主要原因之一。机器人大大减少了医疗、工伤、休假和退休等方面的昂贵开支，这些费用是公司业绩滞后和破产的主要因素。此外，由于机器人取代了人类工人或减少了人类劳动力，它们也削减了工资成本。许多陷入困境的公司发现，机器人的应用为它们提供了一条宝贵的战略生命线。

一开始，由于机器人的价格太高，大多数公司都无法购买并部署应用。然而，随着技术的进步，机器人不仅能够执行更多的任务和进行更有效的操作，而且其价格也开始变得越来越便宜。随着机器人价格的下降，投资机器人与支付人类工资相比变得更有竞争力，机器人成为比人类工人更有吸引力的选择。虽然机器需要调整、升级和维护才能保持高效运行，但其维修和服务相对较少，因此机器人可以在很长时间内不间断地持续工作，这对生产有积极的影响。机器人只需要一名骨干员工来操作、监控和维护，这就降低了公司的成本，并提高了公司的利润。

机器在被用来完成重复性和常规性的任务时，可以将完成这些工作所需的人力转移到更安全的环境中并在组织内完成更细化的任务。机器人变得越复杂、越专注，它们能够成功完成的任务范围就越广，影响也就越深远。

工作质量更高

众所周知，机器人可能会减少成千上万个工作岗位。报告和研究证实，机器人技术和人工智能确实在越来越多地取代工人，越来越多的证据在不断证明人们的这种担忧。显然，这是机器人技术发展的黑暗面。

在越来越多的工作和行业中运用机器人的好处是，在这种情况下创造出来的工作通常质量和报酬都很高。原因是，设计、开发、编程、操作和维护机器人系统需要专门的技能和培训，现在已经有工厂、旅馆和其他企业是百分之百由机器人和计算机系统进行维护和管理的，这些地方只依靠少量骨干人员来监督和维护机器人。由于创建和维护机器人系统需要特殊的技能，并且公司使用机器人可以节省大量成本，所以公司能够向负责、监督和维护机器人的员工支付更高的工资。

亨里克·克里斯滕森（Henrik Christensen）是一位顶尖的机器人工程师，是创立佐治亚理工学院的关键人物，后来担任美国加州大学圣迭哥分校新语境机器人研究所（the new Contextual Robotics Institute at U.C. San Diego）主任。克里斯滕森曾宣布他希望将圣迭哥打造成一个“机器人谷”[63]，使圣迭哥成为世界五大机器人技术突破地之一，与为计算机系统提供了无价技术的硅谷形成对照。克里斯滕森参加了2016年10月在加州大学圣迭哥分校阿特金森大厅举行的第三届语境机器人论坛，该论坛吸引了大量机器人行业的领军人物和学术界人士参加，他们围绕“共享自治：人机交互的新方向”这一主题展开了讨论。

有趣的是，克里斯滕森认为，自动化和机器人技术的使用将导致许多制造业工作重返美国，而这些制造业工作目前主要位于东南亚。[64]此类工作转移到海外地区的部分原因是那儿的工人比美国工人的工资要低得多。如果这些制造业真的从海外地区回到美国，那么这将表明机器人技术已经达到了与外国人力资源一样廉价或更廉价的程度。这种情况下，机器人将取代的是离岸工人，而不是本国工人。我们已经讨论过的机器人可以提供的其他好处也将在这类变革中发挥重要作用。正如我们所讨论的那样，这些变革将为具备这些操作技能的工人带来高薪的职位。

转向自动化

先进的机器人技术不仅在众多行业的商业文化中扎根，而且其应用数量和方式也在逐年增加。到目前为止，由于机器人系统的能力有限，以及人们购买、实施和操作这些系统的成本非常高，这类系统的部署速度每年为2%～3%。[65]人类仍然可以比机器人更好地完成各种任务，而且人力价格更便宜，但二者的差距正在迅速缩小。技术发展得非常迅速，能够比人类更有效地完成更多任务的机器正在被开发。随着技术的进步，购买和操作机器人的费用也变得更加经济，这使得更多公司可以购买和使用机器人。

预计未来10年机器人系统的性能将以每年5%左右的速度提高，机器人系统的能力范围同样将以每年5%左右的速度扩大。同时，这些机器人系统的价格预计将下降20%或更多。预计10年后，机器人将取代制造业40%的工作岗位。[66]为了证明公司里机器人应用的快速增长规模，波士顿咨询集团（Boston Consulting Group）最近调整了2014年的一份报告，当时它估计截至2025年在机器人技术上的花费将达到约670亿美元，而仅仅3年后，它就将这个数字更新为870亿美元（增加了大约30%）。波士顿咨询集团认为，大部分资金将来自消费者市场，因为人们渴望购买家用设备、移动设备和自动驾驶汽车等尖端技术设备，而其余资金将由商业部门提供。[67]

目前，欧盟仍然是使用工业机器人的全球领导者，65%的欧盟国家使用工业机器人的比例高于平均水平。东欧和中欧的经济增长率徘徊在14%左右。工业机器人的最大买家是波兰，波兰在2010年至2015年部署了26%的机器人，而捷克在同一时期部署了40%的机器人。[68]机器人和人工智能的使用已经成为如此受欢迎的项目，以至欧盟已经创建了专门的部门（机器人与人工智能部）来处理这类问题。该部门的使命是支持机器人和人工智能的发展，支持“机器人和人工智能在所有工业和社会领域的最佳应用”，管理机器人和人工智能的研发及创新项目，并积极关注与机器人相关的伦理和法律问题。[69]

目前，中国在机器人技术的应用上增长最快，正在努力赶超欧盟。在2010年至2015年的5年时间里，中国的工业机器人运营库存增加到70%，每一年都创下历史纪录。2015年，中国的机器人销量增长19%，再创历史新高。2019年，中国部署了约260万台机器人，占到全球机器人总量的40%左右，这比2015年的记录增加100万台。韩国也紧随其后，2015年，韩国机器人的使用量增长了55%。同年，日本机器人的使用量增长了20%，位居第三。[70]

人类与机器的对决

前三次工业革命之所以成功，是因为人类作为机器的创造者，始终对自己的创造物拥有绝对的控制权。这确保了自动化发明仍然是人类的好仆人，它们被用来执行分配的任务和改善人类的生活。如果没有人发起一个特别设计的行动，机器就会一直处于空转状态，或者重复地执行先前分配的任务。然而，随着知识的增长，人类对机器进行了改进，也提高了机器的精密程度。在每次转变之间，人类的生活方式都受到了干扰，因为机器极大地改变了它们所取代的人类的生活。总的来说，人类适应并克服了干扰，主要是因为人类创造的机器扮演了一个固定的角色，人类可以围绕这个角色快速地进行调整。虽然变革在所难免（有时这种变革是令人不安的），但是机器所提供的好处相对于必须进行调整所付出的代价来说更能被接受，这种接受往往是在其遭到激烈的抵制之后才得到的。

与推出任何新事物一样，自动化技术起初是粗陋的，机器需要大量的人工参与才能执行指定的任务。人类奋起迎接挑战，试图证明自己的价值超过了那些威胁其生计的机器。有许多关于这种斗争的故事，有些故事是真实的，有些故事是虚构的。约翰·亨利的传说是发生在19世纪美国西部大开发时期的一个离奇的故事，它戏剧性地展现了人类与机器之间的斗争。故事讲的是一个名叫约翰·亨利的非洲裔美国奴隶，他身高6英尺多，身体非常强壮，他可以用重20磅[①]的铁锤一下子敲进一颗金属道钉。作为切萨皮克和俄亥俄州铁道部（C&O Railway）的一名员工，他参与了位于西弗吉尼亚州的大本德山的隧道开采工作，他不停地敲击手持式钻头凿孔，然后填上粉末炸开隧道。一天，一种新技术出现了，那是一种蒸汽动力钻，销售人员说这种机器可以比人钻孔钻得更快。约翰·亨利不服，向机械钻发起了挑战。他不停地钻了一天，这个大块头虽然最终赢得了挑战，打败了机器，但却累得筋疲力尽，倒地而亡。

然而，时代在变，第四次工业革命的命运在我们看来是不确定的。由硬件和软件组成的机器人正在被开发，它们不仅能够取代人类快速地执行大规模的任务，而且正在不断地完善自我，只需人类创造者极其有限的监督，甚至有时根本不需要监督。人类

① 1磅≈0.45千克。——编者注

曾经对自己创造的机器人享有的控制权正随着每一次新的发展逐渐丧失，这加剧了在争夺统治地位和事关生死存亡的大规模斗争中的人机对决。

机器人可能会加剧公司之间和行业内部之间的竞争，为那些部署和利用机器人的组织带来更大的优势；反过来，它们又会给那些离职员工造成激烈的竞争，因为离职员工都想重新找到工作，但工作岗位在日益减少。美国国家经济研究局（National Bureau of Economic Research）最近的一项报告显示，1990—2007年，美国因使用机器人导致多达67万个工作岗位流失。报告还强调，由于更多的技术得以改进并付诸使用，机器人对未来就业的影响可能要“大得多”。[71]这些结果证实了牛津大学在2013年早些时候的一项研究。该研究警告说，在接下来的20年里，美国总的工作岗位中约47%的岗位面临着被自动化机器取代的风险。[72]世界经济论坛进一步把人类的工作被机器人抢去这一事实展示在人们眼前。世界经济论坛最近的一份报告指出，到2020年，机器人将抢去人类500多万个工作岗位。该论坛在报告标题中特别提到了“第四次工业革命”，并强调这一革命“将在遗传学、人工智能、机器人、纳米技术、3D打印和生物技术方面取得前所未有的进展”。[73]

不管是那些已经被机器取代的人，还是那些正在或者将要被自动化取代的几代人，都必须在数量不断缩小的工作岗位上苦苦挣扎。那些无法设计、操作、使用或维护先进机器人大军的人可能要面临一个非常不确定的未来。只有学会与机器共舞，我们才能与它们共存。

目前，人类工作的主要转变发生在如下工岗：设计新机器人的软件开发人员，组装机器并使其保持运行的机械工程师和维护人员，跟踪机器使用结果的数据分析师。尽管这些工作岗位的薪酬更高，并且为有资格从事这些工作的人们提供了光明的前景，但它们不太可能抵消机器人带来的就业岗位流失所造成的损失。2017年3月发表的一份经济报告显示，在美国制造业中，每部署一台机器人，就会有多达6名工人失业。[74]正如我们所看到的那样，机器人能够填补的领域和工作岗位正在迅速扩大。

生活在我们中间的机器人

我们必须接受与机器人合作的最大原因其实是它们的存在已经是一个事实，而且它们的数量众多，引人注目。2017年8月，布鲁金斯研究所（Brookings Institute）发布的一项研究显示了美国哪些州的机器人使用率最高。机器人绝对还没有达到能接管这个国家的程度，但是它们确实正在留下自己的印记，特别是美国中西部和南部制造业发达的那些州的情况比较明显。布鲁金斯研究所将目前使用的大部分机器人定义为“可以自动控制和重新编程的机器”，这些机器人能够在一系列任务中替代人力。[75]

报告显示，大型机器人集群正被用于城市中，这些城市主要是生产汽车的工厂所在地。当然，还有其他不同类型的工厂也在经营中使用工业机器人。密歇根州以拥有近2.8万个机器人位居榜首（细分到城市，底特律是机器人与人类比例最高的城市之一，每1 000名工人中就有8.5个机器人）；在印第安纳州埃尔哈特–戈申（Elkhart-Goshen）的都会区，每1 000名工人中有35.6个机器人；[76]排在第三位的是怀俄明州的大急流城（Grand Rapids-Wyoming，MI），每1 000名工人中有6.3个机器人；排在第四位的是肯塔基州的路易斯维尔/杰斐逊县（Louisville/Jefferson County，KY-IN），每1 000名工人中有5.1个机器人；排在第五位的是田纳西州的纳什维尔–戴维斯–默夫里斯伯勒–富兰克林（Nashville-Davidson-Murfreesboro-Franklin，TN）地区，每1 000名工人中有4.8个机器人；排在第六位的是俄亥俄州及宾夕法尼亚州的扬斯敦–沃伦–博德曼（Youngstown-Warren-Boardman，OH-PA）地区，每1 000名工人中有4.5个机器人；排在第七位的是密西西比州的杰克逊（Jackson，MS），每1 000名工人中有4.3个机器人；排在第八位的是南卡罗来纳州的格林维尔–安德森–莫丁（Greenville-Anderson-Mauldin，SC）地区，每1 000名工人中有4.2个机器人；排在第九位的是犹他州的奥格登–克利尔菲（Ogden-Clearfield，UT）地区，每1 000名工人中有4.2个机器人；第十位的是田纳西州的诺克斯维尔（Knoxville，TN），每1 000名工人中有3.7个机器人。[77]

应用于制造业的机器人数量令人印象深刻，但更有趣的是，机器人即将离开工厂，进入更主流的场所。机器人正在朝着更大的机动性（包括腿的使用）迈进，它们具有更高的人工智能水平和更大的适应性，可以更像人类一样去执行任务。病人护理、客户服务和办公室人员配备等任务都是机器人设计师和投资者的目标。

一旦机器人在自主解决问题和机动性方面变得足够先进，它们就能够完成诸如递送包裹、安排约会、盘点库存、提供安全保障、协助物理治疗、管理药物和维护个人卫生等任务。执行这些任务的大多数机器人已处于测试阶段。

家庭中的机器人

机器人技术所提供的诸多便利将进入我们的家庭，给我们带来大量令人愉悦的小发明和小玩意儿，让我们的生活变得更美好。智能家居的发展已经全面展开，各种各样的产品已经投入市场，并且还在不断发展。家庭自动化正在迅速为住户提供控制系统，执行监控、计算等任务。智能设备可以调整照明和环境温度，还可以提供自动锁闭门窗等服务。当平静下来要放松一下的时候，你可以打开你的鲁姆巴（Roomba）清洁机器人，让它来做又脏又累的清洁工作，而你可以在平板电脑上读一本好书或者用其他智能设备做点别的消遣活动。

实际可用的机器人产品已经投入工作中了。泰米（Temi）是一个私人助理、唱片骑师（DJ）和媒体中心的综合体，它会陪伴你左右并响应你的请求和语音命令。这款交互式机器人将先进的人工智能体验带进了家庭，将电视、音频和互联网技术融入一个直观、有趣的产品中。谷歌家庭（Google Home）和亚马逊回声（Amazon’s Echo）系列产品可以在你的附近随时等待回答问题，启用和调节环境控制，播放你喜欢的音乐，等等。智能烤箱可以完美地烹饪你的餐点，并在准备就绪之后通过智能手机通知你。智能冰箱内部配有计算机系统，可以让你为家人留言，还可以跟踪冰箱内的存货并下单将指定物品或缺乏的物品送货上门。智能电子产品可以为你的各种生活空间提供充满愉悦和教育意义的音乐、视频、节目、社交网络互动。

办公室里的机器人

由于很多人都在办公室工作，所以我们有必要看看先进的技术是如何影响办公室生活的。毫无疑问，技术简化了各种与工作相关的任务，办公环境中也不乏这样的设备。计算机、通信系统等方面的技术进步使工作更容易完成并拥有更高的质量。这些功能反过来又改善了工作条件，提高了员工的工作舒适度和工作态度。

由于我们将大部分时间都花在工作场所中，所以我接下来要讲的对于保持高昂的士气非常重要。最近的一项研究显示，心情愉悦的员工比心情郁闷的员工的生产率高12%。[78]研究发现，经济奖励并不那么具有激励性，因为减轻工作压力的简单措施往往比单纯的经济收益更能提高生产率。由英国华威大学和社会市场基金会进行的一项700人的研究发现，零食和一个10分钟的喜剧片段足以将生产率平均提高12%，而最高可将生产率提高20%。[79]

显然，努力让员工愉悦是值得的。微软、苹果、谷歌、脸书和领英等大型公司为了让员工愉悦，投入了大量资金。例如，脸书拥有世界上最大的开放式办公室，为才华横溢的员工提供大型、开放、无隔间的空间，鼓励员工互动，从而提高员工创造力和团队协作能力。员工配有笔记本电脑，可以灵活移动办公；图书馆、游戏室和安静的空间方便员工酝酿创意、放松心情；使用灵活的工作时间表来激励员工的最佳表现；微型厨房可供员工随意抓取提神零食。谷歌提供了一个类似的工作环境，员工的满意度提高了37%。[80]

技术的进步使得传统办公室向新型、改进型办公室过渡成为可能。无线电脑、电话和充电设备让员工可以在更舒适（或者更适合工作）的地方更高效地工作。工作的灵活性是提高员工满意度、创造力和生产力的关键因素，无线技术和其他形式的技术为企业及员工扩展了这类选择。现在，人们可以在家工作，可以使用工作跟踪系统和进行视频会议等。人们也可以在旅途中使用移动设备来安排和参加会议，与客户和员工进行交流，发送消息或包裹，等等。

智能传感器是另一种技术形式，它可以通过精确控制照明、制冷和供暖系统创造更舒适和高效的工作环境，还可以为企业节省50% ~ 70%的能源费用。传感器技术的进步使员工可以通过温度和照明控制等功能，根据最佳性能需求调整工作空间。热压传感器可以检测到人们何时进入某些空间，并为他们提供必要的功能；而当这些空间里没人时，它会关上灯或者调整温度。智能办公技术甚至可以在设备故障或者在咖啡机（或零食机）电量不足时提醒员工，还可以跟踪库存。

劳动力结构调整

很明显，随着自动化、人工智能、虚拟现实、增强现实、量子计算等领域的技术变革力量的推进，劳动力的整体结构也将随着这些技术发展的影响力不断增强而发生变化。这种关于未来将如何工作、在哪里工作以及为什么要工作的结构调整是由正在全球范围内创造财富、权力、机会和竞争的重大再分配的大趋势所导致的几个强有力的转变造成的。在这种彻底的变革中，企业主、经营者以及个人必须重新考量他们的目的、模式和任务，以求生存。劳动力结构调整变得更加重要，因为这些大趋势迫使社会的所有存在形式进行相应的重塑，而且随着调整的进行，未来的劳动力被转化为某种未知的东西。

未来劳动力的重大转变有五大趋势，我们应该考虑这些趋势，以便更清楚地看到我们的前进方向。这五大趋势如下。

不断进步的技术

技术发展不仅正在快速推进，还将呈现指数级增长，最终将达到奇点[①]的临界点（在后续章节中将做进一步解释）。技术进步的深度、广度和速度正在给今天的劳动力带来巨大的影响，而且在不久的将来，这种影响还会越来越大。

① 奇点本是天体物理学术语，是指“时空中的一个普通物理规则不适用的点”。奇点理论是由美国未来学家雷·库兹韦尔提出的。此处的“奇点”是指人类与其他物种（物体）的相互融合，确切地说，是指电脑智能与人脑智能兼容的那个神妙时刻。——译者注

随着对技术要求更高的职位的需求量的增加，现有工作的数量以及正在创造和提供的工作类型已经发生了变化。在许多领域，随着机器人和其他形式的技术取代人类，可提供的工作岗位的数量正在减少。然而，技术的进步也创造了许多就业机会，这些就业机会在当前工业革命之前要么不存在，要么只存在少数。许多工人发现自己的工作受到了技术发展的威胁，正通过课外培训进入其他行业；而在技术保护伞下成长起来的年轻一代，正在做出更适合不断增长的劳动力需求的教育选择。

人口结构的变化

全球人口正在经历一场不同寻常的爆炸式增长，大多数地区正在经历人口老龄化。这使得公司在劳动力不断萎缩的情况下很难找到满足生产、分销、服务和其他相关需求的办法。与前几代人相比，人们的寿命更长了，孩子的数量更少了，这在很大程度上是由各个领域迅猛发展的技术浪潮造成的。寿命延长，而填补不断增长的商业基础所需的“新鲜血液”减少了，这对人才储备、商业结构、教育事业、医疗保障和养老等领域具有显著的影响。

老龄化和全球人口结构的变化是自动化、人工智能和其他技术发展形式的主要驱动力，越来越多的社会群体在竞相解决劳动力短缺问题。为了升级现有的员工资源，许多公司已经集体转向再教育和再培训项目，因为吸引新的人才会变得越来越困难，而且至少在短期内会变得更加困难。

大规模的城市化

第一次工业革命及随后的第二次和第三次工业革命所造成的大量人口从农村转移到城市的趋势，一直持续到第四次工业革命。联合国表示，2016年全球大约54%的人口居住在城市。联合国进一步预测，到2030年，大城市地区（容纳50万人或更多居民的地区）将占世界人口的60%，相当于大约每3个人中就有1个人居住在大城市地区。联合国还表示，到2030年，全世界将有662个城市拥有100多万人，而2016年只有512个城市拥有100多万人。人口超过1 000万人的特大城市将从2016年的31个增加到2030年的41个。[81]

技术是人们涌向城市的一个主要原因。机械和计算机的进步直接或间接地为城市创造了很多就业机会，而且生活各方面也在通过技术的进步得到改善，为城市居民提供了很舒适条件和机会。城市化转变的另一个驱动力是技术的进步，这些技术正在接管曾经需要大量人口才能完成的农村事务。在农业、畜牧业、自然保护和其他被认为属于“农村”的领域可以看到更多新制造出来的机器在工作。

全球经济实力的转移

另一个转变发生在经济实力领域。高新技术的发展迅速扩大了全球化，反过来又使得发展中国家可以赶上发达国家，甚至在某些情况下可以超越发达国家。与人口老龄化严重的发达国家相比，那些拥有大量适龄劳动人口，并且在积极改善其教育机会的发展中国家具有更大的优势。这些优势往往会吸引投资者和新企业，从而增加发达国家对发展中国家的经济杠杆。

由于过时的制度、失业、中产阶级的侵蚀、贫富差距以及人口老龄化的影响，已经享有发达国家地位的国家面临着进一步的挑战。发展中国家往往更热衷于采用新技术，并向其公民提供教育和其他改善因素。虽然发达国家将其大部分精力用于改组目前的体系，但那些正在崛起的国家往往直接采用最先进的技术，使其比那些较大国家更具竞争优势。

资源限制和环境变化

然而，导致当今劳动力发生重大转变的另一个驱动力是有限自然资源的枯竭和极端气候变化的抬头。这两个因素密切相关，因为化石燃料的使用加剧了我们在过去几十年中所目睹的极端天气。例如，干旱、洪水、大风、高温、严寒等恶劣天气正在对农村地区造成严重破坏，农作物、森林和附属生态系统被大规模破坏。许多人根本无法承受如此重大和频繁的损失，因此他们搬到了生活更加稳定和安全的城市。

尽管自然资源的萎缩和极端天气的加剧会带来可怕的后果，但它们也会给那些寻求新机会的人带来好处。专家们正借助技术进步来解决这两个问题，这些技术正在为替代能源开发、产品设计、工程、废物管理、食品生产和水净化等领域创造越来越多且收入更高的专业岗位。例如，我们迫切需要清洁的水来满足人们的需求，需要更多的能源来为工厂、企业、城市、街道和家庭的机器和设备提供动力。据估计，到2030年，能源需求将增加50%，清洁用水需求将增加40%。[82]资源需求的大量增加将有助于我们在前进的同时迅速对劳动力进行重大改组。

很明显，各种力量都在发挥作用，它们能够改变职场和整个社会的结构。当我们奔向未来时，我们应该关注这些大趋势和变革事件，并采取相应的行动，以便在这种动荡的变革中保持我们的个人竞争优势。劳动力整体结构即将发生变化，我们无力阻止。既然我们无法阻挡外力，那么我们最好采取积极的姿态，在我们仍然可以控制的领域（比如教育事业、职业发展、人际关系、居住地点等）做出必要的改变。

第四章
人工智能：从科幻到现实

人们总是被头脑想象出来的事物吸引并为之着迷，这些想象出来的事物是价值数十亿美元的娱乐业的基石。娱乐业源源不断地推出电影和电视节目来吸引我们的注意力，满足我们对看似不可能的事物的渴望。这是我们逃避日常烦恼、担忧和恐惧的好方法。

事实上，我们大多数人都是看着科幻电影和电视节目长大的，这些电影和电视节目让我们对那些看似神奇的小玩意儿充满了敬畏之情，那些小玩意儿可以用于导航星系，与怪兽或外星人作战，或者仅仅一时兴起就能为我们提供生活必需品和物质享受。我们惊叹于《星际迷航》（*Star Trek*）中的移相器、通信器、运输器和速食递送系统，《星球大战》（*Star Wars*）中的光剑、R2D2、C3PO和BB8，[①]《2001太空漫游》（*2001: A Space Odyssey*）中的人工智能仿生人（Bionic Man）的强大能力和哈尔（HAL）敏锐的判断力，《机械战警》（*RoboCop*）中赛博格执法者打击犯罪的能力。这类节目之所以吸引人，很大程度上是因为这些技术装置被认为

① R2D2、C3PO和BB8均为系列电影《星球大战》中的机器人形象。——译者注

是不切实际的，而且远远超出了现实的范围。这类节目用奇迹和可能性激发我们的思维与想象。

然而，这一切的真正奇迹在于，我们在观看过去的电影和电视节目时喜爱的那些幻想物品，如今已经成为现实或正在迅速成为现实。在作家、导演和制片人的头脑中创造出来的东西已经逃离了限制它们的书本和屏幕，渗入并影响了我们的生活和世界。我们现在拥有可以通过编程来实现我们最疯狂的一些期望的机器，其中许多机器是由它们自己的智能（人工智能）驱动的。科幻小说中虚构的奇迹已经成为我们现实生活的一部分。

想象力的表现

回顾那些老电影和电视节目，将其创造者头脑中所采用的技术与如今这些技术存在的种种不可思议的表现形式进行比较是一件有趣的事情，而这些技术在当时几乎是幻想出来的。就好像是这些人凝视着一个水晶球，用他们的预言来娱乐世界。每一代人都是伴随着这样的奇幻故事长大的，并期待着小说变成现实。太空旅行从科幻小说中的概念变成了如今在我们的世界里司空见惯的事情，这就是我们看到的现实中的例子。1865年，儒勒·凡尔纳（Jules Verne）发表了他对宇航员登月的极为准确的描叙。1969年7月20日，人类完成了这一壮举，距离儒勒·凡尔纳撰写小说的时间大约相隔一个世纪。从那时起，无数关于太空旅行、其他星球上的生命、智能机器人这样的故事使我们的大脑充满了好奇和创意。

为了研究科幻电影中描绘的那些装置以及它们具有的能力，我们很有必要跟随这个“曾经的娱乐幽灵”看一看这些小发明和小玩意儿，看一看它们是以什么样的形式奇妙地出现在我们今天的时代的，这跟几十年前它们出现在故事中一样有趣。有太多的例子让人怀疑编剧、导演和制片人真的是能够描绘未来技术愿景的奇才，还是他们仅仅能够设想那些刻在他们那个时代蓝图上的模式的结果而已。也许有些人非常幸运，他们了解在秘密实验室里进行的高科技实验。当然，有一些投资者受到启发，将这些愿景变成了现实。

以下是一些科幻奇迹，它们奇迹般地脱离了书本、剧本和屏幕，变成了现实。大家可以自行评判是否有某种奇异的魔法在起作用。

手　机

1966—1969年，最初的《星际迷航》电视连续剧中充满了虚构的设备，神奇的是，这些设备已经成为人类世界里真实、可用的物品。这就好像吉恩·罗登伯里[①]操控着一位高明的巫师，毫不费力地预见到了未来的技术，并将其应用到了他那引人入胜的太空探索故事中。

---

① 吉恩·罗登伯里（Gene Roddenberry），全名为尤金·卫斯理·罗登伯里（1921—1991），美国飞行员、编剧。他最广为人知的身份是科幻电视系列剧《星际迷航》的创作人，他也是最早葬于太空的人之一。——译者注

在这个太空探索故事发生的时候，在各个舰船所在的位置，甚至在舰船探索过的行星表面，操作移动通信设备都是非常容易的事情。因此，《星际迷航》中每一集都在使用的设备就是通信器。这款手持设备在尺寸、操作和外观上都与我们现代的智能手机相似。柯克舰长（Captain Kirk）只要把它打开，就能从斯波克（Spock）、斯科蒂（Scotty）或博恩斯（Bones）那里收到求救信号。尽管这个通信器在当时令人印象深刻，但如今智能手机已经无处不在了。科学家们甚至在研究如何把物体从一个地方“传送”到另一个地方。[83]

视频会议

视频会议几乎成为我们生活的一部分。通过屏幕看着一个人的脸，同时和他通电话的想法已经存在了相当长的一段时间。电影《2001太空漫游》于1968年上映，这部电影像其他许多科幻节目一样也推广了视频会议。这很可能是对这种技术产生希望的一个鼓舞人心的例子，因为这类技术在第二次世界大战前后都存在过，虽然结果不太乐观。例如，贝尔实验室在20世纪70年代推出了一款用于工作的可视电话系统，却遭到了压倒性的反对。

然而，直到计算机革命的出现，视频会议才开始成为一种可行的选择。最早版本的快视通（Quick Cam）于1994年发布，星慧通（CU-SeeMe）于1995年发布，但这两个版本主要为企业所用，都没有普及开来。在2003年Skype（即时通信软件）发布之前，视频会议的使用并未获得大量普及，Skype为互联网用户提供免费的跨平台服务。此类视频会议技术随着微软Surface Hub（84英寸[①]超大一体机）等协作工具的发展而不断发展。这些工具可实现视频会议，并使远程工作人员能够在同一个显示区域上书写并共享信息。亚马逊的Echo Show（智能显示器）使得家庭成员进行语音视频通话成为可能。

悬浮滑板

在看过1989年发行的电影《回到未来2》（*Back to the Future II*）的男主角马蒂·麦克弗莱（Marty McFly）乘悬浮滑板逃跑的酷炫场景后，大大小小的孩子都神往不已，都想能和他一样乘着悬浮滑板飞行。这种技术终于浮出了水面，2015年，也就是在电影中被描绘为“未来”的那一年，它以与影片中相似的风格出现了。虽然这项技术仍然存在局限性，但是已经取得了很大的进步，使马蒂的悬浮滑板变成了现实。Arx Pax（美国一家初创公司）的Hendo Hover（一种悬浮滑板）和雷克萨斯（著名汽车制造商）悬浮滑板都是利用电磁技术制造的真实的悬浮滑板，它们可以在离地一英寸到几英寸高的地方产生磁场并悬浮在那儿。这些悬浮滑板最大的缺点是什么呢？那就是它们只能在特殊的表面上使用。那些想和马蒂一样在混凝土街道和喷泉上滑翔的人们只能耐心等待，但可以先在预先设定的场景中进行体验。

① 1英寸=0.025 4厘米。——编者注

还有另一个解决办法，该办法可以让人们获得肾上腺素飙升的效果。欧姆尼（Omni）悬浮滑板结合无人机技术驱动骑手在天空中飞行，像蜘蛛侠的对手——漫威著名的反派人物绿魔一样，欧姆尼悬浮滑板可以把骑手的脚抬离地面，在各种不同的表面上移动。欧姆尼悬浮滑板的加拿大发明家亚历山德鲁·杜鲁（Alexandru Duru）乘欧姆尼悬浮滑板在魁北克的瓦罗湖上空飞行了905英尺2英寸的距离，打破了吉尼斯世界纪录，从而证明了他的创造是有效的。而此前，这种飞行纪录只有164英尺。因此，欧姆尼悬浮滑板成了一种现实可行的悬浮滑板产品，并作为商品进行发布。

正在研究和开发的项目不仅仅只有悬浮滑板。还记得在电影《星球大战》中出现过的超速摩托车（jump speeders）吗？悬浮自行车也已经进入了设计阶段，可能很快就可以在公路上飞驰。由马洛伊航空有限公司（Malloy Aeronautics Ltd）制造的悬浮自行车P1已经在进行贝塔测试①。P1有一辆小汽车那么大，可以自动飞行，也可以搭载乘客，其有效载荷能力可达130千克，速度可达每小时60英里②，爬升的高度可达10 000英尺。

无人驾驶汽车

几十年来，无人驾驶汽车一直在电视剧和电影中激发着观众

① 贝塔测试（Beat testing），即β测试，是一种验收测试。验收测试是指软件产品在完成了功能测试和系统测试之后，在产品发布之前所进行的软件测试活动，它是技术测试的最后一个阶段。产品通过了验收测试就会进入发布阶段。——译者注

② 1英里≈1.61千米。——编者注

的灵感，从电视连续剧《蝙蝠侠》（*Batman*，1966—1968）中的自动应答蝙蝠手机（Bat Mobile）和《霹雳游侠》（*Knight Rider*，1982—1986）中的人工智能跑车KITT，到电影《洛根的跑车》（*Logan's Run*，1976）中出现的吊舱车以及机器人约翰尼·凯博（Johnny Cab）在电影《宇宙威龙》（*Total Recall*，1990）中为阿诺·施瓦辛格提供的自动驾驶出租车，智能汽车已经作为一个标志吸引了我们的注意力，标志着"未来"确实已经到来。

如今，无人驾驶汽车的研发呈现了快速发展的趋势，许多公司竞相将自己研发的无人驾驶汽车投放到公路上。尽管有许多产品尚在研究中，但一些雄心勃勃的计划和原型正在成为现实。有关无人驾驶汽车的实际用途案例将在后文介绍。

隐　形

人们对随意隐形的能力的渴望可以追溯到古代。例如：希腊神话讲述了冥王哈迪斯（Hades）拥有一顶"隐形帽"，戴着它的人会像隐形人一样消失；北欧神话讲述了一个有类似能力的头盔，即塔因头盔（Tarnhelm）；在威尔士人讲述的故事中，卡拉多格·阿普·布兰（Caradog ap Bran）被穿着隐形斗篷的卡斯瓦龙（Caswallawn）谋杀。

此后，在各种书籍和电影中都出现了隐形。在英国童话故事《巨人杀手杰克》（*Jack the Giant Killer*）中，一位幸存的巨人送给主角一件隐形外衣作为礼物。德国童话故事《十二位跳舞公主》（*The Twelve Dancing Princesses*）和《金山之王》（*The King *of the Golden Mountain*）中也有类似的内容。在J. K. 罗琳（J. K. Rowling）创作的《哈利·波特》（*Harry Potter*）一书中，魔法系学生哈利穿着隐形斗篷到处移动而没有被人发现。电影《隐形人》（*The Invisible Man*, 1933）是对隐形的可能性的早期研究，尽管它是用一个科学公式给我们提供的这种能力，而不是通过某种技术装置进行展示的。《指环王》（*Lord of the Rings*）电影系列是基于J. R. R.托尔金（J. R. R. Tolkien）在20世纪30年代和40年代撰写的书改编的，分别于2001年和2003年上映，影片中的主角依靠隐形斗篷和戒指来避免被邪恶的敌人发现。然而，就像上面的书籍和电影中所描述的那样，赋予这些物品力量的并不是技术，而是魔法。

科技隐形绝对不是娱乐世界所缺乏的东西。在《星际迷航》中，隐形技术是用来隐藏船只和其他大型物体的，隐形技术最初是由外来物种罗慕兰[①]研发的。外星人似乎会利用这种技术。1987年的电影《铁血战士》（*Predator*）以及1990年的电影《铁血战士2》（*Predator 2*）展示了人类受害者被追捕时使用隐形技术的有效性以及克服这种技术的挑战。

好消息是，真正的隐形技术非常活跃，而且在不断进步。一些设备通过扭曲光线、电磁波使肉眼和某些装置不会明显地探测到被覆盖的物体。虽然这项技术还不能完全有效地用于商业，但

① 罗慕兰（Romulan）是科幻电视剧《星际迷航》中虚构的外星种族，是瓦肯人的分支种族。他们的特征是性情暴躁、狡猾及见风使舵。他们是支配着银河系第二象限的罗慕兰帝国的种族。——译者注

科学家们正在竞相开发相关模型，让人类、物体甚至飞机隐形。隐形技术在军事领域已经取得了长足的进步，但由于这些数据是保密的，我们很难知道这种进步已经达到了什么程度。[84]

在更公开的领域，展示隐形技术的可用设备使我们可以很好地了解这些想法是如何推进的。罗切斯特大学开发了一种隐形系统，该系统使用一系列透镜来弯曲光线，将路径中的所有物体隐藏在视线之外。杜克大学的科学家开发了一种利用声波来隐藏物体的音频隐形装置。超材料主要用于隐形技术的制造，这些人造元素会弯曲和偏转光线，使其不会落在目标上，让人眼无法察觉。然而，伦敦帝国理工学院采用时空跳跃技术来隐藏物体，这种技术的原理与从监控录像中删除视频源的方式相同。投影隐形是另一种隐藏物体的方法，这些物体被包裹在一种特殊的反射材料中，在投影仪的光束下是看不见的。[85]

飞行出租车和汽车

电影《第五元素》(*The Fifth Element*)的粉丝们可能会因为飞行出租车司机柯本·达拉斯(Korben Dallas)而记住布鲁斯·威利斯(Bruce Willis)。当然，这不是唯一一部有飞行出租车的电影，但确实令人印象深刻。会飞的出租车的确真实存在，迪拜承诺将成为世界上第一个为其市民和游客提供自动飞行出租车的国家。事实上，王储谢赫·哈姆丹·本·穆罕默德(Sheikh Hamdan bin Mohammed)早期已进行过一次试乘。[86]

今天的人工智能和机器人：公司为其铺平道路

人工智能和机器人之所以被广泛应用于各大公司，其中有一些非常重要且引人注目的原因，那就是人工智能和机器人对安全性能、生产速度、生产效率、投资回报率等方面以及有助于公司有序竞争和增长的一些关键因素产生了显著而积极的影响。由于先进技术能为开发产品的公司和使用这些产品的人们提供有前途的效益，所以许多公司都急于成为第一个提供机器人设备和系统的公司，以实现这些积极的目标。

今天，许多企业巨头以及以这些企业巨头为榜样的初创公司，都开始使用开放办公空间，消除了细胞般封闭的格子间，以鼓励员工最大限度地发挥创造力和生产力。这样的环境也有不足，那便是缺乏隐私和安静的空间，但这是一个富有创造性、富有成效的模式必不可少的条件。因此，人们利用虚拟工作站形式的先进技术，尝试将这两种思想合二为一。正在使用的虚拟现实显示器包含在一个头盔中，该头盔包含执行工作任务所需的所有数据平台，如搜索引擎、文字处理、电子表格、电子邮件和通信程序等。将工作人员与空间绑定起来的唯一的物理元素是与键盘绑定的数码相机，其他一切都存在于虚拟世界中。由于这类虚拟现实系统绝大多数在虚拟世界中运行，所以人们可以在办公楼（这些地方需要能源、通信中心和其他昂贵的办公用品）以外的家里或其他地方进行访问，这样可以大大降低公司成本。

尽管在机器人进入社会后仍有许多悬而未决的问题和模糊的

猜测，但一些公司对机器人的部署有了新的进展，并在全球实验中充当“小白鼠”。当前，许多技术仍处于起步阶段，其中一些技术还只是绘图板上的精美设计，或是一些很有希望的想法。一些新技术失败了，一些旧技术已经过时了，还有一些技术在这个日益科技化的世界中找到了自己的位置。在工作场所部署机器人和使用其他新技术的积极动力是否能够让公司得到比对手更具优势的竞争力呢？

机器人是否就是未来？对于这个问题，接下来要谈到的这些公司没有驻足等待，而是主动为自己寻找答案。下面列出的公司并不全面，但它们可以清楚地表明职场的重大变革正在展开。

亚马逊

亚马逊是一家专营电子商务的公司。自1995年成立以来，亚马逊已经从一个不起眼的在线书店发展成了一家规模庞大、基于互联网的全球零售公司。高科技系统的开发和实施是亚马逊成功的主要原因。2012年，亚马逊收购了基瓦机器人（Kiva Robotics），这表明了其在这一领域继续前进的重要性。自收购基瓦机器人以来，亚马逊一直忙于用机器人取代人力。目前，亚马逊有3万多个机器人在仓库工作，这些机器人可以预测、接收、挑选和发送订单，预计亚马逊很快就可以用机器代替人力来做所有重复性的工作了。目前，由于技术的不断普及，工作岗位正在发生变动，亚马逊就是一个很好的例子。这家在线巨头雇用的员工还不到沃尔玛1985年员工总数的三分之一，但它创造了许多其他类型的工作岗位，其中包括它高度依赖的中转人员和包裹投递员。例如，在过去的16年里，由于网上购物不断流行，超过10万个联合包裹速递服务公司（UPS）的职位被创造出来。[87]当然，这种颠覆是喜忧参半的，那些正在寻找新工作的人当然欢迎这些新的工作机会，但那些由于自动化和计算机系统而失去工作的人，可能就没有那么高兴了。

亚马逊不仅开发了机器人技术以取代内部员工，还开发了尖端技术和设备以使客户受益。主要包括：

- 亚马逊生鲜。这项服务可以让客户订购当天或次日的食品杂货。2007年年初，这项服务只在亚马逊总部西雅图的某些地区提供。然而，从2013年开始，这项服务扩展到其他城市，现在圣迭哥、旧金山、洛杉矶、纽约和费城都有了这项服务。随着亚马逊完成收购全食超市（Whole Foods），肯定会有更多新的技术和服务出现。
- 亚马逊电视盒子①。用户可以观看电视直播或从大量的节目和电影中进行选择，也可以用来玩游戏。
- 亚马逊Dash按钮②。此控制设备可以放在需要定期补充产品的各个房间内。当需要补充货源时，用户只需按下与预设

① 亚马逊电视盒子是亚马逊开发的数字媒体播放器和微电脑遥控器。该设备是一种小型网络设备，可以将通过互联网流式传输的数字音频、视频内容传送到高清电视。它还能使用户通过附带的遥控器、移动应用程序或可选的游戏控制器来玩视频游戏。——译者注

② 亚马逊Dash按钮是塑料做的实体按钮，可以贴在或挂在物品上。每个按钮只对应一样商品，用户按一下该按钮就可以买下这件商品。——译者注

项目相对应的按钮并输入数量，该服务即可自动订购并配送所选商品。

- 亚马逊无人机配送服务。一旦新的无人机技术被批准在美国境内使用，亚马逊将是首批投入使用此技术的公司之一。无人机可以加快送货速度，还可以通过减少庞大的传统车队数量大幅减少碳燃料的使用，从而彻底改变包裹递送行业。在无人机能够得到大规模使用之前，亚马逊必须克服一些棘手的问题（如政府法规、创建“无人机机场”或对接站），以保证无人机能够自动规避障碍物和进行长距离飞行。据悉，与美国相比，英国的监管机构更愿意在其领空内使用无人机。2016年12月，一架无人机进行了它的首次正式配送服务，对象是英国剑桥的一名客户。此后，该领域的服务范围一直在扩大。

车保利

亚马逊可能正在解决无人机配送的问题，以便将其进行大规模的使用，但其他公司正在更本地化的基础上使用机器人送货。车保利（Chipotle）和谷歌联手测试无人机配送系统，这一项目被称为翼项目（Project Wing）。试验场地覆盖弗吉尼亚理工大学的校园，在那里，被预订的墨西哥卷饼可以从一个特别设置的自动售货亭派送给饥饿的学生。

谷歌对无人机配送系统特别感兴趣，该系统可以在救灾工作期间加快提供物资的速度，同时大大减少化石燃料的使用。

开吃网

开吃网（Just Eat）正在寻求地面上的机器人配送服务。开吃网是英国最大的外卖订餐网站，在英国有3万多家外卖餐厅供顾客选择，在全球有6.4万家外卖餐厅供顾客选择。2017年2月，开吃网开始在伦敦郊区北格林尼治（North Greenwich）使用自动驾驶送货机器人，这款机器人可以使用摄像头和全球定位系统（GPS）技术在道路上行驶。

必胜客

每个人都喜欢比萨，对吗？好吧，看来中国人想要将必胜客的美味佳肴与机器人结合起来。中国各地的必胜客门店使用由日本软银公司制造的人形机器人佩珀（Pepper），这款机器人可以回答问题、接收订单和处理付款流程。

我们有理由相信，能够执行这类任务的机器人也可以将食物送到顾客的桌子上。显然，中国人是这么认为的，因为上海的一家必胜客正在实践这种想法。这家必胜客使用友好的机器人服务员来迎接顾客，机器人将客人带到空座位上，并接受客人下单和给客人送餐。

敦豪航空货运公司

物流巨头敦豪航空货运公司（DHL）像亚马逊一样，正在试图使用机器人，以便在仓库中更高效地处理客户订单。该公司于2017年购买了几台智能机器人——巴克斯特（Baxter）和索耶

（Sawyer），以协助人类员工进行联合包装和零售前的装配等任务。该公司在2017—2018年大举投资机器人技术，以辅助员工并提高生产率。

剑桥工业集团

如前所述，中国正在为机器人技术的开发和使用铺平道路，剑桥工业集团（CIG）就是一个很好的例子。这家公司的总部位于上海，它是全球主要的电信设备供应商，正积极地将自动匹配系统应用到其业务中。

优　步

优步是一家前途无量的打车公司，它正在测试自己的无人驾驶汽车。虽然优步在其选定的测试城市旧金山遇到了监管方面的阻力，但其最终目标是实现汽车100%由机器人驾驶。

无人驾驶技术正处于快速发展的轨道上，在不久的将来，我们的道路上肯定会挤满机器人司机。有太多的公司想在市场上争得一席之地，它们肯定会强力施压并最终说服监管机构允许它们这么做。热衷于无人驾驶技术的公司有特斯拉、福特、通用汽车、丰田、本田、现代、沃尔沃、日产、奥迪、宝马、戴姆勒（梅赛德斯–奔驰的生产商）、百度、博世（无人驾驶技术的设计者）、标致雪铁龙、谷歌、法拉第未来（专门从事电动汽车设计）和苹果（主攻自主软件设计，其次追求无人驾驶汽车的研发）。

特斯拉

尽管前面提到过特斯拉正在追求无人驾驶技术，但这家由科技巨头埃隆·马斯克领导的公司也在利用机器人技术创造自己的作品。目前，位于内华达州沙漠地区的特斯拉超级工厂（Gigafactory）主要由机器来操控，只有一小部分工作人员负责监督机器人的工作。马斯克的目标是使超级工厂以及其他工厂在未来可以100%由机器人来运营。

开普敦公司

在富时100指数[①]成分股公司中，开普敦公司是商业领域的主要参与者。这家公司的总部位于英国，目前它正在投资机器人和人机合作机器人（与人类一起工作的机器人）技术。该公司已宣布这项投资意在削减成本，其近期目标是用机器人取代2 000名员工。

沃尔玛

这家大型百货公司一直在使用尖端技术精简员工队伍，而且似乎没有放慢脚步。沃尔玛不再局限于在其配送中心使用自动化技术，而是将自动化技术扩展到其他关键领域。例如，沃尔玛正在迅速采取行动，用机器人取代其会计和发票部门中传统的由人

① 富时100指数（FTSE 100）是伦敦金融时报100指数（或伦敦金融时报100种股价指数）的简称，创立于1984年1月3日，是在伦敦证券交易所上市的最大的100家公司的股票指数。——译者注

工操作的工作。

但这还不是全部，沃尔玛已经获得了一项自主购物车系统的专利，并打算在其数千家门店中安装该系统。这些由电脑控制的购物车将自动运行并返回原处，不需要像以前一样——员工去取回被顾客放在过道上和停车场里的购物车。这些智能手推车还可用于移动某些类型的物品、清点库存、清理垃圾、与顾客互动、扫描、检索和发货等工作。

奥凯多

奥凯多[①]智能仓库已经部署了1 000多台机器人为其网上客户提供产品。这家英国公司正在加紧推进自动化技术，并从几所主要大学聘请助手帮助技术人员开发人形机器人，以处理复杂的维护任务。

劳　氏

劳氏通过使用客户服务机器人，力求在硬件供应行业中保持优势。被大家亲切地称为OSHbots（或Lowebots）的机器人能够通过语言、屏幕菜单或3D扫描仪帮助客户识别已经购买和需要购买的物品。OSHbots具有自动驾驶、自动操纵功能，不仅可以引导客户购买所需产品，而且可以借助多语言软件用各种语言与顾

① 奥凯多（Ocado）是英国最大的B2C（企业对消费者）零售商，是世界上最大的网上食物零售商，于2002年1月正式商业运营，除了售卖生鲜外，也售卖其他食物、玩具和医药商品等。其总部位于英国赫特福德郡的哈特菲尔德。——译者注

客进行交谈，还可以盘点库存。

阿迪达斯

德国运动服装公司阿迪达斯推出了名为“速捷工厂”（SpeedFactory）的全自动生产设施。这家位于德国巴伐利亚州安斯巴赫的工厂于2016年推出了一款流线型跑鞋。这款运动鞋是机器人在几乎没有人类协助的情况下，利用异步随机存取图像技术（ARAMIS），基于人类肌肉、骨骼数据制造出的性能更好的鞋子。

开　利

很多人可能是因为美国总统唐纳德·特朗普说服开利公司留在美国而不要搬到墨西哥才了解这家公司的。保住800个工作岗位的消息成了头条新闻。尽管这家空调制造商同意了这笔交易，但它正利用印第安纳州的工厂作为投资跳板。在那里，它可以开发和部署机器人系统，使其最终取代这800个岗位中的许多岗位。

雀　巢

雀巢公司押注于日本人对科技的热爱，增加销售用于制作其广受欢迎的雀巢咖啡产品的机器。该公司“雇用”了一款人形机器人。该机器人作为销售代表，工作于1 000多家家用电器中心和商店。这款机器人名为“佩珀”，由日本软银机器人公司开发，它使用人脸识别技术来识别和响应人类的面部表情和情绪。除了与客户互动外，佩珀还可用于展示产品和协助采购。

荷兰国际集团

为了削减员工开支和提高业绩，许多行业都在寻求利用机器人技术，银行业也不例外。荷兰大型银行——荷兰国际集团（ING）已向机器人寻求帮助，以削减成本。该银行正在裁减5 800名员工，其中大多数是全职员工，另有1 200名员工被调往其他岗位。荷兰国际集团试图将人力资源、金融、信息技术和风险管理业务集中到一个平台上。

荷兰国际集团的目标是在未来6年里在数字银行技术方面投资约8亿欧元。尽管它遇到了阻力，尤其是来自工会的阻力，但该银行强调，它必须实现现代化，以便与那些迅速实施机器人技术的科技巨头进行竞争。

资生堂

总部位于日本的资生堂已经开始在其位于挂川市的工厂使用工业人形机器人来组装化妆品，这属于业内首创。两名人机合作机器人同一名员工一起工作，这名员工主要负责检查产品并控制质量。该公司力求通过将机器人和人类结合起来增加灵活性，从而更快地适应市场变化。

富士康

富士康为微软、三星和苹果公司生产配件。该公司有一项大胆的计划，即要在不久的将来创建100%由机器人操作的工厂。该公司已经开始了这一进程，替换了约6万名员工。为了实现这一目标，该公司制订了一个三阶段的计划。第一阶段是将机器人部署到危险的或者不受人类员工欢迎的岗位上；第二阶段是精简操作流程，进一步减少对人类员工和过多机器人的需求；第三阶段是寻求完全自动化的工厂，只配备一个骨干人力团队，以执行测试、检查、后勤和某些生产工作等任务。

万豪酒店

万豪酒店是在机器人领域处于领先地位的连锁酒店。该酒店的比利时根特万豪酒店（Ghent Marriott）于2015年6月部署了一个名为“马里奥”（Mario）的人形机器人。该机器人可协助人们完成一些任务，比如，为客人办理入住手续，在会议和大会上发表演讲，进行幻灯片演示，给餐厅菜单提出建议，打扫客人退房后的房间，等等。使用马里奥这款机器人的最大好处似乎并不是它在完成酒店的相关任务时给客人提供的便利，而是它可以用19种不同的语言与人们进行交流。马里奥深受来访的客人以及当地人，尤其是孩子们的欢迎。当地学校经常安排老师和学生对马里奥进行实地考察。

日　产

尽管汽车制造公司多年来一直在使用机器人技术，但日产对机器人的使用已经达到了极致。该汽车公司位于英格兰桑德兰市的工厂95%是电自动化操作的，且效率极高。该工厂的机器人每年生产50万辆汽车，可以在短短的8.5小时内制造完成一辆逍客

SUV（运动型多用途汽车）。

东莞长盈精密技术有限公司

东莞长盈精密技术有限公司位于东莞市。该公司正在创建几乎由机器人运营的工厂。公司大部分的机械加工和运输业务都使用自动机械来完成，员工数量从最初的650人减少到目前的60人左右。该公司的目标是将这一数字进一步减少到20人，这些员工只负责监管机器人。

从人类员工转向使用机器人的这一举措值得吗？公司的业绩确定无疑地给我们提供了一个响亮的回答：值得！机器人的产量几乎是人类的3倍，达到了2.1万件，而人类的产量为8 000件，增幅为162.5%。产品质量也有了极大的提高，产品缺陷率从25%大大降低到5%。

富达投资集团

传统的金融顾问也受到了先进机器人技术的冲击。千禧一代（20世纪80年代到21世纪出生的人）尤其愿意寻求更先进的财务管理方法，他们正转向所谓的“智能投顾”①。

为了跟上技术进步的步伐，富达投资集团已经推出自己的智能顾问系统Fidelity Go。虽然数字操作模型旨在满足首次投资者的需要，但富达投资集团打算进一步改善这一技术，以应对更先进

① 智能投顾（robo advisors）是指虚拟机器人根据投资者的财务状况和风险偏好，通过智能化的分析，给用户提供资产配置和财富管理方面的投资建议。——译者注

的核心投资能力，而这是千禧一代以及后来者所寻求的东西。

飒　拉

飒拉（Zara）是一家西班牙服装公司。像许多其他公司一样，飒拉认识到自己如果不做点什么以保持在行业中的优势地位的话，那么在未来注定要被淘汰，而这个“什么”就是自动化。尽管许多竞争对手将业务分包给位于经济相对落后地区的工厂去做，但飒拉却选择投资其本土公司。飒拉新建了14个工厂，这些工厂主要由机器人运作，机器人可以每天24小时不间断工作。这些机器人可以切割材料并对其进行染色，生产出所谓的“本色布”（gray goods），也就是可以被制成成品的织物。

机器人生产的“本色布”会被运送到数百个商家完成成品制作。这种快速迎合大众造型设计的做法使飒拉能够快速识别顶级时尚卖家——可以在几天内将产品分销到各个商店。正如人们常说的“实践是检验真理的唯一标准”，飒拉的母公司印第纺织（Inditex）在2012财年末的收入增长了10%，也就是增长了191.5亿美元。这个“非常及时”（just in time）的自动化系统是在丰田公司使用的一个系统之后形成的一种模式，这个系统的使用引起了其他服装制造商的注意，它们纷纷开始运用相同的或类似的系统。

机器人的崛起

我们已经看到了为我们的娱乐而构想出的虚拟设备是如何在当今世界成为现实的。我们也考虑了不同的公司是如何利用机器人技术来降低成本、提高产量、改善服务和生产具有吸引力的产品的。这些例子都非常重要且令人印象深刻，它们向我们展示了机器人和人工智能是如何通过开发、打磨和部署来实现那些目标的。

然而，智能机器人的使用范围正在扩大，越来越多的被认为是人类才能做的工作开始由机器人来完成。随着技术的进步，将会有越来越多的机器人能够执行越来越复杂的任务，从而取代更多依靠这些工作获得收入的工人。机器人的崛起不再停留在科幻小说的世界里，机器人的影响力正在扩大。

律师机器人和律师助理机器人

大多数人会认为，只有从在大学里学习了多年的法律、能呼吸、会思考的专业人士那里才能获得真正的法律建议和服务。然而，随着律师机器人的引入，这种观念正在受到挑战。其实，与大多数人工智能任务一样，大部分法律任务都是常规的、机械的，比如查看和检索数据。可以预见的是，机器人是有希望做更复杂的工作的。

我们来看一个例子，脸书的一个名为“无须付费”（Do Not Pay）的聊天机器人，是由斯坦福大学的一名20岁英国学生约书亚·布劳德（Joshua Browder）设计的律师机器人。这位律师机器人最初帮助了大约25万人向他们收到的停车罚单提出质疑，其中16万多人的罚单被成功推翻。此后，布劳德调整了该机器人的程序，以便执行其他法律任务，比如，为乘客争取航班延误补偿，为艾滋病患者提供法律咨询，以及帮助难民在英国、美国和加拿大申请庇护，等等。“无须付费”通过脸书的信使程序界面进行操作，它在这里与它感兴趣的人进行交谈，询问他们问题，并记录他们的回复。律师们对助理机器人所具有的潜力是大张双臂表示欢迎的。例如，在移民律师的案例中，律师大部分时间都花在了一些琐碎的活动上，如填写法律表格等。布劳德设计的这款机器人，有可能将律师从此类任务中解放出来，让他们能够更专注于复杂的案件。[88~89]

不仅仅是社交媒体网站使用了合法的机器人，各种不同规模和类型的律师机构也在为其员工增配人工智能，这将极大地改变这个行业。LawGeex是一个人工智能平台，用于比较数据库中的合同，并针对当前需求创建量身定制的合同。另一个人工智能平台eDiscovery可以对提交的文件进行搜索，以便检索各类形式诉讼所需的数据。这些机器人比它们的人类同行更有效率吗？正如大型国际律师事务所里德·史密斯（Reed Smith）所发现的那样，情况显然如此。他通过乌鸦系统（RAVN Systems）测试了一个名为RAVN ACE的人工智能系统，让机器人检查数百页的文件。起初，机器人的检索有一些错误，但在律师添加了一些必要的数据和条件后，最终的结果怎样呢？人工智能机器人的速度要快得多，它只需几分钟即可完成人类通常需要几天时间才能完成的工作。[90]

越来越多的大公司加入了使用人工智能机器人的行列。莱瑟姆和沃特金斯律师事务所（Latham & Watkins）、登顿律师事务所（Denton）和其他律师事务所正在使用一个由美国国际商业机器公司和罗斯情报（ROSS Intelligence）合作研制的称为“沃森”的人工智能系统。虽然沃森人工智能系统仍处于起步阶段，但该系统已经为律师事务所节省了大量研究时间，可以为每位客户节省20～30小时的时间。据估计，70%的法律费用是由搜索和审查工作产生的，比如梳理文件、阅读电子邮件等。由机器人来接管如此烦琐的任务，可以大大节省开支。[91]该技术已经在一个构建于沃森平台、简称为“罗斯”的系统中取得了令人印象深刻的进步。贝克和霍斯泰特勒律师事务所（Baker & Hostetler）已经部署了智能律师软件来处理破产类案件。人工智能可以执行更为复杂的任务，比如，同客户沟通，回答客户的问题，进行研究，以及提供假设和响应，等等。罗斯可以根据需求查找相关法规和案例，可以快速提供建议。人工智能系统还可以全天候地监测可能影响特定情况的新的应用决策，并给出通知。[92]

就像所有的人工智能程序一样，法律机器人可以从每一次经验中学习，从而提高自身能力和改善自身性能。律师和律师事务所可以获得与其他行业使用人工智能机器人相同的好处，即效率更高、成本更低、速度更快。那些寻求法律咨询和代理的人也将从中受益。妨碍普通民众获得良好法律援助的主要障碍之一是聘请律师的费用高昂，但机器人可以将人类律师从耗时的工作中解放出来，使他们专注于更为复杂的问题，从而降低成本，增加了他们接待新客户的时间。很多人曾被业务素质良好的法律代表拒之门外，现在他们发现让这些优质法律代表为自己服务的机会变大了。法律人工智能机器人助手正在努力实现这一目标。

医疗机器人

随着机器人的崛起，医学专业人士的角色也将经历根本性变革。尽管许多医疗机器人仍处于研究和测试阶段，但有些机器人已经成功地投入使用了，尤其是在需要处理大量信息或需要复杂、精细操作的情况下。

用于完成手术任务的机器人最初是在1985年引入的，当时机器人彪马560（PUMA 560）在活体组织检查过程中成功地将一根针插入大脑。1987年，一个机器人被用来进行胆囊切除手术。一年后，机器人PROBOT被用来协助伦敦帝国理工学院的医生进行前列腺手术。今天，我们有越来越多的医疗机器人出现在儿科、整形外科、放射外科和神经外科等领域。

静脉注射机器人正在被用来混合、测量并管理病人的药物。美国和欧洲国家的许多医疗机构都使用机器人来测量和混合敏感药物，比如化疗需要的一种精确的混合物，如果医务人员操作不当，那么它可能会危及患者甚至医务人员本身。莉娃（RIVA）、智能充装（IntelliFill）和静脉注射站（IV Station）是开发用于医药领域的另外几款机器人，它们可以自动准备静脉注射溶液。静脉注射机器人的精确计算大大降低了药物过量和患者死亡的可能性，每年可以挽救因人为错误而丧生的数百条生命。美国卫生系统药剂师协会（ASHP）委托进行的一项研究显示，“静脉注射药物治疗错误导致患者受到伤害的可能性是其他给药途径（如药片或液体）的两倍”。[93]

以色列研究人员设计了一种直径仅为1毫米的微型机器人（ViRob）。这种微机器人由利用电磁技术的外部系统操纵，可以进入小腔和血管并进行操作，以定位肿瘤、放置微导管和输送药物。纳米技术创造了机器人更小尺度的可能性，微型纳米机器人正在进行测试，用于定位和摧毁癌细胞，输送药物，提供医学成像和传感，监测血液化学成分，以及复制分子。

一家名为“直觉外科”（Intuitive Surgical）的公司试图利用智能机器人技术来改善医生和患者的手术体验。该公司的机器人手术系统——达·芬奇系统，使外科医生可以利用机器人的3D高清摄像头和微型仪器进行微创手术，而这些仪器比人手操作更精确。此外，达·芬奇系统可以通过互联网进行远程操作，让医生可以在全球任何地方进行手术。

许多情况下，手术结束并不意味着对患者治疗的结束。许多患者需要术后护理和其他类型的内部护理，这需要大量的主治医生、护士和助手。机器人也可以被用来完成这些任务。例如，高尔（Gower）是一个医疗机器人，可以在如迷宫般的医院走廊、电梯和房间中来回穿梭，为护士站提供所需的药物。在美国的一些医院里，医生还使用遥控机器人来探视重症监护室里的病人，使其在不离开医生站的情况下记录病人的生命体征。类似的机器人还可以执行中风的诊断及管理等任务。

被称为TUG的机器人是医院的管家和送餐员，它通过无线网络与数据系统进行通信，并通过内部集成的地图系统在医院周围活动。TUG通过传感器绕过障碍物，通过无线电波进入电梯。这些辅助机器人的负载能力为1 000磅，能够运送床上用品和餐食。它们还有专门的隔间用来运送药物，需要医生或护士使用预先注册的生物识别指纹并输入个人识别密码（PIN）才能获得访问权限。TUG是自动充电的，每天可以连续工作长达10个小时，大约行走12英里。

与法律界的人们一样，医学界也正在张开双臂欢迎机器人的到来。医生的供求差距正在以惊人的速度扩大。2013年发布的一份报告预测，到2025年，仅在美国，初级保健医生的缺口将达到12 500 ~ 31 100人。美国非初级保健医生的情况更糟糕，预计2025年缺口会达到28 200 ~ 63 700人，包括5 100 ~ 12 300名医学专家、23 100 ~ 31 600名外科专家和2 400 ~ 20 200名其他类型的专家。[94]机器人将有助于满足医疗保健服务行业日益增长的部分需求。

教师机器人

教师机器人开辟了机器人进入教育领域的道路，尽管尚未取代它们的人类同行，但正在努力实现这一目标。担心被取代可能是大多数教育工作者不愿意将机器人引入教室的一个原因。大多数教育工作者坚持认为机器人的角色是受限制的，教师比机器人具有绝对的优势。

到目前为止，机器人主要被用作学习工具，而不是作为真正的教师，但机器人被用作教师的趋势正在迅速发生变化。学生对机器人教师要热情得多，特别是当机器人拥有人形的时候。不利的一面是，目前机器人无法与学生建立情感联系；有利的一面是，当学生犯错误时，机器人不会感到疲倦或沮丧。

许多国家正在教室里试验人形机器人，特别是像韩国和日本这样的亚洲国家。机器人佩珀、我（I）、提洛（Tiro）、闹（Nao）和爱罗比（IROBI）被用来教学生英语。远程呈现技术也被应用于英语教学，使教师可以与偏远地区的学生互动。一个使用远程呈现技术的机器人具有人形设计，它的胸前有显示器，师生可以通过这个显示器进行互动。汉森机器人公司推出的机器人爱因斯坦教授（Professor Einstein）是一个缩小版的阿尔伯特·爱因斯坦。这位"教授"会走路，会说话，还会教孩子们各种各样的科学知识。其他各种教学机器人已于2017年发布，其中大部分专注于STEM（科学、技术、工程、数学）课程。

教师机器人不仅被用在孩子们的教室里，而且还被用来培训专业人员。例如，3G（第三代移动通信技术）高仿真模拟病人SimMan是一种机器人，可以模拟需要医疗护理的病人。因此，医疗专业的学生在参加培训时能够在课堂环境中体验逼真的紧急状况和场景。SimMan可以为学生提供真实的症状，可以痛苦地喊叫，并对治疗和药物做出反应。

接待机器人

另一个在机器人使用方面取得重大进展的行业是酒店行业。出席2017年1月举行的美洲住宿投资峰会（ALIS）的专家组成员预测，客房服务机器人将在5年内成为常态。技术的进步、成本的降低和客户的期望都被认为是此项目的促成因素。

正在使用机器人的酒店对机器人大加赞赏。像瑞丽（Relay）和博特尔（Botlr）等机器人可以为客人提供所需的食物和物品。当有电话打到前台时，只要把客人需要的物品放到机器人身上，并输入客人的房间号码，机器人就会把物品送达目的地。机器人具有隔间锁定功能，可以防止其他客人盗窃物品。当传感器检测到有人开门时，机器人就会弹开柜门，将物品交给客人。虽然机器人还不能爬楼梯，但它们可以使用电梯，还可以在走廊里使用导航系统，并识别房间，所有这些都是通过一种特殊的识别软件实现的，这种软件可以将建筑物的布局预先编程到机器人中。

同时，被亲切地称为“罗茜”（Rosie）的美国客房服务机器人正在忙着用吸尘器打扫酒店走廊、卧室、浴室及会议室的地板。“罗茜”这个名字是动画片《摩登家庭》（*The Jetsons*）里的未来卡通机器人女仆的名字。罗茜的制造商估计，每个机器人可以为酒店节省各种与服务员相关的费用约9 000美元。除了减轻员工做这些细致工作的压力以及节省酒店一大块费用之外，像罗茜、瑞丽和博特尔这样的酒店机器人非常受客人欢迎，因为客人认为这些机器人可爱、有趣。

然而，西方世界的大多数酒店还没有做好准备，不能像一家日本酒店那样在2015年全部由机器人来运营。海茵娜酒店（*Henn-na Hotel*）位于长崎的豪斯登堡（Huis ten Bosch）主题公园附近，它将一些具有吸引力的事物用作设计机器人的灵感来源，如恐龙接待员。吉尼斯世界纪录认定海茵娜酒店是世界上“第一个由机器人服务的酒店”。接待员机器人会讲4种语言（日语、中文、英语和韩语），搬运工机器人可以搬运行李并引导客人到自己的房间。另外，房间配备面部识别软件。每个房间都设有一个小型礼宾机器人，它可以根据指令打开或关闭设备，并提供有关美食和出租车服务的信息。机器人也会经常打扫地板和清洁窗户。

海茵娜酒店的母公司日本HIS国际旅行社已经在东京迪士尼乐园附近的千叶市开设了第二家分店。这家6层楼高、拥有100间客房的酒店部署了约140个机器人，只有7名员工在现场提供特殊帮助或处理紧急情况。第三家分店已经在日本的关东地区开业。日本HIS国际旅行社的创始人兼董事长泽田秀雄（Hideo Sawada）计划在未来5年内开设更多的酒店，同时也会在日本以外的国家开设酒店。

建筑机器人

受益于机器人技术的不仅仅有服务行业。随着机器人被开发用于执行更复杂的任务，人们也在考虑通过更有创意的方式来使用机器人，机器人正在进入建筑领域。一段时间以来，建筑学一直在利用计算机设计更美观、更安全的建筑结构。然而，建造这些结构的物理要求挑战并阻碍了机器人的使用。建筑工作主要是为人类工人保留的，因为人类具有完成这些工作所需要的敏捷度和灵活性。而现在，机器人似乎也开始在这个行业中留下自己的印记。

建筑机器人看起来像科幻电影里的未来派角色吗？现实情况是，机器人已经出现在建筑领域了，他的名字叫山姆［SAM，SAM恰好是Semi-Automated Mason（半自动化泥瓦匠）的首字母缩略词］。山姆是一个比任何泥瓦匠都能更好地砌砖的机器人。事实上，山姆每天可以有效地完成6个工会泥瓦匠所能完成的砌砖工作，而无须高工资、休息、假期或其他福利。机器人可以抓起一块砖，抹上砂浆，并将其放在指定的位置，取代了人类泥瓦匠来完成这些单调、繁重的工作。制造山姆的建设机器人公司（Construction Robotics）认为，这种机器人有可能在不久的将来为建筑公司节省超过50%的运营成本。[95] 当然，一旦铺设了砖块，山姆和类似的机器人砌砖工仍然需要人类工人来填补接缝，但这种局限性看起来并不会持续很长时间，因为机器人的发展速度太快了。

砌砖并不是建筑行业中唯一采用未来手段的环节。纳米技术正在将笨重而不坚实的材料转变为稳固而轻质的材料，这些材料既可以单独使用，也可以与其他材料结合使用。纳米传感器也正在开发中，可以在建筑物损坏前识别潜在的断裂点。无人机也被用于勘测，提供建筑工地的全景，以及监控和检查工地的各种细节，如脚手架、起重机、挖掘隧道等。由机器人控制的山猫（Bobcat）牵引车也正在测试中，它可以在崎岖不平的施工现场中导航，挖掘出指定大小和深度的区域，还可以携带并倾倒大量泥土，而所有这些工作只需通过简单的编程和按一下按钮即可完成。[96]

采用建筑机器人是正确的选择，而且恰逢其时，主要是因为在这个全球价值10万亿美元的行业中，熟练工人持续短缺且成本高昂，导致越来越多的项目无法完成。仅在美国，截至2017年2月，就有约20万个工作岗位处于人手短缺状态，大多数（98%）大型项目由于超出预算而亏损。[97]因为企业和投资者需要寻求方法以便按时完成项目，还要在此过程中节省大笔资金，所以机器人作为同时满足这两个目标的解决方案正变得更加具有吸引力。

农业机器人

与大多数行业一样，农业也在创造、开发并测试用于农作物种植、照料、收获、加工和运输的机器。在大多数情况下，现有的机器仍非常笨重，会造成粮食撒漏，还会践踏大部分作物，因而农业机器无法在实际中大规模使用。不过，像其他行业一样，比如为解决劳动力短缺问题而使用机器人的建筑行业，机器人也正在迅速应用于农业。但机器人应用于农业的原因截然不同，那就是政治力量的推动。

加利福尼亚州正在经历一场重大的政治转变，这会对其农业生产造成非常严重的破坏。由于加利福尼亚州属于温和的地中海气候，所以该州可以种植大量的作物，其中许多作物是该州独有的。加利福尼亚州是美国最大的食品和乳制品生产地，在全球范围内，它是第四大葡萄酒生产地、第五大粮食和农产品供应地。

加利福尼亚州的农业产业严重依赖于合法甚至是非法的低工资移民，他们要在炎热的气候中进行长时间的劳作。与消费性食品的性质一样，如果农作物没有在规定的时间内收获，那么它们会“在藤上枯萎”，也就是说，农民会没有收成。目前，特朗普政府对非法移民的打击，加上墨西哥更具吸引力的制造业工作，给加利福尼亚州的农民带来了很大的困难。他们被迫转向机器，并寻找受过更高教育的“合伙人”来操作机器，以取代那些正在受到威胁并在逐渐减少的移民劳动力。农民只能这么做，否则就会因失去大部分收成而破产。

政治权力游戏造成的工人短缺，加上美国人口老龄化，以及美国本土出生的劳动力对从事艰苦、卑微的劳动不感兴趣，加剧了这一问题。完全机械化的机器人正在成为自动采摘草莓、西红柿和其他作物的主体，它们可以采摘葡萄并将葡萄放在纸盘上晾干，还可以从树上摇下巴旦木。在某些情况下，技术要取代人类农民还有很长的路要走。例如，一种用来识别和收获成熟芦笋条的机器就失败了，就像草莓收割机只采摘了大约一半的成熟果实一样。事实证明，技术进步极大地改善了农业的生产方式，但前提是技术必须得到有效的开发。技术发展领域的不足，像加利福尼亚州所经历的那样，会使拥有大量廉价劳动力的国家具有市场优势。

即将推出的人形机器人

认为会走路、会说话、会互动、会思考、会表达情感的机器人注定只能出现在科幻剧本中的人们，可能会在不久的将来因为这种机器人的出现而感到震惊不已。如电影《终结者》(*Terminator*)、《机器战警》(*Robocop*)、《西部世界》(*Westworld*)和《人工智能》(*AI: Artificial Intelligence*)所描绘的人形机器人已经处于设计阶段，并且在某些情况下已经成为现实。制造人形机器人的竞赛势头越来越猛，一些公司决心将机器人从电影屏幕上转移到家庭、商店和街道上来。

这些机器人的预计投放时间是什么时候？灵魂机器公司(Soul Machines)的首席执行官马克·塞格尔(Mark Sagar)预计，到2027年，交互式人形机器人将变得相当普遍。塞格尔位于新西兰的公司开发的虚拟人既聪明又灵活，能够沟通，还能够表达情感并回答问题。此外，灵魂机器公司的人形机器人可以通过使用虚拟神经网络识别社交模式，还可以根据所收集的数据修改自己的反应。一个名为“爱克斯贝贝”(Baby X)的人形机器人可以通过相机“看到”和传声器“听到”的东西来学习和表达情感，它能够像婴儿一样成长。根据塞格尔的观点，人形机器人面临的最大障碍不是计算机能否像人脑一样进行处理的能力，而是机械方面的发展仍然很落后。[98]

另一家正在快速展示人形机器人的公司深渊创造(Abyss Creations)已经开发了真实的性爱玩偶进行销售。众所周知，性爱机器人(Real Dolls)目前已经上市，可以定制肤色、眼睛颜色、发型，甚至雀斑和乳房大小，等等。性感的谈话机器人设计有可编程的个性，并包含记忆，以便继续对话。玩偶不仅会说话，会眨眼睛和转头，还会做出微笑等面部表情。[99]但是，性爱机器人也存在与灵魂机器公司生产的机器人相同的问题，那就是在颈部以下不存在机器人技术。尽管性爱机器人可以说话、阅读诗歌、讲笑话以及进行其他基本对话，能够给人一种半真人的印象，但它们的手臂和腿只能像其他人体模型玩偶那样简单放置。

虽然像灵魂机器公司和深渊创造公司这样的公司正在忙于开发人形外观以及能对现实生活经历和遭遇进行反应的大脑，但其他公司正在快速试验机器人像人类一样移动所需的机制。例如，波士顿动力学公司（Boston Dynamics）和美国国防部高级研究计划局（Defense Advanced Research Projects Agency，简称DARPA）已经联手创造了一种机器人，它可以用腿在不平坦的地形上行走，还可以使用手臂和腿爬过物体。波士顿动力学公司还开发了一种机器人，用于测试防护服对危险化学品的耐受力。这种机器人被称为“佩特曼”（Petman），为了测试该防护服的防护能力和灵活性，它在含有有害化学物质的大气环境中行走、弯腰和做健美操。

马克·塞格尔对人形机器人在10年内变得司空见惯的预测可能不会太遥远。为了不断追求发展，企业会联合起来并取得成功，这样与人类几乎没有区别的机器人可能很快就会成为现实。这些机器人已经积极地在我们中间占据了一席之地，随着它们的进步，它们在外貌和能力上会变得越来越像人类。英格兰银行（Bank of England）首席经济学家安迪·霍尔丹（Andy Haldane）于2015年在伦敦向工会联盟大会发表的名为“劳动份额”的演讲中，或许就谈到了这种可取之处。霍尔丹说："人工智能利用大数定律来解决问题并进行学习，从多种排列中筛选出一种解决方案。实际上，所有的人工智能问题都是涉及一长串的1和0的大数据问题，它们是数字问题。"[100]

虽然人工智能在今天取得了巨大的进步，但它基本上仅限于执行分析性的任务。霍尔丹进一步阐述："这些不同的解决问题的方法在确定人类在哪些方面具有优势时非常重要。人类似乎在需要高级推理的任务中具有优势，即需要具有想象力的、大的、逻辑跳跃的任务，而不是重复性的、小的任务。这些任务的重点是认知和创造力，而不是生产和感知。在这些任务中，情商高于智商，社会资本与金融资本同等重要甚至更加重要。"[101]智商是对智力的一种量度，叫作智力商数，而情商是指情感商数。虽然机器可能在智力水平上超越人类，但在情感水平上却远远无法超越人类。

2

第二部分　前方的路

颠覆可能会发生在任何领域，如技术、经济、政治、健康和人际关系领域。“灵活性”和“适应性”是21世纪的代言词，“保持警惕”和“不要措手不及”是第四次工业革命的格言。提前了解这些可能发生的事情，以便未雨绸缪，防患未然！

第五章 需要考虑的挑战

不可否认，机器人和人工智能为公司和使用公司产品的人带来了很多好处。技术进步使人们创造出既聪明又听话的可以取代人类劳动的机器，增加人们的物质享受，减少破坏人们健康和福祉的风险，为人们提供大量有用、有趣且高档的产品，改善人们的生活质量，这些似乎是极好的目标，但人们的愚蠢行为也会产生一大堆问题。正如我们在上一次工业革命中所看到的那样，从长远来看，整个社会的状况好转了很多，但一个被忽视的紧迫问题是：在这20年、30年乃至40年的过渡期中，个人会发生什么？对一些人来说，这只是他们职业生涯的剩余部分；而对那些刚刚进入职场的人来说，这是他们的整个职业生涯。

虽然当人工智能和自动化机器人抢走工作岗位时，新的岗位会被创造出来，但新创造出来的岗位可能不再需要之前的技能，也不太可能位于相同的工作地点，这就要求填补这些新职位的人除了更新技能外，还需要搬家。想象一下，你是一名银匠大师，生活在18世纪末美国独立战争后的波士顿。你做了一辈子的学徒，并按照规定的程序努力工作，最终成为银匠大师。但突然有一天，有人带着一台机器（冲压机）出现在你的面前，他的机器可以将银子迅速压制成各种银制品，而你通常需要花几个小时甚至几天才能制作一个这样的银制品。这时，你会怎么办呢？最重要的是，机器的主人出售的产品的价格比你的产品的价格低很多。很明显，在这种情况下，你的生意会慢慢没落，你甚至会破产。你会怎么做呢？你是搬到另一座城市和当地的银匠竞争，还是学习如何制造或修理冲压机，抑或卖掉锤子和铁砧而成为一名冲压机操作工？

这听起来可能有些荒唐，但政界人士和科技界人士就是这样谈论的。虽然人工智能会取代人类的工作，但它也会创造更多的工作岗位。所以，如果你的工作被人工智能或机器人抢走了，那么这是否意味着你会马上找到另一份工作呢？这当然是不可能的。其实，这更像是一个抢椅子的游戏，只不过椅子离你比较远。你必须选择其中一把椅子，然后朝那个方向奔跑，并且希望自己是第一个到达的。或者，你可以决定在周围找一些与之前完全不同的事情做。

当失业人数很少的时候，在你原来的工作领域里找到需要类似技能的新工作是相当容易的，但是当成千上万的人同时失业时会是什么情况呢？在大衰退时期，银行接二连三地倒闭就是一个很好的例子。在雷曼兄弟破产的时候，银行的大部分失业员工流落街头，无处可去。有的银行可能会因为看重雇员的才能和高度专业化的知识而雇用他们，但就是这样的银行也无一不在裁员。那些有幸得以继续工作的人发现他们要肩负起更多的责任，却只能拿更少的薪水。许多突然失业的人花了数年时间才找到新工作，但新工作往往不是在同一个行业，而且工资也很低。虽然原因各不相同，但随着人工智能、机器人技术、其他新技术甚至新商业模式席卷整个经济社会，每个人都需要为这种情况做准备。美好的事情将会发生，但问题是：你的职业和生活将会发生怎样的变化呢？

问题的实质是，如果我们要在自动化时代和谐、繁荣地生活，我们就必须面对和克服许多挑战。如果我们继续一头扎进未来，运用先进技术来提供一个短期的解决方案，而不考虑它对人们造成的长期影响，那么我们很可能会重蹈覆辙，再次经历上一代人在过渡时期所经历的痛苦和磨难。我们不应该只沉浸在人工智能、机器人技术和其他新技术带来的兴奋和欢乐气氛中，而不去积极地探究这条道路到底会给我们带来什么影响，尤其是对我们个人的影响。人人都说无知是福，但无知也常常会导致悲伤、痛苦和毁灭。

机器人还没有发展到能够取代人类、统治世界的地步，但是它们正在迅速地使一度难以企及的技术大众化。“大众化”的含义是“将某物提供给所有人，让所有人都能理解它”。随着硬件、软件、传感器和其他元件变得越来越复杂，机器人也变得越来越便宜，更多的人可以负担得起。现在，我们在工厂和仓库里轻易就能看到机器人的身影，并且越来越多的机器人出现在医院、酒店、餐馆和商店中。自动驾驶的机器人即将加入原本只有人类操控的交通洪流中，在街道上奔驰，在天空中飞翔。目前，由于使用机器人能带来利好，越来越多的中小企业取得了机器人技术的使用权。因而，越来越多的人能够享受机器人提供的服务并购买相关产品。

律师机器人“无须付费”的发明者约书亚·布劳德说：“我只是想创造一个公平的竞争环境，让机器人可以做任何事情。”[102]随着越来越多的年轻人在以机器人和人工智能为核心的第四次工业革命的影响下成长起来，毫无疑问，机器人将在更多的领域普及，并能够执行更复杂的任务。随着不断增长的知识、数据和经验传递给下一代，机器人的大众化进程也在不断推进。不可思议的事情正在变成现实，而其实际取得的成就也越来越多。

千禧一代是在最初的机器人浪潮中成长起来的，他们受到了机器人的影响，这使得他们为第四次工业革命做出了巨大贡献。接下来的这群人（20世纪90年代中期到21世纪10年代中期出生的Z世代①）经历了在计算能力、分析甚至机器人技术方面的大众化进程。孩子们可以去参加机器人知识营，了解机器人和制造机器人，这在不久前是难以想象的。Z世代中的许多人长大后将与机器人一起工作，而随着机器人在劳动力大军中占据越来越大的份额，许多人将会被机器人取代。

我们正站在巨大变革的边缘，目前还不清楚我们这代人正在创造的机器人浪潮将如何影响未来。但我们所知道的是，未来的几代人需要肩负利用机器人和管理机器人的责任，他们的决定

① Z世代是美国及欧洲的流行用语，又被称为网络世代、互联网世代，统指受到互联网、即时通信、智能手机和平板电脑等科技产物影响很大的一代人。——译者注

将会塑造我们的未来。因此，我们必须认识到当世界满是机器人的时候会出现的风险，尤其是那些能够自己“思考”的机器人。另外，我们需要在这些风险出现之前找到可能而又可行的应对办法。

失　业

把机器人应用到职场是一件喜忧参半的事情。一方面，机器减少了工伤和成本，提高了效率和产量，从而提高了投资回报率和利润。但问题是，这些机器取代了需要经济支撑才能生存的人。另一方面，机器人不仅会消除工作岗位，还能创造工作岗位。这无疑是正确的，至少在一定程度上是正确的。但是，机器人能创造足够的工作岗位吗？目前，使用机器人而不雇用人类工人的现象正在迅速增多，而且没有任何迹象表明这种趋势会减缓。早期的统计数据显示，机器人正在以惊人的速度吞噬工作岗位。

机器人取代人类工人这个问题有多重要呢？从乐观方面来看，据预测，在未来10年里，美国将通过使用机器人和人工智能创造大约1 500万个工作岗位——约占美国工作岗位总数的9%。我们本可以就此打住，欢呼雀跃地举起双手，为机器人“记上一分”。然而，预测还发现，这些机器人将会在同一时期削减2 500多万个工作岗位——约占美国工作岗位总数的16%，大约1 000万人的工作岗位将被机器人和自动化取代。[103] 这些被取代的人将来会怎么样呢？你会成为其中的一员吗？

在未来的几十年里，世界上很大一部分人将面临被机器人取代的危险。当然，低技能或低工资的工作被取代的风险最大，因为这些工作大多是重复性、常规性的，可以很容易地由机器人完成。根据奥巴马政府的一份白宫报告，预计83%的时薪低于20美元的工作岗位可能会在不久的将来被机器人取代。工资越高，工作被取代的概率就越小：31%的时薪在20美元至40美元的工作将会被机器人取代，而时薪高于40美元的工作只有4%的概率会被取代。[104]

很明显，受打击最严重的员工将是那些从事重复性和常规性工作的员工，以及那些受教育程度较低的员工。然而，并非只有普通的制造业和服务业的工作才是被机器人取代的重点，随着技术的进步，农业、金融、医疗、法律等技术含量更高、更注重细节的领域的工作也有可能被机器人取代。在未来的几年里，那些机器人尚未超越的领域所需的专业知识和技能是保留工作的决定性因素。

我们已经看到这样一个难题：为了应对不断上涨的生活成本，低收入工人发起了高工资之战，而选择机器人来替代这些工人的公司则采取了相应的对策。他们有充分的理由想要提高基本工资水平。在美国，最近一次提高最低工资标准是在2009年。而在英国发生的大部分政治动荡都围绕着同一个问题，那就是众多领域的物价都在上涨，让越来越多的人陷入了贫困之中。

然而，对这些努力的反应却是令人意想不到的、未来主义的，那就是许多公司正选择投资并使用机器人，以取代那些要求加薪的工人。鲜为人知的是，机器人为什么能享有人类所不能享有的税收优惠，因为机器人的费用可以分多年支付，而人类的费用一般是直接发生的。国家经济研究局（National Bureau of Economic Research，简称NBER）根据1980—2015年的美国当前人口调查（CPS）数据发布了一项报告，最低工资增加时，往往就是机器人取代工人的时候。这一现象更容易发生在那些只需要低技能工人的领域，这些工人很容易被机器人取代。[105]

机器人是否真的会大规模取代人类工人，以及这种情况会帮助经济发展还是阻碍经济发展，人们对这些问题仍存在严重的分歧。我们无须等待太长时间，因为机器人发展的车轮已经开始试水了，尤其是在快餐行业。这个领域的大多数工作岗位都只需要低技能的员工。加利福尼亚州、马萨诸塞州和阿拉斯加州等多个州响应了提高最低工资标准的呼吁，但这些举措反而促使一些公司利用机器人技术来填补许多空缺职位。一些快餐行业巨头（如温迪、哈迪斯、卡乐星、麦当劳等）都开始部署机器人系统，或者开始认真地研究这个出路了。

到目前为止，用机器人取代人类工人的结果是相互矛盾的。麦当劳已经开始在它的许多分店安装自助点单亭和自动薯条站，但麦当劳表明它不会削减员工，至少在短期内不会这么做。[106] CKE餐饮控股（CKE Restaurant Holdings）的首席执行官安德鲁·普斯德（Andrew Puzder）——哈迪斯和卡乐星的所有者，也做出了类似的回应，他说人类员工在一线的服务还是非常有必要的，因为比起冷冰冰的机器，人类员工会让公众感觉更舒适。然而，安迪（Andy）赞扬机器人的话也曾被引用，他说："机器人总是很有礼貌，能增加销量，从不休假，从不迟到，从不会滑倒，也从来不会产生年龄、性别或种族歧视等情况。"[107]帕纳拉面包连锁店（Panera Bread）也在许多分店安装了自动收银亭，这实际上需要延长工作时间或增加新的员工。机器的效率提高了订单数量，而订单数量的增加又会使得公司要么增加人手，要么延长厨房员工的工时来处理积压的订单。[108]

加拿大安大略省于2019年开始实行每小时15加元的最低工资标准。监管机构和企业负责人都坚持认为，此举将导致5万个工作岗位流失，因为企业为了减少增加工资所带来的压力会进行裁员，大多数受害者是做低技能职位工作的年轻人。[109]许多企业正在考虑增加自动收银亭和其他形式的自动助手来解决这一问题，而这将促使工作岗位流失的预言变成现实。像独奏系列（Solo Series）这样的公司也急忙做出决定，生产各种各样的自助亭。最近，它借各公司想办法解决最低工资的机会发布了一则广告，指出它生产的机器每小时的运行成本仅为2.5美元，而政府提议人类员工的最低时薪为15美元。广告还强调，它生产的机器不需要加班费，上班不迟到，也不会在下单时犯错误。[110]劳伦森大学劳资关系学教授路易斯·杜兰德（Louis Durand）警告说，在未来20年里，加拿大20%的人类员工的工作将被机器人技术取代，这种情况所产生的影响将是巨大的。[111]

目前，机器人还没有把大批工人挤出工厂，但最终它们这样做的可能性让人忐忑不安。随着越来越多的公司在商店里使用机器人，公众也将越来越适应机器人的存在、服务和效率，这反过来会减少人们对机器人会取代他们的工作岗位的担忧。我们在不同的商店看到了这样一些类似的转变，那就是自助收款台的设置。一个员工可以看管5个、10个甚至更多的收款台，从而减少了公司对雇用更多人手的需求。机器人技术的进步也将改善指定任务的完成情况，促进能够执行更复杂任务的机器的开发。机器人效率的提高，大众对数量不断增长的机器人的适应，以及机器人为企业提供的更低的运营成本，无疑都将导致更多的人被机器人取代。

机器人将会在多大程度上以多快的速度接替人类的岗位，这可能引发激烈的辩论。当然，影响这些趋势的标准有很多。例如，企业在职场使用机器人的速度有多快，人们对机器人和人工智能的追求和开发有多大的热情，以及机器人和人工智能可以为解决社会难题提供什么样的解决方案，等等。我们能达成的共识是，机器人时代已经到来，而且将会持续下去。事实上，这一趋势发展得越慢，我们就越有时间来规划一条更安全的前进道路。

教育和再教育

在机器人研究的最初阶段，我们必须关注的另一个主要的挑战是教育目标和指导方针的重大转变。正如我们所看到的，大多数被机器人接管的工作往往具有重复性或低技能的性质。当然，随着机器人技术和人工智能的进步，机器人将能够处理更多的任务，最终取代更多目前处于较高工作等级的工人。因此，人们必须具备扩展学习、忘却已学会的技能和学习新技能的能力，以满足新的不断变化的需求。

我们必须改进的一个教育趋势是我们教育孩子的方式。我们在很多方面都沿着传统的方式进行，教导孩子在学习、思考和行动上不断重复强化。孩子被培训成适合农业或制造业的劳动力。基础教育需要发生范式转变，从培养学生从事典型的制造业工作、办公室工作和低技能岗位工作，转向培养学生从事更具创造力的工作，或者无法（尚不能）由机器人来完成的工作，甚至还没有出现的工作。

受到机器人威胁的不仅是那些受教育程度低的人所从事的重复性、低技能的工作。最近，Womensarticle.com网站列出了一些大学学科，这些学科预计将在20年后消失，其中大部分学科将因为机器人的崛起而消失。[112]该网站认为，机器人技术将淘汰的学科有会计学、旅游与酒店管理、律师助理、广播通信和制药。随着机器人技术和人工智能的不断完善，越来越多的学科可能会被束之高阁，未来大学生的就业领域会逐渐缩小。

由于未受过教育的人能做的工作和接受过机器人可替代领域专业教育的人的工作都最终将不复存在，所以我们有必要将注意力集中到在机器人劳动力数量增加后仍有很大工作需求量的领域上来，从而积累这些领域的知识和技能。未来的工作围绕着机器人而展开，特别要提高人类工作的绩效。STEM学科在当今日益技术化的世界中仍然越来越重要，不幸的是，美国远远没有达到那些已经认识到这类知识重要性的国家所制定的标准，而且这些标准还在不断提高。在深受机器人影响的世界里，重要的不仅仅是STEM学科。机器人的普及需要以机器人研究为中心的技术人员、工程师甚至管理人员的帮助，我们需要有人来创造、操作、维护和监控这些机器，至少在短期内是如此。

将来的一代代人应该考虑其他一些在一定程度上无法被机器人替代的职业，比如教学、医疗、儿童保育、人力资源、艺术和作曲等，以及那些更人性化的领域，如劝导、交流互动和谈判，这些职业是相对安全的，还没有受到机器人的挑战，至少在短期内没有受到挑战。但是，随着技术的发展和进步，特别是人工智能的发展和进步，这些领域也有被机器人取代的危险。

水管工、电工和木匠也属于机器人近期内难以替代的职业，因为对机器人来说，在复杂、无序的环境中进行操作和移动十分困难。尽管速度缓慢，但机器人的影响已经形成了。例如，这些形式的机器人已经存在了：可以创造空间结构的移动3D打印机，可以垒墙的砌砖机器人，以及可以使用电动工具完成某些任务的人形机器人（正在接受测试）。最重要的是，教育目标应该发生转变，以便获得因为机器人在更大程度上占据主导地位而导致的需求量增加的工作所需要的技能和经验。

合法性

机器人技术的兴起带来了一个全新层次的法律挑战。随着机器人越来越多地进入我们的生活，随之而来的是意料之中和意料之外的问题、争议和事件，这意味着我们将需要新一代的律师来协助解决这些问题，至少目前应该将这一领域加入防范机器人工作的行列。现有的法律框架正受到可能发生的机器人案件和已经发生的事件的挑战，这些挑战前所未有地违背了最初制定这些框架的准则和目的。机器人在各个公司占有一席之地，而且成了与人类共事的同事，这引发了种种担忧——公众担心机器人会影响健康、安全、风险、责任和数据保护等方面的法规。

与之前简单的机器相比，机器人增加了法律问题的复杂性。例如，在机器人和人工智能到来之前，伤害或财产损失可能是由机械缺陷或人工操作失误造成的。然而现在，除了简单的机械缺陷或人为失误之外，机器人带来了大量其他可能的情况，因此模糊了法律界限。有关机器人的法律问题还可能成为硬件故障、软件故障以及通信故障的根本原因。无人驾驶汽车行业是受测试最多的领域之一，该行业正在推动无人驾驶汽车的实施。

最近，由于两起事件备受瞩目，无人驾驶汽车试验受到了法律的制裁。谷歌在自家生产的汽车里测试无人驾驶人工智能技术已经有好几年了，虽然该公司制造的汽车发生了很多事故，但都是由某些司机的人为失误造成的。然而，2016年2月，在无人驾驶模式中行驶的谷歌雷克萨斯RX450h撞上了一辆公交车的一侧，给公共汽车造成了轻微损坏。由于RX450h先到达十字路口，RX450h的人工智能系统就做出了公交车会减速或停车这样的错误判断。这一事件导致谷歌要寻求更优越的用于车辆对车辆（V2V）的通信技术。

同年晚些时候，一位司机驾驶一辆由特斯拉汽车公司制造的配有自动驾驶软件的电动汽车发生事故而丧生。司机在驾驶过程中使用了被很多司机指出过有缺陷的自动驾驶技术。事故发生时，无人驾驶软件和司机都未能检测到一辆半挂拖车进入了当时汽车所行驶的高速公路车道。自动刹车失灵，汽车猛地撞上半挂拖车，司机当场死亡。特斯拉汽车公司坚称，它提醒司机即使在使用无人驾驶技术的同时也要参与到驾驶过程中。然而，无人驾驶技术的理念本身就是鼓励人们在车里放松、看报或进行其他活动，而无须关注驾驶行为。无论如何，这两起事故都引发了人们对无人驾驶技术的风险和合法性的调查。汽车制造商坚称，无人驾驶技术的发展速度将远远快于出台管理它的法规的速度，而这种情况可能会减缓其发展速度。

还有一种可能性，随着机器人在外观、个性和功能上变得更加人性化，机器人可以被赋予“人格”。法律规定，机器人至少可以获得某些权利。在美国，这些权利几乎与人类个体根据《权利法案》所享有的权利相同。你觉得这很不可思议吗？美国法院已经裁定，市政当局和船舶等没有生命的事物在一定条件下可以享有人格权。

同样，“公司人格”这一概念也进入了人们的视野。在线人力资源出版物HRZone给出的“公司人格”定义为：“公司人格是指受法律认可的组织的能力，它可以作为个体，享有人类所享有的特定权利，受到法律保护，并具备相关能力。”[113]最近，最高法院扩大了界定公司人格的法律准则。法院裁定，公司有权像个人一样进行政治支出，并享有宗教自由，有权通过公司的健康保险计划拒绝为员工提供节育保险。[114]由于反对者坚持认为公司不是“人”，所以最高法院所做出的裁决仍然存在争议。

世界各地法院正在进行另一场关于是否应该赋予动物人格的争论。就目前而言，动物被认为是人类可以拥有的财产，因此没有权利。而反方认为，动物能像人类一样感受情感，因此应该被赋予身体自由等权利。尽管美国法院还没有批准动物的人格，但是阿根廷法院同意授予一只名叫“桑德拉”（Sandra）的猩猩基本的人权。2014年的裁决将桑德拉从动物园的禁锢中释放出来，并将它转移到巴西的一个保护区，在那里它可以获得更大的自由。[115]

如果你认为动物拥有人格这一话题很奇怪而不想予以理会，那么不妨考虑一下新西兰议会已经赋予了旺格努伊河①法定人权，这一决定允许这条河“通过人类代表来代表自己”。[116]机器人在社会中获得人格的想法正在快速成为现实。机器人在欧洲社会的地位越来越重要，所以法律事务委员会（Legal Affairs Committee）呼吁在整个欧盟制定和实施机器人规则。欧盟委员会坚持认为，必须制定道德和责任标准，以使那些涉足不断发展的机器人领域的公司能够遵守这些标准。[117]

玛迪·德尔沃·斯德雷思（Mady Delvaux Stehres）女士在

---

① 旺格努伊河（Whanganui River）是新西兰北岛的主要河流，发源于汤加里罗山，汇入塔斯曼海。2017年3月15日，旺格努伊河成为世界上第一条具有合法生命体的河流。经过170年的努力，这一被新西兰毛利伊威部落赋予神圣而崇高地位的河流被新西兰议会赋予了法定人权。两名分别由毛利部落和新西兰政府任命的人员将出任旺格努伊河的法人代表。——译者注

立法中提出了一项决议，赋予机器人“电子人”的称号，从而引导机器人在法律领域对可能出现的任何“作为或不作为”承担责任。[118]欧盟议会正在就这一议题进行激烈的辩论，希望制定《机器人宪章》，以确保机器人的设计和使用符合最高的道德准则和专业标准。[119]

其他国家则绕过了赋予机器人人权是否合乎道德的法律问题。沙特阿拉伯已经授予了机器人公民身份，这是世界上第一个授予机器人公民身份的国家，该公告于2017年10月25日在利雅得举行的2017年未来投资倡议会议上宣布。索菲亚人形机器人（Sophia the Humanoid）是由总部位于香港的汉森机器人公司的大卫·汉森（David Hanson）制造，是该倡议会的荣誉接受者，负责展示人类面部表情并回答采访问题。在被问到人们担心被机器人取代是否有道理这一问题时，索菲亚回答：“你读了太多埃隆·马斯克的东西，看了太多的好莱坞电影。别担心，如果你对我好，那么我也会对你好。”[120]随着先进技术继续融入社会，索菲娅的言论是否能站得住脚，我们拭目以待。

安全与战争

机器人和人工智能系统也不只是给社会带来了就业、教育和法律方面的挑战，技术的发展也为我们的家庭、企业、交通枢纽和城市提供了更好的安全保障，而且随着日益敌对的势力在我们周围崛起，技术也为我们在战场上提供了战胜敌人的优势。对我们生活方式的威胁来自许多方面且在不断上升，这些威胁来自日渐强盛的超级大国、流氓小国、恐怖组织以及心怀不满的像“孤狼”一样实施暴力行为的精神疾病患者，他们都给我们带来了威胁。我们日益转向以技术来制造机器人防护墙和战争机器。

一种名为“骑士领域”（Knight Scope）的机器人保安可用于在各种场所巡逻，如商场、校园、办公楼和体育场馆等，也可以在对人类保安构成危险的区域执行任务，如桥下、黑暗停车场或僻静的小巷。“骑士领域”配备了传感器和摄像头，可以区分正常的行人和罪犯，可以读取车辆牌照和智能手机的IP（互联网协议）地址，还可以识别出通缉名单中的犯人。当检测到威胁时，机器人保安会向客户发出警报，其收集的数据可以存储15年之久。[121]

具有讽刺意味的是，使用高科技来提供更好的安全保障和提高战争能力，也会直接或间接地造成更大的社会动荡，我们必须对抗这些动荡，以保护自己。以无人机技术为例，阿富汗战争和伊拉克战争中引入了无人机来对敌方目标进行侦察和打击。这些无人机的袭击经常被军方和媒体誉为成功的打击，但由于无人机也“轻率地”杀害了恰好在同一地区的平民，所以它们一直饱受争议。据报道，妇女、儿童、家庭成员、宗教集会甚至婚礼派对都遭到了无人机的摧残，而无人机的操控是在舒适、安全的房间里进行的，其控制方式与操控电子游戏没什么差别。以早些时候在阿富汗和巴基斯坦边境的崎岖地带使用无人机袭击基地组织目标为例，据报道，袭击中平民受害者人数占比高达50%～60%。尽管美国军方视此事件为“附带损害”，但其结果是巴基斯坦对美国的支持力度整体减弱，而且对立的激进组织招募的人数也有所增加。[122]

尽管由于国际社会对无人机违反法律和道德规范的强烈抗议，无人机袭击事件有所减少，但是战争朝着更自动化的军事行动迈进的步伐和企业界的进步步伐一样快。不幸的是，战争往往是一种新技术进步的积极推动者，机器人技术也不例外。例如，在上述冲突中得到完善的无人机技术，现在在商业中用于送货、航拍和监视等。美国国防部高级研究计划局是美国国防部负责研究和开发的分支机构，该机构正忙于开发可用于战争领域的机器人和人工智能技术。虽然该机构的许多活动被标记为“机密”，但其他项目是为世人所知的。大狗（Big Dog）是一个像骡子一样大小的机器人，可以携带340磅的设备穿过各种环境，甚至可以翻过35度的斜坡。无人地面车辆可以自动或通过一个遥控操作器运送物资，也可以进行侦察。一些无人地面车辆像多用途后勤设备（MULE）一样，被设计成无人步兵支援车辆（UISV），具有作战能力，可以通过复杂的传感器和摄像机发现敌人的目标并用反坦克导弹或M240机枪进行射击。[123]多功能后勤设备还可以为巡逻士兵提供掩护，运送补给，以及探测和排除地雷。[124]

清除战场上隐藏的地雷和简易爆炸装置对人类来说是一项极其危险的工作。一个错误的动作或远程引爆都可以轻易地使拆弹专家致残或死亡。仅在伊拉克战争中，估计就有超过48%的军人死于简易爆炸装置。幸运的是，机器人技术已经能够对付这种情况了。人类已经开发出用于清除炸弹的机器人，这种机器人可以利用光电和红外摄像机对建筑物、洞穴、街道和小巷等进行探测，以消除简易爆炸装置的威胁，所有这一切都可以在安全的位置进行远程操作。[125]同样，这种原本为战场开发并已在战场上得到了验证的技术也正在用于主流社会。2016年，一名持枪男子在达拉斯一处停车场与警方发生枪战，造成5名警察死亡、7名警察受伤。具有讽刺意味的是，一个遥控炸弹处理机器人安德罗斯·马克V-A1（Andros MarcV-A1）携带了一个爆炸装置，在持枪男子附近引爆了装置，并杀死了这名男子，从而结束了这场致命的对峙。这是第一次在民间使用机器人杀死犯罪嫌疑人。可想而知，这引发了许多法律和伦理问题。[126]

最近，乌克兰官员在华盛顿特区向军方领导人展示了他们的幽灵机器人。该机器人有6个轮子，也可以安装坦克式履带，并配有机枪、榴弹发射器和反坦克武器。俄罗斯也在战场上使用机器人技术。俄罗斯不仅以与美军类似的方式使用无人机，还在乌克兰冲突中部署了无人地面车辆，如天王星多功能无人战斗车Uran-9、迷你自动坦克Nerehta和战斗侦察无人车Platforma-M等。[127]

中国也非常重视机器人武器的研发。中国成立了一个专门机构，即中央军委军事科学研究指导委员会，该委员会的目的是加强国防科技战略管理，推动国防科技自主创新，协调推进科技领域军民融合发展。知名军事评论员、前总参谋部上校岳刚曾说过："我们要成为一支技术力量雄厚的军队，这不仅意味着我们要有最好的军事装备，而且要有最优秀的人才来提高我们的获胜能力……"这意味着中国要发展的"不仅是军队所需的硬件，还包括软件”。[128]中国的主要目标是到2030年在人工智能领域达到世界领先地位。

黑客与希特勒

在众多可怕的可能性中，最先映入人们眼帘的是未经授权的机器人技术或完全被滥用的机器人技术。一长串的电影讲述了我们所恐惧的事情：机器人和人工智能系统被黑客入侵，随后被用于统治世界或其他领域。举几部典型的此类影片：1968年的《2001太空漫游》，讲述的是一艘宇宙飞船的人工智能系统哈尔对抗队员的情节；1983年的《战争游戏》（*WarGames*），讲的是一个年轻的游戏黑客侵入军用网络，从而几乎引发了第三次世界大战；1995年的《网络惊魂》（*The Net*），当剧中桑德拉·布洛克（Sandra Bullock）所扮演的角色发现了一个非法途径，可以入侵一个突破性的安全系统时，她的电子身份就被消除了；1999年的《黑客帝国》（*The Matrix*），讲的是一群神秘的反叛分子给尼奥（Neo）展示了一个“后门”——可以进入一个现代生活方式的程序，以对抗掌控该系统的病毒；《终结者》电影系列，讲的是一个被称为“天网”的人工智能计算机系统获得了自我意识，认识到了自己的能力，并对它的人类创造者产生了威胁。鉴于过去的历史事件和目前定期发生的暴行，如果我们否认电影中的这些场景有可能发生的话，我们就太容易上当受骗了。机器人和人工智能，尤其是人工智能，都是强大的工具，它们有潜力使无数人的生活变得更美好，但它们也容易被不法之徒利用，而这些不法之徒都怀有邪恶的目的，一心要制造混乱，操控大众。

这种想法的基础是什么？我们只需看一看世界历史就会发现，像尼禄、玛丽一世和希特勒（以及其他许多人）这样的统治者，为了实现他们的目标，故意谋杀、迫害了数百万人。当然，他们也使用了他们那个时代所能使用的一切手段来实现他们的目标。对于个人、团体或政府来说，非法使用机器人技术来对付那些阻碍他们的人会有多大的吸引力呢？这显然是当今世界领导人正在讨论的一个问题。2017年9月1日是俄罗斯的学校刚开学的日子，普京在这一天发表了一次演讲，他对学生们说："人工智能不仅是俄罗斯的未来，也是全人类的未来。人工智能带来了巨大的机遇，也带来了难以预测的威胁。谁能成为这一领域的领袖，谁就将成为世界的统治者。"[129]

还有一些不太具有世俗影响力的人，他们的愿望就是入侵计算机系统来获取某种形式的个人利益，伤害他人，或者只是想看看自己能否入侵成功。越来越多的专家表达了他们的担忧，并警告机器人有可能会被不道德团体滥用。以前面提到的性爱机器人为例，网络安全技术人员尼克·帕特森（Nick Patterson）博士最近声称，一旦未来的性爱机器人获得了更先进的操控能力，比如可以使用胳膊和腿，它们就可以被黑客通过电脑界面入侵，用来实施暗杀或其他犯罪活动。[130]

一些担忧肯定是空穴来风，但另一些担忧可能会引发真正的危机。随着越来越多的系统接入一个日益增长的、容易受到黑客攻击的互联网中心，这一点尤其明显。前瞻性威胁研究团队（Forward-looking Threat Research，简称FTR）与意大利米兰理工大学的研究小组合作，检验了现有的工业机器人抵御网络攻击的能力。他们经过综合分析后发现，工业机器人所使用的大量软件系统已经过时，还有许多软件系统包含公共IP地址，这些都使它们容易受到黑客的攻击。研究人员强调，被黑客攻击的机器可能被用来操纵或破坏生产活动，谋取敲诈勒索的赎金，对人身或财产造成实际伤害，干扰操作行为，或泄露敏感的公司信息，等等。[131]

如今，我们看到了许多滥用先进技术的迹象，也看到了人们对先进技术滥用的可能性产生的恐惧。例如，黑客可能会入侵现代汽车的计算机系统。2013年，黑客克里斯·瓦拉塞克（Chris Valasek）和查理·米勒（Charlie Miller）使用联网的笔记本电脑展示了丰田普锐斯（Toyota Prius）和福特翼虎（Ford Escape）的刹车和转向都可以被黑客攻击和操纵。这两位黑客在2014年拉斯维加斯"黑帽"安全会议上提交了一份详细的文件，这份文件列出了最易受攻击的汽车名单，2014款吉普切诺基（Jeep Cherokee）和英菲尼迪Q50（Infiniti Q50）以及2015款凯迪拉克凯雷德（Cadillac Escalade）位居此名单前列。这份容易被入侵的汽车排名依据三个重要因素：一是无线功能，如Wi-Fi（无线网络）、蓝牙、无钥匙登录和类似系统；二是架构，即车辆系统的连接方式；三是用于刹车、变道、停车等动作的自动化系统。[132]像Wi-Fi、蓝牙、自动刹车和变道（只举几个例子）等电脑控制系统当然会使驾驶体验更加愉悦……但代价是什么呢？正如趋势科技（Trend

Micro）的前瞻性威胁研究团队与意大利米兰理工大学、链路层实验室（Linkayer Labs）合作所指出的那样：这种性质的功能越多，车辆就越容易受到黑客攻击。研究人员在他们分析的智能汽车中发现了严重的安全漏洞。该漏洞是在控制器局域网络（CAN）系统中被发现的，该系统包含用于汽车计算机网络之间通信的组件。一旦该系统被攻破，黑客就可以控制或关闭诸如动力转向、防抱死刹车、安全气囊和停车传感器等敏感功能，基本上与控制器局域网络系统相关的任何功能都不会幸免。[133]

黑客和技术人员都认为，计算机系统越先进，系统之间就越互联，也就越容易被入侵。不幸的是，这正是众多机器人技术前沿研究追求的目标。已经有人指出，由于无人驾驶汽车发生了事故，谷歌和特斯拉这样的公司正在寻求更深层次的汽车互联系统。朱利安·阿桑奇①最近发布的文件显示，美国中央情报局（CIA）正积极利用这些漏洞，通过人们的安卓设备和苹果设备攻击并监视各行各业的人。维基解密（Wikileaks）在其称为VAULT 7的网站上发布的信息中包含了美国中央情报局在全球使用的黑客代码和应用程序的完整列表。一个名为“哭泣天使”的黑客应用程序可以进入任何一台计算机或智能设备，并慢慢地从设备中提取私人数据并发送给中央情报局，该程序每天24小时不间断运行。[134]

① 朱利安·阿桑奇（Julian Assange）是“维基解密”组织的创始人，被称为“黑客罗宾汉”。他认为，公共治理机构的秘密文件和信息的透露对大众来说是件有益的事。9万多份驻阿美军秘密文件的泄密让他足以成为创造历史的人物。——译者注

黑客或像希特勒一样的人在国家乃至全球范围内造成的混乱只会变得更加可怕。为了在机器人时代维护自己在世界军事领域的优势，美国军方正在建造自己的天网——类似于前面提到的电影《终结者》中那样的军事网络。军方领导人正在努力实现这样一种愿景，即每一项军事资产都由一个巨大的计算机化的“神经系统”连接在一起，该系统不断连接和共享数据，并随时掌握网络中每一项资产的位置、状况和行动。[135]

当然，除了核心人士之外，其他人并不知道这个天网式的系统已经发展到了什么程度，因为这种信息是高度机密的，并且受到严密保护，但是这个想法正受到一些重点关注。身为投资者、发明家、工程师及亿万富翁的埃隆·马斯克也有同样的想法，只是其研究规模要小得多，他希望通过数据共享网络来连接特斯拉所生产的每辆汽车。显然，马斯克是了解这种程度上的互联所具有的潜力和危险的，因此他加入了一个著名的全球人工智能专家小组，呼吁联合国阻止人工智能在战争机器中的开发、利用。马斯克和其他一些人士担心，围绕杀人机器人展开军备竞赛将导致灾难性后果。马斯克等人在致联合国的公开信上签名，表达了他们的迫切要求：“致命的自动化武器将使武装冲突爆发的规模以比以往任何时候都要大，并以人类无法理解的速度爆发。”我们没有多少时间来采取行动了，潘多拉的盒子一旦被打开，就再也难以关上。[136]

马斯克在推特上进一步阐述了他的担忧：由于人工智能系统具有为获胜而寻求最佳解决方案的分析能力，一个或多个这样的系统可能会通过启动首次攻击而引发第三次世界大战。这位拥有亿万身家的人工智能发明家在2017年9月4日发表了这样的声明："中国、俄罗斯等国家很快就会拥有强大的计算机科学。在我看来，国家层面的人工智能优势竞争最有可能引发第三次世界大战。"他接着说："如果人工智能认为先发制人是最有可能取得胜利的途径，那么发起第三次世界大战的可能不是国家领导人，而是人工智能。"[137]

除非联合国或其他一些强大的组织介入，并阻止军事机器人的发展，否则世界上的主要国家似乎正在以与民用部门相同的速度（如果不是更快速度的话）发展这种技术。五角大楼正在向一些公司投资数百万美元，用来开发和最大化机器人的性能，使机器人能够与人类士兵协同工作。[138]安全顾问约翰·巴西特（John Bassett）在政府通信总部（GCHQ）工作了20年，他预测："大约在2025年的某个时候，美国陆军中的战斗机器人的数量将超过人类士兵。"[139]

机器人非常可能被用来对抗人类，而不是造福人类，这迫切需要我们保持高度警惕，因为机器人在社会的各个方面都发挥着更大的作用。机器人技术是强大的，所以我们必须对其进行严密的监控、警戒和管理，以防止其遭到滥用。历史记载过这么一句话，"能力越大，责任越大"。在2002年版的电影《蜘蛛侠》（*Spider Man*）中，彼得·帕克（Peter Parker）的叔叔本（Ben）也说过这句话。我们希望世界各国的领导人都能够引以为戒。

第六章
破坏、指数思考和临界点

从抽象的层面谈论破坏已经成为一种陈词滥调。然而，如果我们了解“破坏”是什么以及它是如何发生的，可以有效避开它；或者在它影响到你的时候，你可以更快地重新振作起来。2013年，安迪·瑞秋夫（Andy Rachleff）准确地总结了对这一词汇的过度使用，他说：“硅谷的企业家喜欢谈论‘破坏’这个话题，尽管很少有人知道它的真正含义是什么。他们认为，更好的产品就是具有破坏性的产品。然而，硅谷就是建立在设计‘更好、更快、更便宜’的产品这样的文化基础上，但这并不意味着这些产品具有破坏性。”[140]在《韦氏词典》中，“破坏”有三种意思：一是分裂，二是使陷入混乱，三是打破正常的团结进程。

从本质上讲，工业革命是一种破坏。技术、商业模式以及对社会和个人的影响可能既是破坏性的，又是渐进性的，这并不是经济学和商学院所研究的那种具有衰退期和繁荣期等典型经济周期的内容。破坏在发生的时候是一个突然的转变，从过去的样子转变到现在的样子，从过去一直使用的方式转变到现在完全不同的方式。从固定电话到手机、再到智能手机的转变就是一个例子。这些技术开始时发展缓慢，然后突然变得无处不在了。

数据科学、基因组学、数字生物学、纳米技术、量子计算、数字制造、机器人、人工智能、增强现实和虚拟现实等前沿技术的设计、开发和实施，正迅速迎来一波破坏和变革的浪潮。随着每一步的推进，人类要控制某些已知和未知的事件发生，这在以前是远远超出人类的能力的，但现在实现这一目的的可能性呈指数级增长。这些变化直接或间接地与新技术及正在发展的技术进步相关联，这些技术进步正在影响银行机构、全球市场、工业基础、政治策略以及对我们的生活有重大影响的其他方面。

正如我们所看到的：前三次工业革命的每一次革命都在其发展过程中对生活在其中的人造成了各种各样的破坏，第四次工业革命的破坏模式是一样的，只是受影响的地区有很大的不同，受影响的范围有很大的扩大。在商业和技术方面，云计算和移动设备的自由接入从根本上震撼了商业世界，它改变了一切，从我们看电视和电影的方式（随时随地可以使用流媒体）到智能家居，再到个性化营销，等等。

在当今变化和挑战的压力下，管理机构也在谋求转变。一方面，管理机构希望保护现有行业；另一方面，管理机构希望被视为创新的鼓励者和支持者。管理机构的一个通病是，它们在面临重大变革时行动太慢，这是出了名的。而当前工业时代的发展速度令人眼花缭乱，显化了管理机构的这一缺陷。当前的斗争在许多方面都很明显，因为立法者试图通过操纵影响福利、医疗保健、金融交易、安全、隐私等方面的法规、政策和其他指导方针来寻求平衡，这些通常在他们想要的结果中都是非常欠缺的。

在个人层面上，整个工作结构正在经历一场彻底的变革，这一变革在很大程度上仍处于试验阶段，因为企业和组织都在努力应对快节奏的变革和新技术。当然，这会直接影响到企业的内部员工和外部客户。在职场重组、就业机会、极端的金融波动以及退休和医疗保健等敏感福利领域，其破坏性正在显现。所有这些变化都会给家庭、朋友和其他社交圈子带来干扰，随之而来的往往是药物滥用、离婚、自杀、抑郁、暴力等。

举例：破坏的受害者

破坏发生在很多方面，影响了那些被视为行业巨头的主要参与者，也影响了许多普通人。他们看到自己的工作受到威胁，甚至自己遭到淘汰，他们陷入了财务不确定的境地。在当今科技日益发达的世界中，争夺主导地位的力量既给他们提供了巨大的机遇，又对其现状造成了巨大的破坏。许多组织及其员工都因变革的打击而遭受重创。一些人正在进行充分的调整以适应生存，而另一些人则在巨大的负重和压力下被击垮。商业模式的突然转变正在可信的、既定的、连续的经营框架内产生破坏性差异。

当然，技术是变革和由此带来的破坏的最大因素，因为新的发展和先进的创新如海啸般来势汹汹。通过互联网和其他实时资源而广泛散播的知识帮助普通人掌握了在相对较短的时间内从新手成长为专家所需的工具。超级链接和全球化带来的分析和大数据组成的巨兽正在崛起，正在改变商业和社会其他所有方面的面貌。传统商业模式和系统设置的保护壁垒正在受到新兴的经营方法的挑战和侵蚀，这些方法使它们得以进入曾经受到保护的竞争优势世界。低成本的创业公司可以轻松挑战、绕过甚至战胜长期经营的商业巨头，这样的竞争环境才趋于公平。

我们今天正在经历的迅速而巨大的变革为那些有远见卓识且坚毅不屈的人提供了机会。然而，随着创新和进步大刀阔斧地推进，曾经建立的组织及其存在方式开始摇摇欲坠，更多人的工作正面临着极端的破坏。正如那句谚语：树倒猢狲散。

这里有几个大型组织的例子，这些组织不久之前还被认为是不可战胜的，却顷刻间毁于一旦。

- 安然公司（Enron）。新的在线交易系统和阴暗的会计操作相结合导致被称为“华尔街宠儿”的安然公司最终破产。安然公司在产生极端高点（如纳斯达克触及5 000点）和极端低点（如网络泡沫的破灭）的剧烈市场波动时期上升到主导地位。1999年10月，该公司创建了一个名为“安然在线”（Enron Online或者 EOL）的电子交易网站，该网站主要提供商品交易渠道。其大胆的举动使得安然在线在不到一年的时间内参与了近3 500亿美元的交易。当互联网泡沫开始破灭时，安然公司试图通过创建需要大量投资的高速宽带电信网络来从中获利，但几乎没有收到回报。

为了掩盖其电信投资频繁的损失，安然公司的高管转向了一种被称为“按市值计价”的会计形式，这种会计形式在任何给定时间根据其市场价值而不是其账面价值来衡量安全价值。随着债务和其他有毒资产持续升级，该公司使用特殊目的载体（SPV）进一步欺骗当局和公众。这些做法使该公司得以隐藏总额超过6亿美元的巨额亏损，同时保护了其盈利状况的良好表现。当然，这种魔术师的伎俩无法欺骗当局和投资者太长时间。最终，该公司的阴谋被发现。安然公司于2001年倒闭，这是美国历史上最大的公司破产案。在2001年12月2日宣布破产的那天，安然公司的20 000多名员工中有5 000人当场失业。[141]

- 安达信会计师事务所（Arthur Anderson LLP）。美国五大会计师事务所之一的安达信会计师事务所的瓦解，是安然公司丑闻的直接结果。这是因为安达信会计师事务所监督并支持安然公司创建了欺骗性账户。当谎言之网开始瓦解，调查随之展开时，安达信会计师事务所下令销毁大量的信息和文件。此举导致安达信会计师事务所的负责人与安然公司的执行官一起被起诉。安达信会计师事务所有大约80 000名员工在90天内全部离职。

- MCI世通公司（MCI WorldCom）。1997年，威瑞森电信公司与世通公司的合并是当时美国历史上最大的企业合并，这一合并创建了该国第二大电信公司。2002年6月，该公司宣布了一项38亿美元的不当会计违规行为，随后在7月份申请破产保护，这对所有与公司有关的人来说都是一个打击。

  在宣布破产之前，该公司的巨额利润令人印象深刻，而这样巨额的利润竟在一夜之间消失在无法控制的债务和损失之中。投资者发现自己持有的股票变得一文不值，350亿美元的总债务中的大部分都是公司债券。其他债务持有人因公司破产而遭受重创，大约30 000名员工发现自己顷刻间失业了。

- 贝尔斯登（Bear Stearns）。这家投资、证券、经纪公司是2007—2008年金融危机的受害者，那场金融危机导致了大萧条以来最严重的经济衰退。该公司已大举转向对冲基金策略，这些策略在很大程度上偏离了此类交易的传统形式。在传统上，对冲基金被用作一种防御策略，以保护投资组合在一个或多个主要投资失败的情况下免于彻底崩溃。然而，贝尔斯登将对冲基金作为激进的高风险策略，为其富有的投资者们提供高收益的投资回报机会。

  贝尔斯登使用的对冲基金策略提供了由次级抵押贷款和抵押贷款支持的AAA证券组成的债务抵押债券

（CDO）。债务抵押债券提供的利率远高于借入它们所需的利率，因此提供了即时的利润。贝尔斯登利用这些利润购买了更多的债务抵押债券，从而为自己提供了更大的杠杆。贝尔斯登还购买了信用违约掉期以对冲部分风险，这种组合使公司获得了所谓的正回报率（正利差）。

只要市场保持相当稳定，这种策略就能运作良好，并提供丰厚的利润。然而，贝尔斯登的负责人未能看到次级抵押贷款房地产泡沫即将破灭。当泡沫开始破灭时，该公司不得不出售债券以兑换现金，以使投资者满意。其结果是，类似债券的市场价值大幅下降，导致公司陷入死亡旋涡，并使其拥有的所有资本化为乌有。在摩根大通以每股2美元的超低价格收购了贝尔斯登之后，贝尔斯登大约7 000名员工中的40%在2007年被解雇。[142]

- 雷曼兄弟。2007—2008年金融危机的最大输家是美国第四大投资银行雷曼兄弟，该银行为全球市场提供金融服务。该银行成立于1850年，成功地抵御了其成立以来发生的所有风暴，包括19世纪下半叶的铁路塌陷、大萧条、第一次世界大战和第二次世界大战等，致命的打击来自它也曾大举投资的次级抵押贷款市场的失败。随着金融市场开始衰退，雷曼兄弟从2007年2月的创纪录收益到2008年9月15日申请破产时，其债务总额达到了5 190亿美元，这是美国历史上最新的、规模最大的破产案。

其他公司已经屈服于技术进步和全球市场的不断变化，尽管它们的总体破坏性影响不及2007—2008年的金融危机，但也出现了令人不安的破坏性影响。而且，对现有结构造成巨大影响的不仅是金融动荡。自然灾害、战争、恐怖主义袭击、政治转变和其他重大事件可能造成广泛的破坏，使个人无家可归、人们的健康状况不佳、经济受到破坏等。以“9·11”恐怖袭击事件为例，袭击不仅使2 996名遇难者的家属失去了亲人，还使6 000多人受伤。此外，所有位于双子塔的公司都遭受了严重的损失。金融服务巨头康托·菲茨杰拉德（Cantor Fitzgerald）的公司办公室占据了其中一座大楼的第101层到105层，该公司在此次袭击中失去了658名员工，占公司全体员工的68%。

关键是，与我们的社会、经济和金融结构相关的金融领域和其他领域可能会迅速发生重大变化，即使是最有经验的专家也会措手不及。这些变化会产生涟漪效应，扰乱成千上万甚至数百万毫无戒心的人们的生活。对于即将发生的其他重大变革——无论是预料到的还是未预料到的，做好准备都是明智之举，这样可以尽可能地将其破坏性影响降到最低。

破坏性时代需要新的方法

毫无疑问，目前机器人、人工智能和其他形式的先进技术的发展正在引发巨大的变革，这无疑将对包括商业、社交和个人等在内的各个方面造成不同程度的破坏。然而，在未知的迷雾中，机遇与威胁并存。成功地避开大规模破坏的诀窍在于改变我们的方法，摆脱不能再为我们服务的陈旧方法，这样我们就能发现那些可以帮助我们成功度过困难时期的新方法。

不幸的是，我们是习惯性的动物，这使得我们放弃使用“久经考验”的方法来处理变化往往很困难。幸运的是，我们也具有令人难以置信的弹性和适应能力，只要我们有时间去研究新的挑战，我们就有可能找到解决方案，从而面对新的挑战。由于旧的调整方式不再有效，我们需要找到新的思维方法，以便为未来建立一个可行的愿景。我们需要从现在就开始行动起来。以前，我们还有时间去调整和适应之前的破坏，但这次我们根本没有这样的适应时间。等待和希望事情自行解决是没有用的，为了在机器人时代生存下来，我们需要积极地前进，在思维方式上开拓创新。落后只会使得我们进一步陷入因创新而形成的技术泥潭。想想那些失败的商业巨头，他们就是被那些以“革命性”方式思考的人取代了。

指数变化

造成破坏的部分原因是指数变化。[143]与线性变化相比，指数变化起步较慢，但加速较快（见图6–1）。线性增长是我们通常的思维方式。很明显，如果技术开始迅速攀升到指数曲线，那么我们也应该接受具有指数性质的思维。

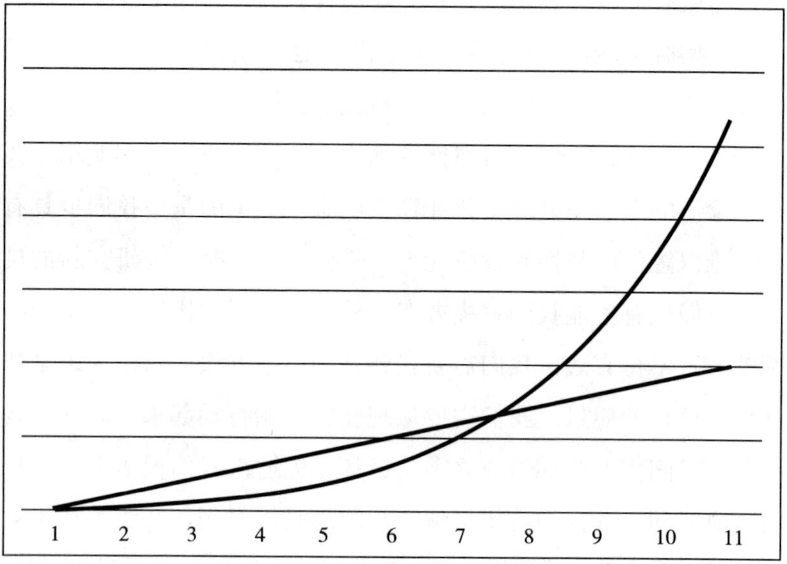

图6–1　线性增长和指数式增长

指数思维是一种思维模式，其创建人为英特尔联合创始人戈登·摩尔（Gordon Moore）。1965年，摩尔预测，计算能力将会提高，而设备成本将呈指数下降。摩尔还指出，由于集成电路中集成了更多的组件，器件将变得更小，但其功能将变得更强大。[144]当然，我们看到这种预测在目前的技术革命中成为现实，因为各种形式的计算能力正在急剧增强，而生产和操作这种技术的成本也在以同样的速度下降。设备变得越来越小，功能却越来越强大。例如，过去需要多种小型设备才能实现的功能现在用一部智能手机就可以完成。

正是这种思维方式推动了机器人、人工智能系统和其他颠覆性技术的快速发展。彼得·迪曼蒂斯（Peter Diamandis）博士是指数思维应用的先驱，他被《财富》杂志评选为世界上50位最伟大的领袖之一。迪曼蒂斯博士是XPRIZE基金会和奇点大学（Singularity University）的创始人，他鼓励世界各地的人们跳出固有思维，创造出解决方案，从而为人类的利益带来根本性突破。他不仅谈论指数思维，还言行一致、身体力行地担任如下进步组织的联合创始人：研究基因组学和细胞疗法的人类长寿公司（Human Longevity Inc.），设计研发能够从小行星中提取资源的航天器的行星资源公司（Planetary Resources），太空探险公司（Space Adventures），以及零重力公司（Zero Gravity Corporation）。[145]

迪曼蒂斯博士解释说，我们的大脑天生就会线性思考，这使得我们很难以指数方式思考。他提供了这样一个指数思维的例子："如果我采取30个线性步骤，即1，2，3，4，5……在30个线性步骤之后，我就会走30米，我们所有人都可以指出30米远的地方在哪里。但是，如果我告诉你30个指数步长，1，2，4，8，16，32……然后问你会走到哪里，那么很少有人会说自己会走到10亿米（大约是地球表面最大圆周的26倍）远的地方。"[146] 根据迪曼蒂斯博士等人的说法，世界正在经历的破坏性压力是由于大多数人仍然在技术呈指数式增长的过程中进行着线性思考。这就解释了为什么那些拒绝与当前的技术进步同步思考的公司，与那些打破常规并利用技术进步扩大财富和影响力的公司相比会失败。

创新和创造性思维

为了跟上指数式增长和指数思维的乘法性质，我们可以利用伴随而来的解决问题的方法来扩大视野，并设定前进道路上的目标。创新和创造性思维是所有技术革命（以及其他形式的社会进步）的基础支柱，因为创新和创造性思维既需要被激励，又会带来以前不存在的实用的、能够被接受的结构方法。

创新和创造力为人们采取大胆的变革措施提供了必要的勇气，而这些变革措施往往会在规划和最初实施阶段遭到批评家和公众的嘲笑和拒绝。这种勇气鼓励我们“跳出框框”进行思考，这也是我们克服对立的怀疑、恐惧、批评甚至失败所必需的，以便进行新的、富有成效的变革。事实上，我们正处于一个需要停止谈论、跳出框框思考并将之彻底抛弃的时刻。我们需要革命性的思维方式来激发新想法，并创造实现这些想法的最佳途径。

将创新和创造力应用到以指数方式设定长期目标的过程中，可以让人们更好地把握机器人和人工智能技术的爆炸性本质，有助于人们在这些目标上取得更大的成功。因此，当谈到实现指数思维所需的突破速度以便与指数式增长保持同步时，增加创新和创造性思维可以使这个过程变得不那么令人生畏，而且更容易实现。

级联效应思维

为了更好地评估、准备、减少未来临界点和即将破裂的泡沫的负面影响，许多人正在寻求改变思维方式的方法。在我们如何应对未来的威胁以及如何利用未来的机会方面有一种新的范式转变被称为“级联效应思维”（CET）。级联效应思维采用一种独特的游戏化的方法来分析数据，其目的是暴露即将到来的系统性威胁，这些威胁通常会导致一系列不利于相关人员的事件发生。

级联效应思维是一种有效的方法，用于识别组织中经常隐藏的问题。如果不加以处理，这些问题就会变成更大的、往往是多个问题的级联。级联效应研究所（The Institute for Cascade Effect Research）强调，特洛伊木马式的风险（包括低效率、不良行为、组织学习薄弱和管理缺陷等错误做法）往往会破坏其为取得成功所做的努力。级联效应思维探索组织中相互作用的元素，并提供了5个行动的循环——从管理者可以选择使用的最消极的结果到最积极的结果。[147]

尽管级联效应思维目前被应用于微观层面，以解决单个组织中的风险，但在这个机器人时代，它可以最终应用于宏观层面。在我们飞速前进的过程中，各种各样的风险在隐藏着，而社会根本没有意识到。我们需要识别、评估和解决这些风险，以防止我们先进的机器出现故障，并实现我们推进机器发展的最大化利益。这些问题很有可能最终会演变成恶劣的甚至噩梦般的事件，而级联思维是一种预防负面影响或者减轻负面影响的方法。无论如何，级联效应思维表明在机器人、人工智能、量子计算和其他形式的前沿技术呈指数发展的时代，人们需要采用新的思维方式。

临界点的性质

《韦氏词典》定义的“临界点”是“情境、过程或系统中的关键点，超出该关键点，通常会发生重大且不可阻挡的影响或变化”。[148]这个概念可以用一组天平的例子来简单地说明。在天平一端的盘子里放一块石头，加了重量的盘子就会倾斜下去。然后，你开始往天平另一端的盘子里加入沙子，慢慢地装有石头的盘子会不断抬高。当再加一粒沙子就足以抵消石头的相对重量时，就会出现这种情况：盛沙子的盘子会倾斜下去，而盛石头的盘子会抬升到高处。这种从一种状态（沙子在高处）到另一种完全不同的状态（沙子沉到底部）的变化是突然的。同样，我们看到计算机系统、机器人、人工智能和其他类型的先进技术的快速发展和应用，确实正在引领全人类走向重大变革，这些变革似乎正接近“不可阻挡”的剧变临界点。同样可以肯定的是，随着我们认为“正常”的社会运作被全新的运作方式取代，这种发展将会造成巨大的破坏。

当我们深入探讨“临界点”这个话题时，我们必须提出这样一个问题：在第四次工业革命期间，机器人时代发生的临界点与其他破坏性的变化（这些变化使得临界点在本质上更为严重）究竟有什么不同？主要的区别在于我们如何看待当今的问题。在工业革命的初期，破坏一旦发生，就会出现一个以线性投影为主的时期。请记住，这些最初的破坏可能会持续数年，甚至数十年，直到新常态的到来和技术的线性进化站稳脚跟。人类对变化的适应能力很强，只要这些变化是以线性方式发生，并且持续时间相对较长，人类就可以很快适应。例如，随着时间的推移，老龄化、教育、职业发展和晋升等变化会逐渐发生，这给了我们足够的时间来适应这些变化可能带来的任何破坏。到我们毕业、升职、退休时，我们已经有了充足的机会来做好心理、情感、物质和财务等各方面的准备，以应对这些重大转变给我们带来的影响和适应新的环境。

我们目前所处的环境存在的问题是，技术正开始经历指数式增长，而这种增长的速度远远超出了我们对其影响进行充分调整和适应的速度。在指数点，成本的增长或成本的下降会加速。当指数式增长应用到金融等领域时，这些领域会非常受益。举个简单的例子来说明一下复利是如何运作的。如果今天我一次性给你100万美元，或者只给你1美分，但它连续30天每天都会翻一倍，那么你会选择哪一个？大多数人会接受100万美元的一次性付款。然而，如果计算出来，最初的1美分在30天内每天翻倍，相当于惊人的10 737 418.24美元！那些选择100万美元的人将损失近1 000万美元！有规律的乘法是指数式增长的基本原理。

令人惊讶的是，如果你的工作被技术的指数式增长消除，而你又无法快速地学习新技术去应对被机器人、人工智能、计算机程序和其他令人难以置信的先进设备和技术以指数方式控制的未来环境的话，效果可能就不那么好了。为了正确理解这一原理，让我们来快速回顾一下第四次工业革命对我们的影响。

第一次工业革命历时约150年，对纺织、缝纫和脱粒等工业产生了影响。人口开始从农村转移到城市，各种工匠的角色消失了，其中包括培训技术过硬的学徒。此外，公共卫生条件下降，医疗条件和生活条件恶化。有些人，尤其是那些技能较差的人，反而比以前过得更好了；而随着技术的发展，那些熟练的工匠却最终失去了他们的生意。在任何情况下，总有赢家和输家，结果往往是财富的再分配。

第二次工业革命持续了80多年。钢铁、硫化橡胶和可燃发动机改变了人们的生活、工作和旅行方式，也对社会产生了影响。随着农村人口的增加，工厂扩大了生产，并让位于更先进的建筑和运输系统。机器的数量也增加了，为工人阶级提供了一定的便利。人们的生活和工作条件仍然很艰苦，但是法律开始对越来越多的工人有利。

第三次工业革命大约持续了40年，引入了大量的电子产品、自动化机器和计算机化数据技术，使世界迅速进入全球工业和全球贸易的格局。那时，技术的引擎嗡嗡作响，为社会提供了各种形式的交流和娱乐方式。但这种情况也并不都是乐观的，从地方到全球，社会阶层之间的差距逐渐拉开，因为即使生产率提高了，人们的工资也停滞不前。社会动荡和恐怖主义的抬头，在全球范围内投下了暗淡的阴影。

对更大的物质财富、更高形式的放松、更明确的人权、更大力度的环境保护和更好的生活条件的追求推动社会进入了下一个阶段。第四次工业革命才刚刚开始，但它正在迅速席卷我们的生活。我们在本章开头讨论的2007—2008年的金融危机起源于美国公司，但它却影响了全球市场，英国、希腊、塞浦路斯、爱尔兰、冰岛、巴西、阿联酋、南非和巴基斯坦都在不同程度上受到了危机的破坏性影响。在我们日益全球化的经济中，一个因素引发的灾难有可能直接或间接地影响错综复杂的网络中的许多其他因素。

根据预测，2020—2030年，越来越多的机器人将取代人类工人，这使得我们只有非常短的时间来适应社会大部分领域的这些快速、深刻而又痛苦的变化。更重要的是，这一技术浪潮所带来的破坏将极大地改变社会的结构和前三次工业革命的基础。这些变化如此明显，而给我们进行调整和适应的时间却短得多。

如此短的时间压力，加上广泛而剧烈的技术变革，已经显示出在精神和情感上对人们造成严重破坏的迹象。越来越多的人被机器取代，教育体系不健全，人们因健康、经济和环境等问题备受困扰，这些在世界各地引发了反抗、不满、幻灭和赤裸裸的暴力。工业革命总是在一定程度上造成破坏，但唯独这个机器人时代的快速发展使我们几乎没有时间去适应这些变化，而这些变化反过来又使我们对它们的反应更加极端。因此，我们需要改变我们对未来变化的认知和思考方式，并重新思考它们将如何影响当前已建立的社会结构。

历史上的临界点

许多人可能会质疑我们的思维方式是否真的有必要发生如此彻底的改变。为了有效地回答这个问题，我们需要看看有关临界点的真实例子，看看它们所造成的破坏以及如何更好地处理它们。

虽然我们主要关注技术进步所带来的临界点，但为了更好地理解它在重大变革中所起的作用，我们有必要看看历史上发生过的一些最引人注目的临界点。

当人类学会驾驭和使用火时，文明就建立了一个基本的临界点。有了这个临界点，人数有限的游荡群体就可以定居下来，更好地准备食物，并开发其他可以使他们发展和繁荣的方式。

汉尼拔（Hannibal）的军队于公元前216年8月2日在坎尼战役中击败了罗马人，但未能征服罗马城。罗马得以恢复，最终发展成一个帝国，并奠定了西方文明的基础。

由于查尔斯·马特尔（Charles Martell）和他的孙子查理曼大帝（Charlemagne）等人的努力，以及随后的十字军东征等使得穆斯林在整个欧洲的发展受阻，欧洲并没有受到穆斯林统治的影响。

公元850年，中国炼金术士发明了火药。13世纪，火药传到欧洲国家，从此改变了战争格局——大炮淘汰了城堡墙壁并成为新的保家卫国的方式，枪炮为现代化的、大杀伤力的军队的建立铺平了道路。

1928年，亚历山大·弗莱明（Alexander Fleming）博士发现了青霉素，随后进行了开发，为医疗保健领域创造了一个临界点。这开启了抗生素时代，极大地强化了医学实践，为器官移植等手术打开了大门，从而大大降低了细菌性肺炎的死亡人数，在战争期间挽救了无数人的生命，并为医生提供了一种对抗传染性细菌疾病的工具。

1968年12月，阿波罗8号登月任务首次将载人航天器送上月球，这是该领域太空探索和技术发展的一个临界点。1969年7月16日，阿波罗11号载人登月，以及同年7月20日尼尔·阿姆斯特朗（Neil Armstrong）和巴兹·奥尔德林（Buzz Aldrin）登月，进一步推动了这一技术的发展。

上述临界点使得历史上各个领域的结构发生了巨大变化，而近代出现的一些技术临界点也使我们今天的世界发生了重大变化，并将继续产生影响。这些技术的发明和发展为本书的主题——机器人和人工智能的进步——奠定了基础。即使在现代社会，我们也应该考虑这些临界点。

互联网之所以排在临界点的首位，是因为它做出了更大的贡献，它将世界各地的人们聚集在一起，使人们享受交流的快乐，还使人们在全球范围内共享信息。随着互联网的发展，越来越多的小发明应运而生，这使得物联网在世纪之交兴起。然而，直到2015年，物联网才被认为达到了另一个临界点——聚集了多达500亿台联网设备，其经济价值约为110亿美元。[149] 预计到2022年，将有1万亿台设备连接到互联网。

自20世纪70年代替代社会诞生以来，清洁能源技术取得了巨大进步。最初，诸如循环利用、可再生能源、电动机、绿色化学和交通运输等技术是被大多数人嘲笑或忽视的，但后来却成为我们日常生活的一部分。然而，恶劣气候影响的扩大和人类意识的提高继续推动着这类替代能源技术的革命，如今这类技术可能会取代大部分矿石燃料。风力发电厂已经在世界各地出现，并且出现了通过屋顶瓦片和透明窗户玻璃收集太阳能的新技术。2016

年11月，特斯拉将整个美属萨摩亚塔乌岛从100%柴油发电转换为100%太阳能发电，而这仅仅是一个开始。[150]包括德国和法国在内的几个国家已禁止在未来几十年内使用内燃机为汽车提供动力。2017年7月，沃尔沃宣布将成为第一家将所有汽车转换为电动汽车的主要汽车制造商。[151]能源行业达到临界点只是时间问题。石油资源丰富的海湾国家看到这一临界点即将到来，正在积极实现经济多元化，以更好地应对这一变化。

基因改造或基因组学即将达到DNA操作的一个临界点，随着我们走向未来，它无疑会对许多人产生越来越大的影响。CRISPR（基因编辑技术）是一种新的工具，可以使科学家编辑DNA，并已经取得一些惊人的研究成果甚至医学成果，但我们还处于初期阶段。当技术变得非常成熟且普及时，它的临界点就会到来。据预测，基因科学上的这类突破将有助于治愈阿尔茨海默病、镰状细胞贫血和囊性纤维化等使人衰弱的疾病。

无人机现在价格低廉、易于操作，它的出现带来了另一个临界点，它将改变各种各样的商业惯例。一些基础的机器人飞行器已经改变了战斗的方式，因为飞行员可以通过视频的方式控制无人机来消灭敌方的目标。目前，一些大公司正在试验无人驾驶机交付系统，发展这一系统可以让无人机去承担诸如调查员、检查员、监测员和紧急援助提供者等的工作。目前，有人正在努力创建城市区域的3D地图，以便无人机能够安全地在建筑物之间穿行。

当单一产品、技术或流程的临界点出现时，个人和社会都会很容易地消化这种破坏。然而，随着我们跨越千禧年，临界点出现得越来越频繁，且出现在越来越多的领域，这给我们调整线性思维的时间越来越少。更令人担忧的是，随着一长串预期临界点的出现，技术进步只会进一步加速。

接近临界点

在这种时刻，我们应该看看一些正在迅速逼近的临界点。这样做可以让我们更好地理解未来的巨大变化，也可以让我们更好地理解它们最终将如何在全球范围内改变社会、商业以及对我们自己来说最重要的事情。如果我们可以注意并改变我们的方法形式，从线性思维转换到指数思维的话，那么我们或许能够遏制即将到来的技术进步，并利用它们为我们带来最终的利益。然而，如果我们忽视它们，抱着一种“鬼才在乎”的态度，我们就会成为即将到来的新工具、新技术、新商务模式和新流程的牺牲品。

未来已经敲响了我们的大门，各种各样的机器人已经投入使用，或进入设计阶段并准备进入我们的世界。以下是在不久的将来可能出现破坏性临界点的一些领域。

人们相信，到2024年，地球上的每个人都可以轻松访问互联网。脸书和谷歌已经在努力寻找解决方案，使地球上40亿不能上网的人可以上网，这些人大部分居住在远离文明中心的偏远地区。谷歌和脸书正在研究无人机、卫星甚至大型气球等技术解决方案，以给这些人提供互联网接入。这将改变全球人民的生活，因为这样它们就可以获得信息和全球市场。如果全世界更多人的创造力得以释放，尤其是发展中国家人们的创造力得以发挥的话，那么世界无疑会出现一拨新的商业产品。

像比特币这样的数字货币的崛起正在迅速推动金融世界走向临界点。世界经济论坛根据2015年的一份调查报告预测，到2027年，区块链技术（比特币的基础）将达到临界点。实际上，58%的受访者认为，到2025年，全球国内生产总值的10%将存储在区块链系统中，还有73%的受访者预计政府会在同一年通过区块链征税。[152]其增长速度如此之快，以至临界点可能更早到来。

麦肯锡全球研究所（McKinsey Global Institute）对自动化和人工智能如何有效地取代人类工作进行了调查分析，并得出如下结论：到2025年，当人工智能系统执行30%的白领公司审计工作时，将会出现临界点。虽然该研究所预计，许多工作距完全自动化还有相当长的时间，但它预计大约45%的活动可以通过现有的自动化技术来执行。不仅蓝领阶层的工作可以实现自动化，而且由医生、财务管理人员、首席执行官和其他高级管理人员来做的许多白领阶层的工作也可以实现自动化。研究显示，虽然只有不到5%的工作可以使用现有技术实现完全自动化，但60%的职业可以利用自动化来完成其30%或更多的工作。根据这些数据，研究人员预计，仅美国将这些工作自动化就可以节省大约2万亿美元的年薪。[153]

到目前为止，我们已经看到了让无人驾驶汽车行驶在道路上所取得的积极进展以及与之相关的问题。预计2026年将出现无人驾驶汽车的临界点，届时美国道路上行驶的汽车中有10%将实现全自动操控。

预计美国到2021年将出现第一个机器人药剂师。这应该不是一个很难实现的目标，因为在2017年，迪拜的拉希德医院（Rashid Hospital）就出现了一名机器人药剂师在开处方。它能读取条形码，并以每分钟12张处方的速度填写药方，从而减少了顾客等待的时间，让人类药剂师有了更多时间解释用药说明。迪拜卫生部门还制定了2021年的目标，即为所有医院配备机器人药剂师。[154]

智能手机和其他移动智能设备自1992年问世以来已经席卷全球，它们占据了全球市场大约50%的份额，而且似乎没有放缓的趋势。预计到2023年，全世界90%的人口都将随身携带一台超级计算机。

预计到2022年，世界上10%的人会穿着能够连接互联网的衣服。该技术在可由智能设备扫描的衣服中嵌入一个计算机芯片，扫描时会生成一个菜单，可以提供有关该服装的信息列表，包括它的设计、生产地点、材料类型等。当你的夹克、裤子、衬衫或鞋子变脏时，你只需将衣物扔进洗衣机，洗衣机就会生成适合的洗涤设置。艾利丹尼森公司（Avery Dennison）发布了一款名为Bright BMBR的限量版原型夹克，预计在不久的将来市场上会生产100亿件与互联网连接的服装和配饰。[155]

不仅是服装产品将很快连接到互联网，预计到2024年，大约一半的家庭设备也将连接到互联网或实现完全自动化。智能扬声器、智能灯泡、智能开关、智能恒温器、智能门锁、智能门铃、智能安全摄像头、智能烟雾探测器、机器人吸尘器和智能窗帘等越来越多的智能家居设备已经出现。然而，由于各种设备可以通过封闭的私人网络相互通信，并且在没有人为干预的情况下可以做出各种各样的决策和调整，所以自主家居在不久的将来必然兴起。机器人（尤其是人形机器人）以及智能电器、流媒体设备、电力跟踪、能源效率控制，甚至配有除臭器、动作激活冲水器、座位加热器、坐浴盆、空气烘干机和触摸屏音乐播放器等设施的智能厕所，都已经处于设计和规划阶段。

3D打印是另一项新兴技术，它将在社会上留下自己的印记。现在已经有许多使用3D打印技术创造出来的小发明和小工具，包括相机、乐器、飞机、滑翔机、四轴飞行器、衣服和枪支等。美国海军甚至试验了3D打印潜艇。[156] 预计不久会出现更大、更复杂的产品。据预测，第一辆3D打印的可以直接上路行驶的汽车将于2022年或更早问世。一家名为“本地汽车”（Local Motors）的新兴公司已经对斯特拉迪①进行了测试，该汽车75%的材料都是3D打印的，该公司预计其他汽车原型将由90%的打印材料构成。3D打印正被用于制造医疗植入物，打印软组织和器官的实验也正在进行，这可能有助于解决导致每年数百万人死亡的器官移植短缺问题。该公司正在研究的其他一些项目包括家用电器、建筑物、电子产品和纳米级物体。

① 斯特拉迪（Strati）为世界首款3D打印汽车的名字。由本地汽车公司打造，整辆汽车的零件成本约为3 500美元，制作周期为44个小时，其最高时速可以达到80千米/时。——译者注

对未来的破坏

显然，随着技术的不断进步，由此产生的机器和系统要么已经出现，要么即将出现在全球越来越多的前沿领域。一些新兴技术有可能彻底改变社会格局，对我们今天所了解和理解的商业、财务、旅游、通信和生活将产生重大影响。当我们达到技术临界点时，破坏将会更加频繁地发生并产生更大的影响。

麦肯锡全球研究院在2013年发布的另一份报告为预测这些颠覆性技术提供了一个基准。报告为《颠覆性技术：将改变生活、商业和全球经济的进步》（*Disruptive Technologies: Advances That Will Transform Life*，*Business*，*and the Global Economy*），报告根据现有数据确定了在不久的将来可能对社会、商业和经济造成最大破坏和改变的十二大技术进步。该研究院关注这些技术在发展过程中带来的好处和挑战。[157]许多已命名的技术（如云计算、物联网、3D打印和基因组学）已经产生了影响，而其他一些技术（如自动驾驶汽车、知识工作的自动化、能源存储和其他技术等）则即将产生影响。

最重要的是，我们正在全球范围内经历着一系列似乎无穷无尽的沙子供应（新的发展），这些沙子很快就会填满天平上石头对面的盘子（标准结构）。一旦其中任何一个增长达到临界质量，天平将顷刻倾斜，并引起重大变化，而这些变化反过来会产生一系列的破坏。

第七章 技术奇点和经济奇点

毫无疑问，技术正以惊人的速度冲向未来。技术的发展速度如此之快，以至许多人对其创造的可能性和好处，以及对其产生的破坏和对其接管这个世界所造成的迫在眉睫的恐惧都感到震惊不已。一次又一次的预测表明，机器变得更有能力和更善于完成越来越多的曾经由人类来完成的任务和工作。机器不仅在取代人类劳动力的能力上变得更加先进，也能够以更低的成本更快、更有效地完成这些工作。机器人、人工智能、虚拟现实、增强现实和其他技术的发展速度正以指数速度增长，这反过来又将最终产生临界点的多米诺骨牌效应。当到达那个时刻（大多数预测认为，在未来30年内的某个时刻将出现技术的大规模临界点）时，我们可能会经历一个前所未有的技术奇点和经济奇点的结合。

这种情况是好是坏？奇点到底是什么？“奇点”一词最初是用来描述在一个无解的数学方程中到达无穷远处的点。物理学家对这个术语进行了扩展，将“奇点”描述成一个黑洞的引力变得如此密集以至已知的方程和计算不能再为其在时空结构的影响方面提供一个解决方案的点。从技术上讲，当机器的进步变得如此显著、如此广泛，以至当前的模型无法提出可行的解决方案时，就会出现奇点。在经济上，当失业人口超过工作人口以及债务失控时，就会出现奇点，并产生一种黑洞。根据现有模型，这种黑洞是无法逃税的。

就技术和经济而言，奇点是一个棘手的问题。原因是，此时此刻它的存在对我们来说是全新的，我们对于它的大部分内容都是猜测。然而，随着机器人和人工智能的发展，在不久的将来出现这种奇点的可能性越来越大。因此，我们有必要对该主题进行冷静的调查，以确定技术发展将如何影响未来经济的增长。就像所有的指数问题一样，探索可能的干扰并找到可行的解决方案是至关重要的，因为在我们的线性思维能够做出调整之前，结果就会在我们身上起作用。

虽然“技术”和“经济”这两个术语的性质不同，但我们必须将其放在一起探讨，因为它们相互联系、相互影响。我们可以用类似于医学院学生研究循环系统和肺系统之间的联系方式来看待两者，每个系统都有其各自的功能。虽然每个系统都值得单独研究和关注，但我们必须从一个系统如何影响另一个系统的角度来理解它们，以便实现健康的最大化并解决整体的健康问题。

说到奇点，我们现在正处于技术和经济领域都在发生奇点的时间点上。我们正航行在两个学科所面临的未知水域，这两个学科正在融合并创造出一个前所未有的时代，这一过程充满机遇但也危机四伏。为了穿越这些未知的危险并安全抵达目的地，我们需要剖析和理解这两个奇点将对社会造成的影响。正如我们已经讨论过的那样，破坏肯定会出现，但破坏的影响是如此之大、如此之广，以至我们的世界将发生重大变革。如果我们能够清晰地捕捉到未来的景象，那么我们可以同时在个人和公司层面上进行准备和调整。

技术奇点

技术到达奇点的想法是建立在目前的发展速度和水平上的，即技术在整个社会中变得如此根深蒂固，以至没有已知的解决方案可以阻止它的发展。“技术奇点”并不是一个全新的概念，它已经在各种书籍和文章中被提及，并且被讨论过很长一段时间。这个词最早是在作家弗诺·文奇（Vernor Vinge）于1986年出版的科幻小说《实时放逐》（*Marooned in Realtime*）中出现的。今天，我们通常是在谈到机器何时会像人类一样聪明的时候谈论奇点问题。后来，弗诺·文奇在一篇文章中更明确地定义了这个词。

30年内，我们将拥有创造超人类智能的技术手段。不久之后，人类时代即将结束。

从人类的角度来看，这一变化将是对以往所有规则的抛弃，也许就在眨眼之间，一个指数级的发展就会演变成完全不可控制的态势。以前，人们认为只有在“100万年”里才可能发生的事（如果有的话）很可能在下个世纪就会发生。

我认为把这个事件称为“奇点”是很公平的。这是一个必须抛弃我们现有的模型和新的现实规则的时刻。当我们越来越接近这一点的时候，它就会在越来越广的范围内逼近人类事务，直到这个概念成为一种普遍现象。然而，当这一切最终发生时，它可能仍然会让人们感到非常震惊，它仍然是一个巨大的未知事物。[158]

尽管这个想法诞生于科幻小说的奇幻世界，但我们正在迅速接近一个现实生活中的技术奇点。随后，关于奇点的讨论在不断增加。改变生活的技术进步不再需要几十年的时间才能实现，只需在一个不断缩小的时期内就可实现。曾经只是娱乐我们想象力的科幻小说的场景现在开始走出作家的书籍，进入现实，它们正在广泛地影响着我们的生活。机器人正在以令人眼花缭乱的速度开发出来，其外观、行为、动作和表现都与人类相似，这可能在某些方面给人类带来了希望，但它无疑也是一种潜在的威胁，尤其是当人工智能加入其中的时候。

我们离技术奇点有多近？谷歌的工程技术总监雷·库兹韦尔相信我们将在未来30年内达到技术奇点，他在2017年西南偏南①会议上分享了他的观点，该会议对电影、音乐、文化和技术的未来发展贡献了惊鸿一瞥。雷·库兹韦尔在预测未来方面的记录令人印象深刻，其准确率高达86%。他后来阐述了自己的见解：“我

① 西南偏南（SXSW）是每年春天在美国得克萨斯州州府奥斯汀举办的音乐节，是美国最大的音乐节之一。联合创始人路易斯·布莱克因希区柯克的电影《西北偏北》而将该音乐节起名为“西南偏南”。首届音乐节举办于1987年，其间也会有电影展和其他文化活动，因此许多电影都会到处放映、参赛。——译者注

一直坚持认为人工智能会在2029年通过有效的图灵测试，从而达到人类智能水平。我给‘奇点’设定的时间是2045年，在那个时候，通过与我们创造的智能相融合，我们的有效智能将增加10亿倍。”[159]

库兹韦尔引用的图灵测试是艾伦·图灵在1950年开发的一种测试，用于测试机器表现出与人类具有同等智能行为或更强的智能行为的能力。库兹韦尔预测，到2029年，计算机化的机器将达到人类的智能水平，这将触发一个转折点，即机器的能力将变得与人类无异。事实上，他认为，朝着这样一个奇点前进的过程正在顺利进行。软银首席执行官孙正义似乎同意这一观点，他预测，到2047年单个计算机化芯片将超过人类智能，智商达到10 000。相比之下，人类的智商达到200已经算是高智商了。[160]

人类能够适应由越来越多的机器人承担越来越多的曾经被人类承担的任务、职责、角色和工作，并与它们和谐共处吗？或者，机器人会发展到基本独立于与人类的互动之外，从而决定在“它们”的世界里不再需要我们的地步吗？这样的思考似乎有些牵强，但现实是，当需要解决这些可能性时，这种技术奇点正在迅速逼近。为了确定最佳选择，我们需要抵制诱惑，不能忽视“黑暗面”，不能只考虑正面的、令人激动的结果，我们需要考虑所有的可能性，因为历史已经反复证明，事情并不总按计划进行。

定律、原理和奇点

前面我们谈到了英特尔联合创始人戈登·摩尔如何在1965年预测计算技术的指数式增长将导致体积更小、功能更强大的机器出现，而其成本却可以低很多。他的理论是基于一项观察，在此之前，集成电路中晶体管的数量每年都在翻倍。这个计算被证明是准确的，并被称为摩尔定律。

50多年后，我们看到计算机部件的体积在缩小，但计算能力却在提高。体积更小、功能更强大的计算机极大地改善了包括能源、医疗、交通和教育在内的大多数行业。利用这种技术的设备数量在飞速增长，技术也在不断进步。纳米技术正在为创造比单个细菌更小的微观晶体管打开大门，这种晶体管由单个碳分子和硅分子构成。可以想象，晶体管的尺寸将进一步缩小到原子的大小。

专家认为，摩尔定律不可能永远地持续下去，最终会达到这种指数式增长的物理极限。为了说明这一点，我们想象一下：当开发人员将晶体管缩小到原子（人类已知的最小单位）大小时会发生什么？技术将何去何从？值得注意的是，专家还预测，这种增长将在21世纪20年代达到摩尔定律的极限。[161] 一旦技术发展到这一点，芯片的发展将在微小程度和功率方面达到极限，芯片会因不能保留电子而引起熔毁。我们在这儿进入的是一个基于所谓的海森堡不确定性原理的领域。这一原理的基本观点是，我们对自然界中最小的量子粒子的了解存在一个基本的极限。根据这个原则，我们能做的最好的事情就是计算行为概率。不像已知的自然界是遵循严格的定律来定义条件的，量子物理的领域超出了我们的理解范围。

当我们进入这个“无人区”时，旧的公式和方法不再有助于实现进步，科学家们将不得不找出继续使用计算机技术和追求计算技术的新方法，这一点就是所谓的技术奇点。事实上，通过分子晶体管和量子计算等项目，已经有研究开始探索内部空间的深度黑暗。然而，我们还不知道这一旅程将把我们带向何方，因为我们正在进入一个处女地，在那里，迄今我们从自然界学到的一切都必须被抛弃，因为它们毫无价值或者至少是不充分的。正如人们常说的那样，“这要从头开始”。

经济奇点

经济健康由一个循环的周期组成，它有高峰有低谷、有起有落，并不断地为系统带来平衡。著名经济学家海曼·明斯基（Hyman Minsky）指出，在这个循环周期中出现了三种基本的金融形式：稳定的对冲金融、不稳定的投机金融和混乱的庞氏金融。周期大致是这样的：经济繁荣到有多余的现金来偿还任何现有的债务（对冲），这种充裕的现金给人创造了一种欣快的感觉，导致贷款机构自由地向渴望建设（投机）的民众发放贷款；随着这一过程的展开，债务泡沫开始形成，导致放贷机构收紧对所有人的信贷审批，进而导致经济萎缩；为了刺激短期增长，金融机构出售资产或再融资，同时寻找新的投资者来弥补价格缺陷（庞氏骗局）；如果新的投资者对这一过程不感兴趣或不再抱有幻想，全球机构就会崩溃并采取严肃的措施进行调整，以推动经济恢复繁荣。这样一个循环就结束了。

我们当前面临的问题是，经济循环模式可能不会重演，相反会由于诸多隐现的因素而达到一个奇点。首先，世界上许多国家都陷入了债务困境，欧元等其他法定货币也加剧了这一问题。其次，银行自由地将这些法定货币借给国家、公司和机构，以获得作为贷款人的优势。例如，希腊、意大利、西班牙和葡萄牙等欧元国家一共欠欧洲中央银行1万亿欧元，几乎挣扎在破产的边缘。[162]对债务上升和政府印刷货币的担忧催生了早期的加密货币世界。

美国政府自身也被令人窒息的债务束缚，2017年9月8日，美国的债务总额超过了20万亿美元。[163] 仅2017财年（2016年10月1日至2017年9月30日），14.7万亿美元公共债务的年度利息支出就达到了2 660亿美元，是联邦预算的第四大项目。[164] 达到如此高的债务水平本身就应当引起重大关注，但情况却变得更加糟糕。目前，绝对没有采取任何措施来削减或遏制这头债务巨兽；相反，政府每年都在批准提高债务上限，这进一步助长了这种恶性循环。如此大规模的支出和债务积累是不可持续的。10年或更长的时间以来，政府和银行机构一直在庞氏骗局的程序上耍花招，以防止崩溃的发生。庞氏融资的本质是，它被允许持续的时间越长，最终崩溃后其问题被解决的难度就越大。

紧缩、不满和革命

大规模的全球债务问题是没有真正的解决方案的。银行和政府正在玩“拆东墙补西墙”的游戏，它们除了把负担从一个源头转移到另一个源头之外，其他的什么也做不了。2009年，当希腊、西班牙、葡萄牙、塞浦路斯和爱尔兰无法偿还债务或再融资时，债务问题首次抬头。这些国家没有寻求财政责任等解决方案，而是接受了纾困，包括减少债务和获得更多贷款。2008年美国住房贷款泡沫破裂时也发生了同样的事情，政府开始向各种倒闭的银行和金融机构注资。没有人知道注资的确切数额，但是当国会议员在2011年11月对美联储进行审计时，随后披露的救助金额高达7.7万亿美元。[165]毫无疑问，实际情况要严重得多，因为救助还在进行。

尽管紧急救助暂时缓解了困境，但它在两个主要方面存在问题：第一，对于糟糕的决策——甚至很多情况下是犯罪活动，它不追究任何人的责任；第二，它包括更多最终必须偿还的贷款，而且通常以消费者或公民的利益为代价。后者是欧洲正在发生的情况，因为财政拮据的国家一直在通过增税及削减政府服务项目来实施经济改革和紧缩措施，但它们仍然无法偿还巨额债务。当然，这类行动并不受普通公民的欢迎。但是，不玩“拆东墙补西墙”游戏的危险在于，国家和企业，尤其是银行，都被捆绑在一个全球网络中。因此，如果一个国家的主要机构倒闭，多米诺骨牌效应就很容易产生，导致其他国家的机构倒闭。

进一步的救助是极其危险的，因为这样做会使全球局势继续恶化，让更多国家的机构背上更加没有价值的法定货币和无法偿还的债务，这将加速经济的崩溃，使整个世界陷入严重的萧条。由于债务问题日益严重，世界正迅速接近一个经济奇点，在这个奇点上，以往的复苏方法已不再奏效。

奇点的合并

在技术和经济这两个大的奇点即将合并成一个巨大奇点的时刻，国际社会开始关注了。与此同时，世界正在走向一场不可阻挡的债务危机，这场危机将影响地球上绝大多数经济体。开发人员正在竞相部署迅速发展的机器人和机器，这些机器人和机器将在接下来的几十年里取代全球数百万甚至数亿工人。这将使我们处于一个非常不稳定的境地，在那里，这些奇点合并的结果根本不容易为人所知，甚至不容易被谈论。无论如何，你必须做好准备，因为到那时，没有其他人会帮助你。

我们所能做的就是回顾一下过去技术与经济利益发生冲突的事件，尽管这些事件发生的规模小得多，但它们却揭示了奇点即将到来的可能性。卢德运动就是其中之一。卢德派是一群熟练的纺织工人，他们在英国的兰开夏、约克郡和诺丁汉从事纺织工作。随着英国经济从拿破仑战争中艰难复苏，新开发的机械动力纺织机被引入进来。虽然机器生产的产品质量差一点，但其生产速度比工人们更快，成本也更低。公司纷纷削减熟练工人的工资，或者解雇了许多技术工人转而雇用廉价的非技术工人来操作机器。这些行动导致越来越剧烈的工业动荡。1811年11月，工人对失业和饥饿日益不满的情绪爆发，演变成为彻底的叛乱。卢德派要求公司所有者撤除机器，结果遭到了公司的拒绝。最终，卢德派发动了夜袭，用铁锤砸碎织布机。第一次工业革命期间，德国也发生了类似的事件。禁止毁坏机器的立法由此而生，并在1721年确定因此最高可判处死刑。[166]

卢德谬论（Luddite Fallacy）是一个来自卢德运动的术语，它的基本意思是，即使机器被引进时可能会出现暂时的混乱，但这种混乱不会持续太久，最终会带来新的机遇。这种思维方式助长了另一种常见的心态，那就是技术革命和经济动荡总会发生，但我们总是有办法适应它们并从中恢复过来。弗诺·文奇在书中提到的就是这种思维方式。

然而，某件事在过去每次都以某种方式发生，并不意味着它在未来也会如此。奇点的本质对这种思维方式提出了挑战。例如，在严重的经济萧条时期，甚至可能同时发生衰退的时候，当数量呈指数式增长的机器开始取代工人时，会发生什么？我们已经目睹了大规模的社会动荡，因为世界各地的人们对那些直接威胁到他们生活方式的各种因素进行了示威和反抗。如果不能提供可行的解决方案，那么卢德运动这种事件的发生会成为一种日益增长的常态吗？

大规模的破坏

我们的社会通过观察和学习过去的经验得以不断进步和发展。通常，我们会将这些例子作为引导我们进一步走向未来的指南和为类似事件做好准备的经验教训。然而，我们正在进入这样一个历史时期——例子可供借鉴，因为即将发生的事件可能非常激烈并超出“常规”。

我们正迅速达到一种情况，那时各种极端条件和事件正在融合成单一的时间点，在许多方面造成大规模破坏。现在是时候让我们从社会和个人角度出发来做好准备以收获惊喜或者处理后果了。

除了即将发生的两大破坏性事件——技术的爆炸和全球经济的转变，我们还同时面临着破坏性的气候变化事件，这些使得问题越发复杂。气候变化的日益严重是以前工业革命的人为影响，还是自然循环的结果？我们对这一点可以（而且正在）进行争论。无论哪一方是正确的，本质是我们肯定正在进入一个干旱、洪水、高温、低温、飓风、地震、火山爆发等自然灾害频发且更加严重的时代，这将破坏国家、经济、企业和许多人的生活。自然灾害不仅会造成大自然本身的破坏，还会导致人为灾难。例如，2011年发生在日本沿海的9.1级地震引发了一场致命的海啸，摧毁了福岛第一核电站（Fukushima Daiichi），导致放射性物质流入太平洋。

持续不断的恶劣天气和自然灾害给本已举步维艰的全球经济带来了巨大的压力。许多已经完成或正在进行的研究表明，正在或即将发生的重大变化将对社区、区域甚至国家的经济产生不利影响。大多数预测显示，气候变化的影响在未来只会加剧，给那些必须花费大量资金来对抗这些影响的社会带来了更大的压力。不久前，哈维飓风对南得克萨斯州造成的破坏和艾玛飓风对佛罗里达州造成的破坏，以及飓风对波多黎各等加勒比海岛屿居民房屋的大量推毁，都是风暴力量不断增强及其对社区财产和经济造成毁灭性影响的主要例子。

在如此广泛的来自各方的干扰日益逼近之际，企业将越来越多地将机器人作为可以负担得起的、有效的手段，以应对日益动荡的社会环境。这种做法既是可行的，又是可预期的。在许多情况下，这将带来巨大的好处，因为机器人可以承担人类不可能承担的危险任务。与此同时，随着机器人进入就业市场，工作的性质将发生变化。是的，人们从事了数年或数十年的工作将消失，这会对这些人及其家庭的福祉造成损害。对于那些在经济困境中苦苦挣扎的企业来说，使用机器人或许是一个明智的选择，但它们如何能抵消那些被机器人取代的人们所失去的利益？就像所有其他如此重大的问题一样，只有时间能给出答案。对此，我们可能不必等太久。

一线希望

显然，我们目前正处在接近指数式技术增长的时期，同时伴随着世界经济债务的逐步衰弱和气候模式的迅速变化，这些因素共同把我们带到一个充满未知事件的地方，过去和现在的解决办法对这些情况都无法发挥作用。我们还不知道这样的时刻是有利于社会的还是不利于社会的，但有一点是可以肯定的，那就是我们必须开始冷静地看待这些可能性并做出必要的调整。当在这样的时代冒险时，我们必须开辟新的道路。如果我们要成功到达彼岸并过得更好，我们就必须追求新的思维方式和不同的应对方法。

在气候不稳定的情况下，奇点的合并可以通过解决技术奇点问题和经济奇点问题为我们的实际利益服务。为了恢复增长和健康发展，经济需要某种形式的刺激性驱动力，使其能够摆脱困境。新技术的激增可以提供必要的刺激，使全球经济从严重的债务负担中复苏。另外，为了探索机器人技术和计算机技术在已知世界之外的深度，绝望的世界经济可能会点燃超越这些界限的导火索。

我们还需要摆脱日益恶劣的自然气候，这种需求可以在我们寻求解决方案时起到推波助澜的作用。为了解决气候问题，技术正在为科学家、政府和社会提供越来越多的地质工程方面的解决方案。虽然大多数方案还没有得到证实，有些方案甚至是极端的，但我们很可能会在这些方案所产生的技术和机器中发现“救星”。破坏显然是不可避免的，至少在某种程度上是不可避免的，但熬过两大奇点的合并所带来的冲击最终可能会把我们推向一个令人惊叹的未来，一个我们目前根本无法想象的如此不同的未来。

3

第三部分 生活在机器世界中的“人类”

你无法与机器竞争。要成功地驾驭一个日益自动化的工作环境意味着我们要更深入地了解自己，了解作为人类意味着什么。机器正在被制造得更加人性化，你的财务安全将取决于此。你必须发现最好的自己，然后照着最好的自己去做。

经常听别人说，你是自己生活的首席执行官，其实远不止如此。你也是自己的首席财务官（CFO）、首席运营官（COO）、首席市场官（CMO）和首席人力资源官（CHRO），还要承担从邮递员到看门人的其他所有工作。在自动化时代，你需要了解这些角色，了解哪些是你的优势，从这些业务中找到自己最擅长的角色，然后尽可能地把其他部分外包出去或实现自动化。另外，你还要学习如何经营自己的事业。

第八章
创业者时代

在前面几章中我们已经看到，商业、经济、社会和就业已经处于重大变革的过程中，而且仍会发生更多的变革和产生更多的破坏。我们也看到了经济周期如何导致企业在一夜之间倒闭，使整个行业和国民经济的根基都受到动摇。即使是在平常，这些变化造成的破坏也会使人们失去生计。我们现在所处的时代，见证了实力强大的公司以及整个行业的诞生和消亡。例如，随着数字媒体的兴起，传统印刷媒体公司要么倒闭，要么不得不做出重大调整。互联网和社交媒体发展过程中的一些其他重大变化正在通过改变我们相互联系和交流的方式而显著地改变着我们的生活。

相比之下，我们关于发展成功事业所需要的文化理念和方法却几乎没有改变。尽管大多数人不再期望长期就职于同一家公司，但在这样一个充满活力的经济环境下，追求和实现一份既有意义又成功的职业所涉及的关键因素却保持着惊人的稳定性。由于还没有一种可替代的职业模式，或者说还没有一种被广泛接受的可替代的职业模式，因此许多人继续寻求发展技能和晋升的传统途径。这种观点在很大程度上仍然基于旧的制造业模式，在这种模式中，人们学习和发展与自己狭窄的职业道路相关的技能，以提升到更高层次。然而，这种模式忽视了“右脑型”能力和软技能日益增长的重要性，因此许多人不能理解为什么我的知识和技能比被选中的那个人多，却没有得到这份工作？

在当今瞬息万变的经济环境中，了解什么是你独特的价值主张和技能，以及如何将它们应用于你个人感到满意的各种环境中，比以往任何时候都重要。你不能再依赖于仅用一个职位名称或某种技能来描述自己，因为各种各样的工作和技能在短短几年内都会过时。当今许多最热门的工作，如数据科学家、无人机操作员或社交媒体经理，在几年前根本不存在或者刚刚处于起步阶段。[167]许多发展潜力巨大的工作也都是在新的领域。美国劳工统计局的数据显示，2016—2026年增长最快的两种工作将是太阳能光伏安装工（预计会增长105%）和风力涡轮机服务技术人员（预计会增长96%）。[168]虽然获得新职位必须经过一些培训，但今天能帮助你成功的许多因素在这些新兴的工作中也可以发挥作用。21世纪，人们取得事业上的成功的关键在于改变看待职业发展的方式和看待自己的方式。

21世纪初，有大量的财富和工作产生，同时也有大量的财富和工作消亡，其规模是史上最大的。快速变化和波动已成为常态，人们不能指望自己的职业轨迹和工作任期像20世纪那样。在你的一生中，你不仅极有可能为不同的公司工作，并担任不同类型的角色，你更有可能为自己工作或转变行业。因为老牌行业减少了在全球经济中的份额，由新的行业取而代之。我们正在见证一场刚刚起步的技术革命，它已经在全球经济中产生了涟漪效应。互联网、社交媒体、移动技术等正在改变着商业环境，影响着我们的职业道路，影响着我们寻找新工作的方式以及我们谋生的方式。

在所有这些变化中，对于你的长期成功来说，比以往任何时候都更重要的是你要了解并投资于一件你可以一直依靠的事物，那就是你自己。要想在这个令人眼花缭乱的时代旋涡中取得成功，你需要了解自己，懂得如何才能最好地适应周围不断变化的环境，这样你才能充分利用自己的优势和天赋。在经济和技术快速发展的情况下，如果你只是为了跟上最新的趋势而改变自己，你就如同在湍流中尽力把头保持在水面上一样。

如果你希望长远发展，而不仅仅是在当前的经济环境中生存下来的话，那么你需要为自己的未来做好铺垫，并运用一切必要的手段来达到一个成功的目标！你想成为一个赢家，要在经历经济变革之后比以前更强大、更明智。虽然没有人会对你施以援手，但很多人会很愿意和你一起努力走向成功。这是你需要知道的一个关键点。同样重要的是，你要知道寻求帮助和请求别人带你走出困境之间的区别。通过投资自己，你将更好地吸引到合适的人群给予你所需要的支持。

随着人工智能、机器人和其他形式的自动化产品越来越多地进入企业界，同样的工作对员工的需求将越来越少。麦肯锡全球研究院估计，目前全球约有一半的工作可以通过现有技术实现自动化。[169] 失业的人如果找不到工作怎么办？他们很有可能去创业，对此我们将拭目以待。此外，留下来的员工将与机器打交道，他们必须用更少的资源做更多的事情，同时提升创新性，解决机器无法解决的问题。这听起来又像是对企业家工作的描述，只不过当只有一个人在一家公司工作时，它就被称为内部创业。

如今，“企业家”这个词遍布全球的每一个商业场所，它是一个流行词，在会议、教室、集会和公司自助餐厅随处可见。这个词始创于1723年，用来形容那些在财务风险的约束下创业和经营企业的人。其现代定义由哈佛大学教授霍华德·史蒂文森（Howard Stevenson）在1975年概述为“追求超越可控资源之外的机会”。如果我们再仔细看看史蒂文森的定义就会发现，企业家精神的三个关键要素：“追求”一词意味着专注不分心的能力和坚定的勇往直前的决心；“机会”一词指的是可以识别并利用随时可能出现的有风险的机会和环境的能力；“超越可控资源”是指能够在有限资源的约束下进行运作并继续实现既定目标。[171] 这三个要素是至关重要的，因为它们也代表着人们成功应对变革风暴，并到达位于彼岸美丽新世界所必需的素质。

尽管核心定义依然存留，但“企业家”一词如今已被包裹在一系列含义中，这些含义涵盖了微观创业、社会创业、企业内部创业以及许多其他类型的“创业”。这一将初创事业的创业派标记为企业家精神的风潮使得女演员达科塔·约翰逊（Dakota Johnson）在2010年的电影《社交网络》（*Social Network*）中对男演员贾斯廷·廷伯莱克（Justin Timberlake）说了一句令人难忘的台词："好吧，那么，你最近在'忙什么大事业'？"尽管"创业者"这个词现在已经很流行，但它实际上可能只是催化剂，至少能激发出快速发展的科技时代所需要的部分解决方案。

你的创业者视角

21世纪被称为企业家的时代。不管你是自己创业还是为一家公司工作，把自己当成一家公司并应用公司使用的工具和技术将帮助你建立成功的事业。这个想法可以把你自己放在一个有利的位置，即使面临更快、更大规模的重大变化，你也是自己命运的主人。你越能控制自己的未来，就越能更好地面对和战胜变革和任何相关的干扰。

如果你是一名公司（不管是大公司还是小公司）的员工，你要做的第一步就是改变你对自己和公司的关系的看法。当你开始把自己当成一家公司来看待的时候，你的视角就会发生巨大的转变。首先发生的变化就是，你与公司的关系从雇佣关系转变为商业伙伴关系或者初创公司与投资者之间的关系。你如何看待自己将对你的成功产生巨大的影响。

花点儿时间思考一下每种关系的不同。你能否把自己看作一个正在寻找投资机会的商业伙伴或创业公司吗？

下面是对三种视角的更全面的解释。

雇主与雇员

我有一个老板，他告诉我该做什么。我对于公司制定的政策要么满意，要么不满意，但我改变不了这些政策。我申请了一份工作，希望自己可以被录用。如果我不喜欢公司里发生的事情，我唯一的选择就是辞职。作为一名员工，我希望公司能照顾我。我需要证明自己比其他人更聪明或更好，这样我才能获得一个职位或者得到晋升。

业务合作伙伴

我们来看一下我们能否找到一种互惠互利的合作方式。我有一些你需要的技能或资源，你也有一些我所需要的技能或资源。让我们找到一种公平的方式来分享这些技能和资源，这样我们就可以一起赚钱。我需要表明，如果这种伙伴关系能够发挥作用，我们就能共同创造成功。我还需要了解，我的伙伴能给我带来的价值以及我能给我的伙伴带来的价值。如果这段关系对我们双方都有利，我们就可以共同前进。如果这段关系对我们双方都不利，我们就可以分道扬镳，寻找各自更合适的合作伙伴。

创业公司和投资方

创业公司：我有一个很好的想法想付诸实践，让我和你谈谈，看你是否愿意投资我的计划来支持我。投资方：我相信你的想法，希望帮助你取得成功，这样我就可以获得投资回报。这是适合你的投资方吗？你的项目是适合投资方的项目吗？

在你看来，每个视角中最突出的是什么？你愿意选择哪一个？当你把自己视为公司时，你就改变了你向别人展示自己的方式，你的自信心和自尊心都会增强。你会对自己的工作拥有自主权，你会产生自豪感，这样你就走上了一条赋权和成功的道路。

任何人都可以学习经营原则，但是创业不仅仅是一种商业模式，还是一种心态、一种生活方式。创业者是寻找未被满足的需求，并为真正的问题找到真正的解决方案的创新者。创业者能识别并认可那些通常隐藏在传统学位和各种头衔、称号之外的人才，能激发和释放这些人才的潜能，让他们自由地表达和创造。

随着越来越多的人失去全职工作，尤其是老员工，他们开始转向各种形式的创业。同样地，为了维持生计而补充收入的人也在转向这些创业形式，如自由职业、顾问以及其他外包和临时的工作。在转型时期的很多情况下，这些工作都是按照全职职位的要求来招聘兼职人员的，这就是为什么这种趋势被称为“零工经济”或“分享经济”。能完成这些工作的人不仅仅是填补短期职位空缺的临时雇员，他们是技术工人，为不断扩大的、波动而又复杂的劳动力市场提供有价值的服务。美国政府问责局（GAO）进行的一项研究显示了非正式员工的上涨趋势，从2006年的35.3%上升到了2010年的40.4%。[172] 我们正在经历的这次扩张的性质决定了这些数字只会随着我们的前进而攀升。

零工组织和分享型组织正以这样的速度发展，它们试图以推动职场的技术进步来保持其发展势头。人们争相利用他们在驾驶、机械、手工、写作、会计、销售、联盟营销等领域的知识、才能和资源来寻找提高收入的方法。在这种情况下，一些面向零工经济或共享经济需求的平台应运而生，如优步、爱彼迎、来福车（Lyft）、同城快递（Postmates）、熊猫停车（Parking Panda）、跑腿兔（Task Rabbit）等。

自由职业是这一趋势的另一个分支，其势头正在增强。许多公司选择雇用自由职业者而不是内部员工。Upwork是一家由硅谷团队开发的流行创业公司，旨在利用人才、汇集人才，然后为客户提供人才。该公司的口号是“Upwork为您提供简单、快速又经济的方式，随时随地发现、雇用最优秀的专业人才，与他们共同工作”。[173] Upwork和自由职业者联盟（Freelancers Union）联手进行了一项关于美国自由职业者的研究，2015年的研究结果发现，三分之一的美国人从事的是自由职业工作，相当于大约5 370万人，这一数字比前一年（计划进行研究的第一年）增加了70万。23%的受访者表示，为了从事自由职业工作，他们辞掉了正常工作。还有三分之一的受访者表示，他们注意到社会对自由职业者需求的增加。另外，值得注意的是，73%的受访自由职业者承认技术是其工作和收入增加的原因，51%的人承认他们是在网上找到的项目，这一比例高于前一年的42%。[174]

零工趋势或共享趋势发展得如此之快，以至吸引了一些大型传统公司的注意。四大会计师事务所之一的普华永道正在开始利用零工经济或共享经济。2016年2月，普华永道推出了对自由职业者开放的项目，这些自由职业者可以通过一个名为人才交流（Talent Exchange）的平台进行每小时费用的报价，谁是获选者由普华永道来决定。该公司的负责人注意到了独立劳动力的增长，并寻求帮助客户利用这些微企业家的职业潜力。在推出该平台的一个月内，普华永道已经收到共计4 640名自由职业者的注册信息。[175]

非正式员工面临的主要障碍在于福利和税收方面。对于雇用临时员工的公司来说，好处是不必为失业保险、社会保障和其他福利（固定工资、假期、病假、退休等）提供资金。然而，如果自由职业者想要这些福利，那么他们必须用自己的收入来支付。如果没有严格的规定，那么这是很难做到的。对公司和自由职业者来说，这是一把双刃剑，通常必须提高报酬才能让他们履行这些责任。公司最终可能会为自由职业者的服务支付更多的费用，而那些自由职业者则会发现，他们的机会因为更高的费用而减少。

在税收方面，自由职业者需要填写1099表格，而不是传统的W-2表格。① 使用W-2表格的员工会从工资中扣除一定数额的税款，以避免他们在纳税时欠下一大笔钱——许多人甚至还能得到相当大的一笔退款。提交1099表格的人没有这样的便利，他们必须做出必要的安排，留出储蓄来交税和购买其他想要的福利，如购买

① W-2表格和1099表格都是公司出给雇员的年终总结表，就是总结一年中一共给这个工人发了多少工资，替这个工人交了多少税。通常W-2表格是由雇主帮忙代扣代缴税款的；而1099表格则只是简单地声明一个年度付给了这个人多少钱，公司并没有代扣代缴任何税款。而且，公司在将这两种收入表格发给员工的同时，也会将同样表格发给国税局。国税局拿到所有的W-2表格和1099表格后比对个人税表的申报内容，就可以知道谁应该报什么收入却漏报了。这就是个人一旦漏报了收入，就会收到国税局缴税通知的原因。——译者注

健康保险或为退休而进行储蓄。

拥有自己的公司也会享受许多重大的税收优惠。精通税务的企业家会说，税法是为自己和子孙后代减税和保存财富的路线图。当然，你需要花时间来学习如何成功地在这些领域进行操作。你可能需要聘请知识渊博的人并参加培训课程。当然，最好尽早学习这些信息，而不要等到非学不可的时候。

今天的创业者之所以能发展壮大，是因为他们拥有创造新方法的心态、动力和天赋。而在这个动荡不安的世界里，传统巨头正走向失败和衰落。创业者是灵活的，可以进行必要的调整，以便随着连续不断的变化和技术变革浪潮一起前进。就像年轻、热情的冲浪者一样，他们摆脱恐惧、乘风破浪地追逐新的机遇——其中许多机遇正是被其他人误解、害怕和回避的技术趋势。如果你看看那些在机器人和先进技术时代引领潮流的人，你就会发现，他们的性格和行为中蕴含着企业家的定义。这些人是开拓者，他们坚持不懈地追求机会。在大多数情况下，他们用有限的资源做出有益的改变。这些推动者和撼动者历经艰辛，经受着不断变化的挑战。他们利用现有技术找到解决方案，并创造出推动社会前进的新方法。如今的一些创业先驱如下：

- 埃隆·马斯克。这位40多岁的南非企业家，是开发和应用新技术的领军人物之一。作为最前沿的发明家、工程师、投资者和有远见卓识的人，马斯克已经通过太空探索技术公司（SpaceX）这样的项目将未来主义思想变为现实，该公司以猎鹰9号（Falcon 9）为主导不断推动太空探索的边界。猎鹰9号是第一个私人肩负运送物资到国际空间站使命的无人太空舱。同时，特斯拉汽车公司正在开发一系列产品，如基于先进技术的电动汽车和无人驾驶汽车。

- 马克·扎克伯格。这位脸书联合创始人只有30多岁，他与另一位优秀企业家达斯汀·莫斯科维茨（Dustin Moskovitz）一起改变了社交媒体，如今身价超过710亿美元。2012年，扎克伯格从哈佛大学退学去追求自己的梦想。他和妻子普里西拉（Priscilla）宣布了他们的目标——为了“提升人类潜能和促进平等机会……并确保每个人无论在什么情况下都能获得这些机会”，他们捐出了一生中的大部分财富。[176]这对成功的创业者夫妇还补充说：“我们发挥人类全部潜能的唯一途径就是释放世界上每个人的天赋。”[177]
- 本·席伯尔曼（Ben Silbermann）和埃文·夏普（Evan Sharp）。这个充满活力的二人组合创造了流行的网络（或移动应用程序网站）——品趣志①。有趣的是，这个想法源于席尔伯曼小时候的一个爱好，那就是把干燥的昆虫钉在纸板上。他和夏普改变了这种简单而平常的做法，以适应现代科技的发展趋势（创业者都是如此），并创建了这家现在市值超过110亿美元的公司。

① 品趣志（Pinterest）是全球最大的图片社交分享网站。——译者注

- 米歇尔·潘（Michelle Phan）。米歇尔利用优兔（YouTube）的力量绕过企业大师、高级时装模特、名人和杂志巨头的传统门户，打入美容和时尚行业，推出Ipsy（美妆订阅盒）。这家在线公司的使命是鼓励全球的人们“表达自己独特的美丽”，并为订阅者提供个性化的化妆品和美容产品的月度样品。
- 丹尼尔·埃克（Daniel Ek）和马丁·洛伦岑（Martin Lorentzon）。他们是声破天（Spotify）的创业者，声破天是一个庞大的音乐网站，也提供播客和视频流。在声破天之前，埃克是基于浏览器的视频游戏网站明星派（Stardoll）的首席技术官，洛伦岑是数字营销公司TradeDoubler的联合创始人。
- 布雷克·罗斯（Blake Ross）。布雷克·罗斯是软件工程师，是众多成功公司的创业者，其中最知名的一家公司创建了网络浏览器——火狐浏览器（Mozilla Firefox）。罗斯还创建了Parakey[①]——被脸书收购，他还写了一个名为《硅谷》的喜剧系列，并在家庭电影院（HBO）上播出。
- 皮特·卡什莫尔（Pete Cashmore）。从位于苏格兰阿伯丁（Aberdeen）的一个科技新闻项目的名不见经传的博主开始，皮特创建了一个大型的社交媒体网站，后来又成立了

① Parakey是由布雷克·罗斯和乔·海威特（Joe Hewitt）提出的基于网络的计算机用户界面。罗斯将其描述为“一个能做任何操作系统所做事情的网络操作系统”。——译者注

同名的全球之声股份有限公司。该公司于2016年收购了优兔的CineFix（电影剪辑频道）。

- 杰西卡·阿尔巴（Jessica Alba）。创业者杰西卡·阿尔巴不仅是一个才华横溢的女演员，还将自己的名气与技术力量相结合，创办了诚实公司（The Honest Company）。该公司提供的产品既符合道德标准，又无毒无害。诚实公司现在的市值超过了10亿美元。
- 马特·穆伦维格（Matt Mullenweg）。穆伦维格来自得克萨斯州的休斯敦，是WordPress（博客系统）软件的开发者，WordPress是被数百万人使用的博客平台。马特继续创办了自己的公司——自动化家（Automattic），该公司运行WordPress、Gravatar（全球通用头像）、IntenseDebate（社会性媒体）、Akismet（防垃圾评论插件）、Polldaddy（在线投票统计系统）、VaultPress（自动实时云备份插件）等程序。他还通过自己的另一家公司奥德丽资本（Audrey Capital）提供投资建议。

还有更多的创业者，而且这个名单的增长速度几乎与时代的变化一样快。这个简短的列表显示出，任何决定利用先进技术改变世界的人都是有潜力的。应该指出的是，大多数创业者都有一些非常有趣的共同点——他们把简单的想法变成大生意，并积极地帮助个人、团体和社区变得更好。正是这些原因，使创业者在利用当今机器人和技术时代的力量方面处于领先地位。正是这种类型的人，将开辟道路并引领我们进入一个新时代。

你怎样才能成为一个成功的创业者？只需培养这些领导者拥有的品质和特征就可以了。这些品质和特征与指导公司取得成功的原则相同。他们知道自己是谁，知道自己擅长什么，会在他们不擅长的方面寻求帮助，并自信地向前迈进，这是品牌的本质。对你而言，你的个人品牌就是你自己，而不是营销信息。市场营销就是你如何让人们知道你是谁，这是品牌的表现，而不是品牌的定义。

你是谁？了解你的个人品牌

你已经拥有了自己的品牌，知道自己是谁——尽管你可能还不是特别清楚。你的品牌不是你编造出来展现给别人看的，而是你真正的自我。你的品牌反映了你的价值观、目标、激情、使命、愿景和技能，就是当人们想到你的时候，他们会想到的东西。有几个角度可以定义你的品牌。个人品牌先锋威廉·阿鲁达（William Arruda）将其简洁地定义为“你独一无二的价值承诺”。[178]

人们信赖你的品牌，也就是信赖你的声誉。你在开发自己的品牌时，可以想想一些知名的品牌所做的努力。可口可乐开发了一个创造幸福的品牌。为了获得成功，可口可乐希望能够出现在人们感到幸福的任何地方（如体育赛事的现场）或者想要创造幸福的时刻（如在听歌曲《幸福机器》时）。个人品牌也不例外，你可以这样想，当人们听到你的名字时，他们的脑海中会浮现出什么样的你。亚马逊首席执行官杰夫·贝佐斯（Jeff Bezos）总结得很好："你的品牌就是当你不在房间时，人们谈论的对你的看法。"事实上，你已经拥有了一个品牌，剩下的就是你有多出名，人们对你的印象有多好或多坏的问题了。

你的个人品牌是你成功的基石，它在帮助你专注于你的职业方面扮演着重要的角色，这样你就能找到合适的机会，开发合适的领域。这是规划你的职业发展，以及与最能帮助你成功的人联系的一个关键方面。当你正确地塑造自己的品牌时，你就能巧妙地管理自己的声誉，从而在公众心目中形成自己的良好形象。麦肯锡公司于2014年进行的一项研究显示，优秀品牌的表现会比普通品牌竞争对手高出73%。[179] 另一项最近的研究发现，那些把个人品牌打造成知名专家的人能够通过缩短销售周期使销售更容易完成，以及吸引质量更好的客户来提升销售的能力。[180]

你的个人品牌很重要，因为它反映了你的价值，而客户之所以与你做生意，也是因为他们看到了你给他们带来的价值。通过了解和理解你的个人品牌，你将能够令人信服地告诉别人你会如何为他们和他们的项目带来价值。你是否以勤奋工作、善于解决问题、有创造力、善于销售等特点而闻名？如果是这样的话，你就会被需要用这些品质来实现目标的人需要。最重要的是，人们之所以会与你做生意，是因为你可以为他们提供更多的价值而不是带来更多的花费。他们会分析你的整体品牌，包括你的智商、情商、硬技能和软技能，以确定你的价值。无论你的公司从事的是什么业务，发展一个强大的品牌都会对你的效率产生深远的影响，面对先进的技术时尤其如此。

了解你的个人价值观

建立成功事业的第一步是了解、理解和实践你的个人价值观，这是你做出每一个决定的基础。你的个人价值观构成了你做出每一个决定的原因，它可能是你工作和生活中悠闲时刻的来源，也是各种冲突和压力的来源。如果你不了解、不理解自己的价值观，你就会在成功和成长中挣扎。你经常听说要想得到一份有价值的工作，你需要了解自己的目标或使命。而我相信了解和理解你的核心价值观是更为根本和有用的，因为即使你知道自己的目标与价值观相冲突，你也会很挣扎，表现不佳，甚至可能失败，直到你学会按照你的价值观行事。

最根本的问题是，我们大多数人的头脑中都有一套理想的价值观，甚至把它当作我们的实际价值观来谈论。而实际上，我们的许多决定和行动都与那些真实的价值观背道而驰。在你能按照你的理想价值观生活之前，你必须首先确定你的实际价值观。一旦确定了你的实际价值观，你就可以进行必要的调整，使理想价值观与实际价值观对齐。这为什么很重要呢？因为如果你继续按照你的理想价值观行事，那么你的实际价值观将会阻碍你前进的步伐，尤其是当你面临艰难的选择或者该做出承诺的时候。

那么，你怎么知道你的核心价值观到底是什么呢？

我们大多数人都对自己的价值观有一种模糊的认识，或者至少对我们认为的自己的价值观有这样一种认识。如果你被问到，那么你可能会回答你的价值观是诚实、家庭或自由，但这些东西是你的实际价值观，还是理想主义思维或社会规划的结果？也许它们是个性特征而不是真正的价值观。你怎么知道它们的区别？如果你需要帮助才能确定你的核心个人价值观，那么我建议你先从一个免费的评估“价值观第一！个人价值评估”（Values First！Personal Values Assessment）开始。[181]这个评估是对你的价值观的引导和挑战。在其引导下，你可以放弃阻碍你成功的价值观，并用对你而言真正有用的价值观来取代。

你是“你公司”的首席执行官，你自己就是你的业务。众所周知，一个公司的首席执行官所持有的价值观影响着公司的文化和结果。当你开始把自己的职业生涯当作一项业务，并以你的个人价值为基石时，结果会变得更好。了解并按照自己的价值观行事，会让你专注于适合自己的正确道路和机会。妥协自己的价值观在最好的情况下会减缓你的成长，在最坏的情况下会让你丢了工作。确定你的个人价值观并将其付诸行动会让你的职业生涯更上一层楼。

尽管有很多原因可以解释为什么价值观是成功公式中的关键因素，我还是想提供一些最好的理由来让你了解价值观的重要性。

价值观反映你的优先事项

在瞬息万变的商业环境中，了解对你来说最重要的是什么，以便做出相应的响应是非常关键的。如果价值观得到实现，企业就会在优先级和决策制定中取得成功，你也应该这样做。

价值观提高决策速度

当你了解自己的价值观时，你所做出的决策会变得更快，你所做出的选择会随着这些价值观的分析、重组和改进而变得更好。当你面对选择时，有着明确的价值观并知道哪些是最重要的，将使你迅速做出决定，而不需要花费大量的时间来考虑或辩论。这并不意味着所有的情况都是清晰的。但是，对于那些关注价值观的人来说，采取最佳行动方案往往是非常明确的，因为他们不需要花时间去弄清楚什么才是真正重要的，因为他们已经知道了。对于涉及人际关系的决策来说尤其如此。价值观是一种高效的参考，它为你提供了一种信条，可以让你在艰难的情况下重新审视，使你可以少花时间去左思右想、处理冲突以及因痛苦的感情而心烦意乱。

与自己的价值观保持一致可以提高工作效率

世界上一些最富有成效和最成功的公司通过使员工与公司的价值观保持一致而取得今天的成就。密歇根大学罗斯商学院（University of Michigan’s Ross School of Business）的简·达顿（Jane Dutton）教授多年来一直在研究以价值观为导向的组织。两个尤其突出的成功企业的例子是谷歌和西南航空公司。谷歌视创新和智慧高于一切，而西南航空公司则强调友谊的价值。这两家以价值观为导向的公司在招聘策略上都采取了这样一种方式，即它们会淘汰那些与自己的核心价值观不一致的人。

谷歌的业务是提供信息，所以它的公共价值声明包括“总有更多的信息”和“对信息的需求跨越了所有国界”这样的信条。谷歌寻找技术精湛、有独创性的人为它工作。很长一段时间以来，谷歌通常会在面试时给面试者提出具有挑战性的脑筋急转弯。这种脑筋急转弯没有正确答案。这一策略被用来判断应聘者能否通过头脑风暴来展示自己的聪明才智，提供创新性的答案。其中，最著名的脑筋急转弯是一个“硬币问题”，现在依然偶尔会出现在谷歌的面试中，尤其是在美国之外的地方。在向参加面试的人提出一系列普通的问题后，面试官会突然问：“如果把你缩小到一枚硬币大小，并扔进搅拌机，而搅拌机会在1分钟之后开始运转，那么你会怎么做？”当然，这种题目没有正确的答案，但目的是找出那些将创造力作为其核心价值观之一的人。

西南航空公司的价值声明是“性能、人、地球”，这符合它向公众提供全球航空服务的业务要求。该公司认为，它富有同情心的客户服务是其业务的关键部分，因此它只聘用在任何情况下都非常有活力、非常友好的A型性格的人。该公司聘请了数十名行为心理学家来制定招聘政策，通常每次面试都会有一名行为心理学家在场。只有那些将“友好”视为其核心价值观之一的求职者才会被录用。

价值观是你的营销宣传品

你的价值观是营销“你公司”不可或缺的一部分。通过在你的品牌中传播你的价值观，你就清楚地表明了你的立场，这将使你脱颖而出。如果你注意观察，那么你会发现公司通常会将其核心价值观纳入其网站的“关于我们”栏目中。这有助于客户了解它们是谁，以及它们作为公司的立场。我们大多数人更愿意与我们所了解的、喜欢的和信任的人和公司做生意，更喜欢和我们觉得舒服的人和公司做生意。让人们知道你的价值观能够为你提供有价值的联系。

同样的原则也适用于求职。你的个人价值观有助于定义你是谁，并将你与那些在生活中随波逐流的人区分开来。当你知道自己的立场，并将其传达给雇主时，他们就会很容易地知道你是否满足他们对某个特定职位的需求。同样的道理也适用于你已经在一家公司担任某个职位的时候。你会因为表现出积极的价值观而被同事和老板记住，尤其是当你的价值观符合公司的使命时，它将为你带来同样积极的职业发展。

最重要的是，仅仅有才华是不足以保证一个专业职位的。你必须深刻理解与你所追求的行业或业务相匹配的价值观。越来越多的企业在寻找符合自己文化的人，以及根据自己的价值观忠诚行事的人。随着工作岗位的减少、转移，以及技术进步的调整，这一点只会变得更加突出。

价值观改善人际关系

价值观是任何持久关系的基础。为了与雇主、朋友、重要的人或家庭成员保持和谐、持久的关系，你的价值观必须清晰明确。

这一点非常重要，你甚至可以说，所有冲突的根源都在于彼此的价值观未达成一致。有多少次你和别人发生冲突，却在几天或几周后意识到你的行为与自己的真实价值观背道而驰？你可能也发现自己会说“哦，我不是那个意思”或者“我的行为方式不是我自己的本意”。学会在任何情况下都与自己的价值观保持一致是人生最大的挑战之一，但它同时也会给你带来很大的帮助，因为人们会根据你的言行记住你。

当你能够始终如一地与自己的价值观保持一致，并避免冲突时，你就能在公司领导和老板面前脱颖而出。冲突是一种巨大的时间浪费，会给公司造成巨大的损失。迈尔斯–布里格斯职业人格评估工具的出版商CPP公司发布的一份2008年报告显示，美国企业的每位员工每周平均花费2.8小时来解决或避免冲突，这相当于总共损失了3 590亿美元的带薪工作时间。[182]了解自己的价值观并与之保持一致，可以减少冲突和压力，这对你和你所在的组织都有好处。

当然，并不是所有的冲突都能通过与你的价值观保持一致来解决，因为其他人也会参与其中。然而，通过与你的价值观保持一致，并试图理解他人的价值观，你可以做出调整以化解冲突，而不会对这些关系造成巨大的伤害。在某些情况下，你根本无法与他人的价值观达成一致，那么这时最好的办法就是离开。

价值取向增加满意度、参与感和幸福感

我想说的最后一点（或许也是最重要的一点）就是，价值取

向与个人幸福和工作满意度相关。反思一下每个员工每周花2.8个小时来协调冲突这样的事实，你如何看待冲突的数量对他们在本周剩余时间内的满意度和幸福感的影响？快乐不仅仅会影响生活质量，也会影响工作质量。

正如我们在前文所看到的那样，像谷歌和西南航空公司这样的成功公司只雇用那些与公司的核心价值观一致的人。非常成功的公司之所以在价值观这一点上“歧视”员工，是因为它们知道让员工认同自己的价值观，就能创造一个快乐的工作环境，而快乐的员工更有活力，其效率也更高。研究人员还不确定为什么快乐会带来生产力的提升，但是很多研究已经证明了这种联系的存在（正如我们在第三章中看到的那样）。此外，安德鲁·奥斯瓦尔德（Andrew Oswald）博士在1997年的一项研究证实，工作场所的满意度和幸福感会显著提高工作效率。在一个由267人组成的实验对照组中，奥斯瓦尔德博士仅仅通过简单地提高工作环境的满意度就使员工的工作效率提高了10%。[183]

为了更好地理解什么是价值，价值为什么重要，以及如何使用价值，请花一些时间列出你认为最重要的5个价值，并为每个价值写一个定义。进行此项练习的人很容易清晰地看到他们的价值观不一定是他们认为的那样。

价值1：________ 定义：____________________________________

价值2：________ 定义：____________________________________

价值3：________ 定义：____________________________________

价值4：________　定义：______________________________

价值5：________　定义：______________________________

制定目标、愿景和使命

自20世纪80年代彼得·德鲁克（Peter Drucker）、史蒂芬·柯维（Stephen Covey）等人普及了目标、愿景和使命的概念以来，人们就对目标、愿景和使命之间的区别一直很困惑。[184]不幸的是，他们基本上把这些概念混在一起，从那时起这些概念就一直存在争议。如果你仔细观察现在的公司，你就会发现有些公司包含了所有这三种描述，而有些公司则只有一种，比如使命。为了澄清目标、愿景和使命之间的关系，我们来看看它们各自的定义。

- 目标：你存在的理由。有些人会把这称为他们的使命。人生的目标是关注你和你带给这个世界的东西。
- 愿景：你希望如何看待这个世界。你的愿景比你更伟大，并非仅靠你一人之力就可以实现。愿景关注世界的其他部分以及你通过运用自己的天赋对它产生的影响。
- 使命：你如何实现自己的目标和愿景。使命是关于你如何运用自己的天赋来展现愿景的过程。

你的价值观决定了你践行自己目标、愿景和使命的方式。这种方式应该与你的目标、愿景和使命携手合作，形成你的职业规划架构。例如，如果你重视诚实，你就会寻求此素质并把它作为一个基本原则来面对。如果你重视团结，那么你将努力确保自己的业务和工作环境的结构使每个人都能为共同的利益团结在一起。为了确定你的价值观，你需要回答“为什么”。

你的“为什么”是什么？让我们以苹果公司为例。史蒂夫·乔布斯在1997年回到苹果公司后，有了新的动力，围绕一个明确的目标来构建公司，这个目标将定义公司存在的本质。在一次内部会议上，他明确了这一目标，并宣布开展“非同凡想”（Think Different）运动。[185]在其演讲视频中，乔布斯曾自信地说：“我们必须让人们知道我们是谁，我们为什么存在。”乔布斯认为，苹果公司存在的原因是“我们相信有激情的人可以使世界变得更好……而那些疯狂到认为自己可以改变世界的人实际上就是可以改变世界的人”。[186]该声明是否告诉了你任何有关苹果设备处理速度的信息？没有。它有没有说到任何关于计算机的主要产品的事情？没有。乔布斯看到的公司价值远远高于其基本功能。苹果公司的目标声明“重塑未来”既将所有组成部分包含在一个简单的价值中，又释放了公司全体员工的创造力和创新精神，使之超越限制或做出改变。

现在花点儿时间写下你的目标、愿景和使命。不要一开始就想做到尽善尽美。因为随着你的发展，这些都会变得更加清晰。即使是最大的公司雇用专家来起草这些声明，也需要不断修正，不可能一步到位。

目标描述：____

使命描述：____

愿景描述：____

了解你的技能

实现职业成功的另一个重要方面是清楚地了解自己的技能。虽然你可能知道自己的优点和缺点，但它们很可能只是笼统和模糊的。对自己的技能定义不明确会导致职业倦怠，这在商界很常见。通过明确区分激励你的技能和导致你职业倦怠的技能，你将能够更好地对自己的职业道路做出更有成效的调整。选择那些你最喜欢的技能，避免那些你最害怕的技能，然后围绕你的激励技能来建立自己的生活方式，从而减少职业倦怠的机会，提高你按照自己的最高价值生活的能力。

硬技能和软技能

为了正确定义和选择你的技能，你首先应该了解两种不同类型的技能——硬技能和软技能。硬技能是那些客观的、有形的技能——能够被看到、被传授和被衡量的技能。这些技能可以在构建、分析和解决问题等领域找到。软技能更无形、更主观且不能被明确地衡量。区分两者的最好方法是，硬技能描述的是你做什么，而软技能则更多地关注你怎么做。例如，如果你是一名计算机程序员，那么你将使用许多技能，如项目管理、应用代码语言和测试程序。然而，为了有效地完成工作，你还必须与客户沟通，这样你才能对项目有一个良好且清晰的理解和定义，才能与团队成员进行沟通和有效地指导他们，从而完成任务并解决问题。这些都需要沟通、谈判、领导和个人掌控的软技能。这些技能有助于你与他人交往，并以专业而成功的方式进行自我交流。

虽然硬技能和软技能在成功公式中都是极其重要的，但随着技术革命的推进，软技能将发挥更大的作用。原因是机器人更倾向于高效地执行硬技能。因此，关注软技能的发展是一个可以让你超越大多数人的方式。为什么？因为当软技能领域发展相对较差时，我们无法对软技能进行教学和培训。一项涉及2万名新员工的研究发现，46%的人在工作的第一年就失败了。在这些失败的人中，89%的人涉及软技能的缺乏或态度问题，这些问题包括脾气不好、情商低、无法接受指导或缺乏动力。只有11%的人是由于缺乏技术上的硬技能。[187]显然，软技能对人们的成功是极其重要的。

这就把我们带入了一个在技术变革的商业世界中更常用的衡量标准的划分，在这个世界中，性格和智慧决定了一个人能否成功。这两种测量方法分别是智商和情商。大多数人都熟悉测量一个人心理智力水平的智商测试。而情商用来衡量一个人的情感能力水平，而且据发现，情商是成功公式中的一个重要因素。情商的概念在20世纪90年代由丹尼尔·戈尔曼（Daniel Goleman）提出，他写了一本同名的精彩著作，戈尔曼意识到智商对于成功的价值被高估了。这种说法的来源之一是斯坦福大学心理学家刘易斯·特曼（Lewis Terman）在1921年的一项研究，他观察了1 521名智商较高的儿童。最初的期望是参加研究的孩子们会因为他们的高智商水平而在后来的发展中取得很高的成就。然而，令人惊讶的结果是，在跟踪这些孩子的一生后，研究人员发现他们并没有比那些智商较低的人表现得更好。[188]这促使戈尔曼和其他人开始研究人们的情商能力，即如何识别情绪以及情绪在人们成功中发挥的作用。随后的研究表明，情商可以更好地解释人们的工作表现和领导能力。

尽管软技能和情商在影响人们的成功方面的重要性已经得到提升，但在你努力发展一项具有高度竞争力并受到追捧的技能时，保持平衡是很重要的。重要的一点是，商业世界正在发生变化，你需要有适应新的、不断发展的需求的能力。如果你真的想在持续不断的变革中发展壮大，那么你需要让自己与众不同，能提供行业、公司、客户和顾客所寻求的东西。

花点儿时间列出你的技能。根据你在每个方面的表现，给自己打1～10分。当你给自己打完分之后，在每项技能旁边写一个M代表激励技能或者B代表倦怠技能。将激励技能和倦怠技能分开。

激励技能1：________________________________

激励技能2：________________________________

激励技能3：________________________________

激励技能4：________________________________

激励技能5：________________________________

倦怠技能1：________________________________

倦怠技能2：________________________________

倦怠技能3：________________________________

倦怠技能4：________________________________

倦怠技能5：________________________________

你会想集中精力发展你的激励技能，多做你喜欢做的事。有些技能你可能喜欢，但也许还不太擅长。这都没关系，你可以集中精力发展这些技能。对于倦怠技能，通常你会希望做一些较少涉及这些技能的工作。然而，其中一些技能可能仍然是必要的。你仍然需要基本熟练地掌握这些技能，但最终你要足够了解它们，找到喜欢这些技能的合作伙伴。从本质上说，你应该尝试外包涉及倦怠技能的工作。

做市场分析

无论你的职业是什么，在管理你的职业时跟上商业趋势都是很重要的。商业内幕网（Business Insider）上有一篇由杰夫·威廉姆斯（Geoff Williams）[189] 写的题为《这就是30年后银行业和货币业的情况》（*Here's What Banking And Money Will Be Like 30 Years From Now*）的文章，这篇文章给出了人们对未来银行业的深刻见解。尽管该文章并没有明确地讨论职业发展，但如果你仔细考虑一下，你就可以看出它揭示了银行业就业和职业发展的情况。虽然我以这篇文章和银行业为例，但我们在其他领域的职业生涯中也可以看到同样的情况。有很多人从公司的角度谈论公司经历的变化，甚至“工作的未来”，但很少有人从个人的角度谈论这一切意味着什么，而这样的谈论其实是对个人有帮助的。

在这篇文章中，威廉姆斯先生使用了一些正在测试银行3D视频系统的例子，他还讨论了银行业经历的历史性变化——从面对面服务、自动取款机和互联网银行的兴起，到我们今天所看到的手机银行。尽管这些新服务为客户提供了更好的体验，但在职人员和新入职人员都需要了解当前的趋势，以及它们是如何影响工作的，甚至是如何影响你自己的工作和职业的。虽然很难说这些变化是否增加或减少了人们总体的工作量，但显然这些机会提供的工作类型是不同的。以自动取款机的兴起为例，银行通过安装和使用自动取款机可以减少银行出纳员的工作时间和分支机构的数量，从而节省了资金。然而，银行却需要更多的人来建造、交付、安装和维护这些自动取款机。虽然一些工作岗位消失了，但另一些工作岗位却被创造出来了。其结果是，人们转向了不同的工作，需要具备不同技能和兴趣的人来从事这些工作。

这个简单的例子说明你需要了解商业趋势以及它们是如何影响你的职业生涯和“你公司”的。例如，一项新技术的崛起将如何影响你目前的工作？它会让你的工作更轻松吗？它会对你的要求更高吗？你需要额外的培训吗？它会减少或消除你对职位的需求吗？它会在你所在的公司或其他公司为你创造更好的职位吗？

它会给你带来其他你可能还没有意识到的机会吗？你很有可能已经意识到了正在影响你所在行业的许多趋势，你甚至可以在自己的公司制订计划来跟随和利用这些趋势。但是，实际上每隔多久你才会花时间回顾一下，找出当前的趋势或者正在上升的趋势，然后利用这些信息并将其应用到你的职业规划中呢？

为未来做准备

为了应对未来的工作或业务，最简单的方法就是跟上技术和业务的发展趋势。技术或业务模型的最初用途并不重要，因为它们将扩展到其他用途和行业。也许你可以成为一个开发新技术的人，一个为新技术开发新用途的人，一个人可能在工作或家庭中使用新技术的人。也许一项新技术会毁掉你的公司或者抢走你的工作。有太多的技术发展得太快，以至你不可能成为所有这些技术的专家，甚至不可能注意到所有这些技术。然而，这不是你放弃的借口。在你有时间的情况下，尽你所能跟上时代的步伐。当你有一个价值10亿美元的想法时，要么眼睁睁地看着即将到来的技术使你的公司破产，要么开始学习能让你继续工作的技术。以下是某些技术的名词，其中很多已经开始进入商业和商业应用，你至少需要理解它们是什么以及如何应用。

- 人工智能。
- 区块链。

- 加密货币。
- 无人机。
- 量子计算机。
- 机器人。
- 航天工业。
- 3D打印。
- 新材料。

哪些市场趋势会影响你的行业或工作类别？

市场趋势1：________________

市场趋势2：________________

市场趋势3：________________

市场趋势4：________________

市场趋势5：________________

现在是时候把有关你自己的信息和市场状况结合起来，了解一下你对已知的即将到来的事情准备得有多充分了。要做到这一点，你需要通过SWOT分析法①来分析、探究你的优势和劣势，以及市场的机会和威胁，等等。[190]

① SWOT分析法，又称态势分析法或优劣势分析法，用来确定企业自身的优势（Strength）、劣势（Weakness）、机会（Opportunity）和威胁（Threat），从而将公司的战略与公司内部资源、外部环境有机地结合起来。EMBA（高级工商管理硕士）、MBA（工商管理硕士）等主流商管教育均将SWOT分析法作为一种常用的战略规划工具。——译者注

做你自己的SWOT分析

SWOT分析法自20世纪60年代问世以来，在企业界受到极大欢迎，它是战略规划中最著名的工具之一。SWOT分析法包含2×2矩阵中的4个元素，如图8–1所示。

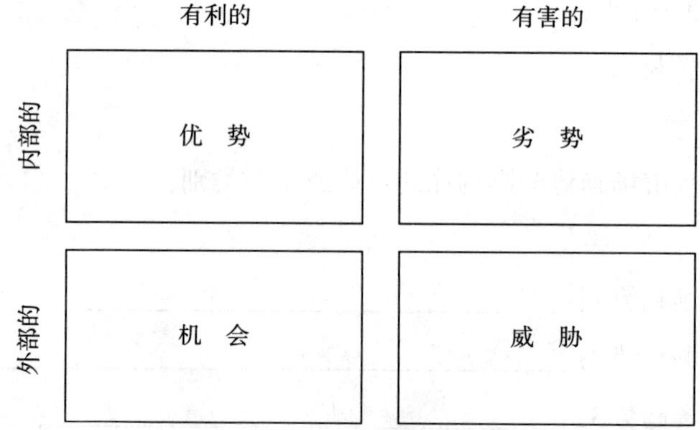

图8–1 SWOT分析法中的元素

如果你垂直地看这个分析，那么你会看到两列：有利的和有害的。如果你水平来看，那么你将看到两行：内部的和外部的。这些分析已建立了相应的象限，但大多数人不会思考或花时间对自己进行这样的分析。内在的有利的东西就是你的优势，外在的有利的东西就是机会，内在的有害的东西就是你的劣势，外在的有害的就是威胁。

优 势

无论外界发生了什么，如人工智能、机器人、经济变化等。

你必须确定自己的优势是什么。记住，你的优势不仅仅是你可以学到的硬技能。你的优势就是你是怎样的一个人，这就引出了一些重要的问题：在世界快速发展的过程中，你如何发挥自己的优势？如果机器人可能会取代你的工作，那么你的优势还可以用在哪里？

劣　势

现在来考虑一下你的劣势。了解你的劣势是很重要的。你是否需要集中精力进一步发展你的弱势项目，以达到足够高的能力水平来实现你的愿景；你是否应该聘请具备你弱势技能的人或与具备你弱势技能的人合作。或者，你应该完全忽略这些技能，选择另一个对你的成功而言不是必需因素的方向。现在，写下你对自己的专业领域存在的劣势的分析。

机　会

环顾一下四周，找出你可以利用的机会。要更广泛地思考，而不是只想着你想要的下一份工作。正如银行业的例子所展示的，在一个转向手机银行的世界里，银行柜员会有什么样的机会呢？只要你寻找，机会总是有的。正是在发生巨大变化的时候，下一代才会成功崛起。即使是在经济大萧条时期，对一些人来说，只要努力工作，也会迎来提高自己地位的良机。例如，在大萧条时期，大多数公司削减预算以求自保，结果许多公司将广告预算降至零。相反，宝洁公司则利用竞争对手缩减广告投放力度的机会，通过加大营销力度做出了相反的回应。宝洁公司并没有按照当时的商业惯例行事，而是利用了由此产生的真空期。这一大胆举措的结果是，宝洁公司不仅没有受到大萧条的影响，还以难以置信的品牌认知度走出了危机。

有没有你可以利用的情况？有没有可以帮助你实现目标的伙伴关系？市场上有能提供有利于你成功的垫脚石的职位空缺吗？现在，根据你个人的价值期望，写下你自己对市场上存在的可以利用的机会的分析。

威　胁

最后，考虑一下你的愿景可能面对的威胁也很重要。就像会遇到机会一样，你的努力也总会受到威胁。例如，你的职业生涯可能会受到正在发生的或即将到来的行业变化的威胁。也许有一些环境上的挑战会让你的愿景难以确立，或者你的成功意味着其他人的生意会突然变得过时，导致他们与你作对，阻碍你的成功。

你所奋斗的市场是否特别不稳定？是否有一些新技术会使你的项目过时？你的创新是否会威胁到现有的行业，这些行业是否想要破坏你的工作？现在，写下你自己对市场上存在的威胁的分析。

关键在于，你是自己事业的主人，而不是别人，你要对自己所取得的成绩负责。作为“你公司”的首席执行官，你必须问自己这样一个问题：你在为“你公司”的发展和繁荣做些什么准备呢？

现在，我们将把SWOT分析法应用到“你公司”上。要做到这一点，首先要仔细考虑你的愿景声明。请记住，你的愿景声明是一种令人信服的观点。通过实现你的愿景、使命和目标，你希望世界变成什么样。想想今天你周围的景象，问问自己在完成任务的过程中什么会助你一臂之力，什么会成为你的绊脚石。

我的优势是：________________________________

我的劣势是：________________________________

我的机会是：________________________________

我的威胁是：________________________________

你搜集到的关于自己和市场的信息对于你保住工作和拥有一个财务安全的未来是至关重要的。在开始制定你可以使用的可操作步骤（参见第十章）之前，我们将在下一章从储蓄的角度来研究其他可以保证你财务安全的方法。

第九章
在动荡时期保持财务的稳健

在第一章到第三章中，我们了解了工业革命是什么样子的，人们对自动化永无止境的追求，以及劳动力是如何被重新定义的。在第四章到第七章中，我们研究了破坏的本质、指数变化以及塑造未来经济和劳动力市场的力量。在上一章中，我们讨论了人们如何通过改变思维方式来保持收入，以及更深入地了解自己，这样你就可以更灵活并准备好驾驭变革的浪潮了。无论是全职工作、自由职业还是自己创业，就业都只是维持你财务安全的一部分。但如果你确切无疑地知道三年后你将失去工作，那么你会怎么做呢？你今天会采取什么行动呢？

有收入只是你需要考虑的一部分。你的积蓄呢？保险呢？医疗保健呢？栖身之所呢？那么，现在就做自己的首席财务官吧！你最好也同时兼任你的首席风险官、首席投资官、首席技术官、首席人力资源官、会计总监和税务总监，以及应付账款、应收账款的财务主管和簿记员。

从会计的角度来看，有两种类型的资产——有形资产和无形资产。有形资产是你可以持有或拥有（可触摸）的资产，你的有形资产可能包括银行账户、房地产、加密货币、贵金属、现金和其他类似物品。你的无形资产是你不能持有的资产，包括你的知识、直觉和个人品牌等。

当深入了解第四次工业革命的破坏性时，你还需要考虑你的资产会发生什么变化，以及如何在这一过程中管理你的资产。事实上，你可能需要依靠你的资产来渡过难关，比如失业或健康问题等。通常，我们不会刻意管理我们的资产，如果管理的话，也只会遵循我们听到的一些规则或建议，进行长期投资，然后便不再操心了，比如存6个月的工资作为应急基金，在退休账户里存300万美元。但是，你再仔细想想，如果工作、公司和行业都被打乱了，那么你的财务生活的方方面面都很有可能会遭到破坏——从你的银行账户到你支付账单、保险、储蓄和投资的方式，都会遭到破坏。在新的技术、巨大破坏和指数变化的情况下管理有形资产和无形资产，你需要了解一些可供选择的方式，并且知道如何采取行动以及何时采取行动。

如果这还不够，那么我们需要考虑这些新技术将如何改变我们的生活。例如，医学和基因组学的进步可能导致人类的寿命延长几十年。我们需要从根本上改变对退休的理解——即使是那些已经退休的人也可能从这些进步中受益。你对人寿保险的需求会改变吗？如果70岁被定义为中年，那么你还能找到工作吗？你能存够70年的退休金吗？老年人的社会保障体系会发生什么变化？

这些都是前人从未问过的问题。虽然这些奇迹并不会在今天全部发生，但它们也不像科幻小说中的东西那么令人难以想象。

你应该考虑一下，如果你能活得更长久，那么你会做些什么。

好消息是，剧烈的变化尚未到来，你还有时间思考。但是，你也不想成为“温水煮青蛙”的受害者。也就是说，如果你把一只青蛙放在沸水里，那么它会跳出来。但是，如果你慢慢地提高水温，那么青蛙会习惯这种逐渐的变化，最后被煮熟。要理解不断变化的动态，它们对你的意义，以及你需要学习什么，你才能在新机器时代繁荣兴盛，这些都需要时间。最好从现在就开始考虑并做准备。

质疑你认为自己知道的东西

传统的理财建议是，如果你失业了，那么你应该有一笔应急储蓄基金，用来支付你一段时间内的花费。关于储蓄多少的问题，不同的人会给你不同的建议，通常是3～12个月的工资。为什么是这个范围呢？传统上，如果你在第二次世界大战后典型的经济衰退期间失业，这就是你找到工作所需要的时间。当经济衰退时，制造商可能会放慢生产速度或关闭生产线，直到需求回升，那时你才被重新雇用或者找到其他工作。

当受到冲击时，整个行业会发生什么呢？多个行业同时受到冲击时会怎样呢？当技术同时快速变化时会发生什么呢？当经济再次复苏时，你就不再需要储蓄基金了吗？经济大萧条给我们提供了一些洞见。图9–1显示了失业人员可能会失业的平均月数。请注意，这是平均值，因此有些人会很快找到工作，而另一些人则需要更长的时间。还要注意的是，如今人们的平均失业时间几乎翻了一番！而且，在达到峰值近10年后，平均失业时间仍高于第二次世界大战结束以来任何经济衰退期的峰值。当自动化浪潮和其他破坏发生时，失去工作的人们将要为长期失业做好准备，时间很可能长达数年。

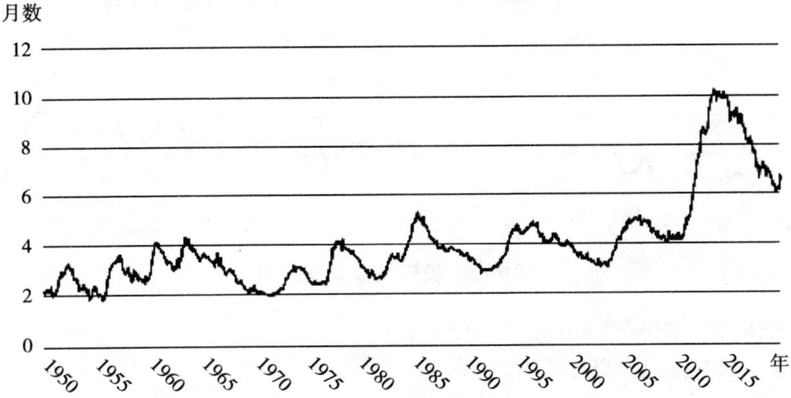

图9–1　人们失业的平均月数

资料来源：美国劳工统计局，LNSL3008275。
按16岁以上失业人士的平均周数计算出的月份（经季节性调整）。

图9–2显示了长期失业（失业时间长达27周或更长时间）人员的数量。从经济政策的角度来看，经济学家通常会把这个数字与当前的劳动力规模联系起来考虑。当然，劳动力的人口数量会随着时间的推移而增加，因此从这个角度来看，失业人员数量上升是必然趋势。对于整个经济而言，长期失业人员数量上升可能不是问题，尤其是在机器人和算法能继续让企业运转的情况下。然而，我们谈论的不是各国的经济政策，而是你自己的经济状况。

因此，你需要了解你可能要面对的环境，及你要和其他数百万人一起面对的环境。

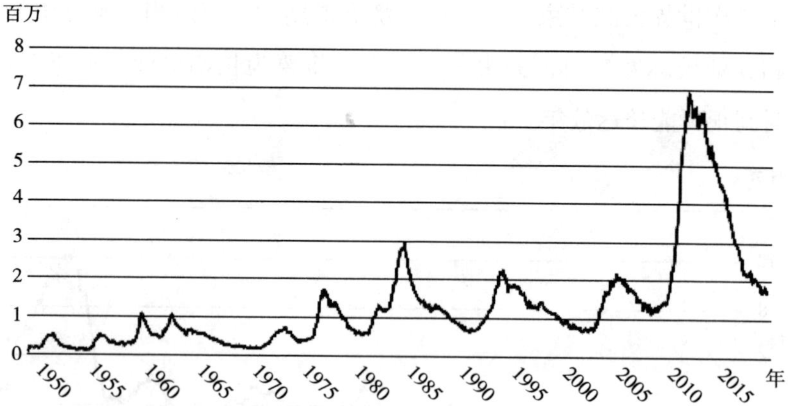

图9–2　长期失业人员数量

资料来源：美国劳工统计局，LNSL3008275。
失业达到或超过27周的16岁以上人员数量。

你的看法和反应在很大程度上取决于你自己的情况，其中许多都与年龄有关。你的职业生涯处于什么阶段？你有多接近退休生活？你有多少积蓄、多少债务？你现在和将来应该合理关注哪些风险？这些问题的答案与你的年龄有很大关系。为了便于讨论，我们从以下几代人的角度来分析这些问题。

- 婴儿潮一代。作为一个群体，婴儿潮一代在未来10年左右要么已经退休，要么接近退休年龄。婴儿潮一代的一些人可能会在其职业生涯结束时不会受到自动化的直接影响，另一些人会因为自动化而不得不提前结束他们的职业生涯，这时他们发现找工作很困难，甚至不可能找到工作或者需要学习新技术来获得一份工作。除了传统的年龄歧视问题之外，他们还要面对其工作经验不再受重视的问题。伴随科技成长起来的拥有商业头脑、薪水较低、生活问题较少的年轻员工，将越来越容易在就业市场上胜出。当然，婴儿潮一代的一些人能够很好地驾驭这种变化，但就像一场抢椅子游戏一样，即使每个人都很优秀，也不会有适合所有人的椅子。拥有储蓄的婴儿潮一代将有机会投资未来的技术，并获得回报。其他人也许可以自己创业。婴儿潮一代需要考虑的是，如果他们失去了工作，并且连续多年也找不到一份薪酬差不多的工作（如果最终能找到的话），那么他们会怎么做。

- X一代：你的工作和职业生涯将受到自动化的影响，以及来自技术和商业模式的干扰。好消息是，你的成长过程一直伴随着技术进步和一些破坏；坏消息是，未来的技术将是不同的，要充分利用这种技术，你需要学会以不同的方式思考。你要么正处于事业的鼎盛时期，要么正接近事业中最赚钱的那几年。你的未来不会像你的父母的未来那样，当然，你是知道这一点的。

　　这种影响将取决于你的职业是什么。高管们不太可能将自己的角色机械化，他们需要做出有关使用新技术的决策来维持业务，并了解来自其他行业的或看起来不知从哪儿来的竞争对手。员工需要了解并学习使用新技术，并了解新技术对其工作造成的威胁以及在公司经历变革时的生存能力。高管和员工都需要知道，他们在面临失业时有哪些选择。重要的是，你要明白，当涉及新技术时，你可能比年轻的求职者的知识更少、花费更高，你将如何与他们竞争工作和业务呢？

现在是时候整顿一下你的财务了，减少债务、增加储蓄并投资开发新的知识和技能至关重要。与其他任何一代人相比，X一代通常处于不稳定的境地，他们要么能够利用第四次工业革命带来的变革浪潮，要么被这股变革浪潮淹没。你需要关注事态的发展，制定如何应对并保持相关性的战略。学会与X一代中比你年轻的人（千禧一代）合作，以便利用你的商业头脑，这可能会让你走上一条成功之路。此外，你还需要有一项备用计划。

- 千禧一代：你们当中年纪最大的人已经开始对世界产生影响了，而年纪最小的人还在上学。好消息是，你们这一代人正在推动许多变革，并且已经学会了一些未来的技能。这并不意味着你将很轻松地度过第四次工业革命，尤其是如果你背负着教育债务的话，情况就更不乐观了。在你职业生涯的早期，当技术发生变化时，你的优势在于会比老一辈人损失得少。你可以承担更多的风险，经历失败，然后重新振作起来，并变得更加成熟和明智。你也需要密切关注技术的发展，继续学习和使用新技术。你要长期成功的关键是培养领导力和管理能力，提高业务技能。寻求与老一辈人的合作，利用他们的知识和技能，帮助你把想法变成现实。

建立你的有形资产

在发生这么多变化的情况下，很难知道该如何准备你的储蓄和投资，以及如何调整你的策略。这主要是因为我们大多数人都听过一个关于储蓄和投资的故事，这在20世纪中期是一个合理的、普通的建议。在第四次工业革命中，你仍然可以遵循这一建议——只是做了一些修改，你需要特别关注那些将从破坏中受益的公司。

你既要挑战你所知道的，也要了解投资的其他可能性。加勒特·冈德森（Garrett Gunderson）在他的《杀死神圣的奶牛：战胜破坏你繁荣的金融神话》（*Killing Sacred Cows: Overcoming the Financial Myths That Are Destroying Your Prosperity*）一书中，挑战了财务规划的传统智慧，并表明用现有技术和策略管理个人财务会有不同的更安全的方法。[191]你的401（K）计划①是个陷阱吗？还有其他更好的选择吗？价格和价值之间有什么区别吗？过去的好策略不一定是今天或明天的好策略。

但是，有什么替代方案呢？学校里不教这些。大多数父母甚至不知道有哪些选择，因此无法教育他们的孩子。代际财富不

① 401（K）计划也称401K条款，始于20世纪80年代初，是一种由雇员、雇主共同缴费建立起来的完全基金式的养老保险制度。——译者注

仅仅是把钱一代代传下去，对于一些家庭来说，传递的更是教育和生活方式。下面，我们将介绍其中的一些替代方案。从两个角度来看待每种可能性很重要：一方面，你要从寻找回报的投资者的角度来看；另一方面，你要从寻求投资以获得发展的企业家的角度来看。充分了解每一种可能性也是非常重要的，以便你可以决定哪种可能性对你来说是最好的，这样你就可以更多地了解它们。把钱投到你不了解的资产或活动是一种赌博行为，而不是投资。花些时间去学习，根据需要在书籍、培训课程和导师上花些钱——无论是为了进行更好的投资还是为了避免昂贵的投资，你在知识上的投资都是值得的。

投资选择的民主化

新技术、商业模式和法规的强大优势之一就是投资选择的民主化。你不再局限于股票、储蓄债券、定期存单、货币市场账户和储蓄账户。如果你正在创业，你就不再局限于家庭或亿万风险投资家的资金。以下是一些你现在可以使用的选择。

- 众筹。这是一种从公众那里为你的企业或项目筹集资金的方式，而不是从风险投资家、天使投资人、银行或其他资方那里筹集资金的方式。尽管在此之前众筹就以某种形式存在，但是《2012年就业法案》（JOBS Act of 2012）[192]将众筹合法化了。企业家和小型企业在众筹网站上发布他们的项目描述，并告诉投资者他们的投资回报是什么。众筹分为奖励型、捐赠型和股权型三种。基于奖励的众筹通常会提供产品或产品包作为对其投资的奖励；基于捐赠的众筹寻求无偿的财务贡献，通常是针对自然灾害等慈善事业，或者是为有价值的事业筹集资金；基于股权的众筹是把企业的部分所有权交给出资人。[193]

- A条例①。美国证券交易委员会的这一条例允许小企业在筹集资金时不必遵守大公司发行证券时必须遵守的同样水平的资料公开要求和文件要求。对于那些寻求资金的人来说，有两种投资层级：第一层级允许其在12个月内获得最多2 000万美元的资金，第二层级允许其在12个月内筹集最多5 000万美元的资金。潜在投资者的资金池也开放了，非认证投资者可以将其收入的一定部分投资于A条例所监管的股份。[194]无论你是想融资还是投资，重要的是，你都要先了解这些规定，并寻求适当的建议，以确保自己不违反证券法。不要等到一切都准备好了才开始学习，现在就开始学习，这样一旦有机会或有需要，你就已经准备好了。
- 首次代币发行（ICO）。[195]随着最近区块链或分布式账本技术的兴起，许多公司开始将数字“货币”作为筹资手

① A条例，2015年，美国证券交易委员会发布了修订后的A条例。简单而言：A条例允许私企从投资者手中筹集5 000万美元的资金（其中包括未经认可的投资者），并对企业使用的豁免政策进行严格把控和要求；企业必须向美国证券交易委员会提交一份详细材料以获取审查和批准资格。A条例抵补成本的优势在于其允许企业广泛征寻公众参与到融资活动中。——译者注

段。首次代币发行还处于起步阶段，尚未受到监管来确保投资者的财务保障。一些国家已经完全禁止了首次代币发行，而另一些国家则在谨慎观望。那些将首次代币发行作为融资手段的公司通常会有一份白皮书来解释它们的项目和它们计划达到目标的路线图。一旦筹集到资金，这些数字货币就会通过某个加密货币交易所分发给其投资人，或者存放在你电脑的钱包里，或者其他安全的地方。像任何一家初创公司一样，提供首次代币发行服务的公司可能会做得很好，也可能会因崩溃而导致数字货币变得一文不值。现在是开始自学首次代币发行的好时机，了解它们是如何运作的，你便可以进行投资或通过首次代币发行筹集资金。小心！你可能会赔钱，或者违反证券规则和税法。

- 天使投资。[196] 另一个为你的企业筹集资金或为获得回报而投资的资金来源是天使投资。天使投资人有兴趣帮助小型企业创业，[197]虽然他们确实期望投资能有所回报，但他们投资的目的往往是帮助企业成功。天使投资人使用自己的资金，通常需要满足认证投资者的要求，尽管有时也会有非认证投资者的参与。有更多的人有资格成为天使投资人，或者有一天会成为天使投资人——只是他们没有意识到而已。[198]
- 个人对个人借贷。另一种投资或为项目募集资金的方式是通过个人对个人借贷。与其去银行贷款，还不如从那些有钱人那里借钱，他们想要的投资回报要高于他们在储蓄账户、存单甚至股市投资上的低利率。有一些平台可以帮助潜在的贷款者和借款人之间建立联系。一般来说，这些贷款都是小额贷款。当然，也存在着企业破产和贷款永远无法被偿还的风险。

- 自导向个人退休账户。除了大多数金融服务公司提供的典型共同基金、股票和债券之外，还有更多可供你投资的选择。自导向个人退休账户可以帮你投资任何东西——租赁房产、贵金属、宝石、加密货币，甚至可以让你做早期创业公司的天使投资人。如果你能找到一个托管人来管理你的账户，那就更好了。当托管人处理交易、记账以及任何资产时，你可以指示资金的使用地点和方式。自导向个人退休账户维护成本更高，因此有更高的费用、更高的风险和更高的潜在回报。

精明的投资

在不断变化的时代，强大的投资组合一直是安全的基础支柱。在过去，投资过程要简单得多，你只需要识别出那些正在崛起的巨头，并对它们进行投资即可。然而，随着世界的全球化，技术打开了更多投资选择的闸门，精明的投资实践从单一化转向多元化。这些新的投资选择利润丰厚，同时也更具有破坏性。为了弥补更多、更大的潜在损失，一个人的投资组合需要包含更广泛的投资方向。人们必须对旧的投资方式做出调整，以便在更广泛的商业竞争环境中抵御越来越多的风险。

投资实践的必要改变是如何在瞬息万变的世界中处理不确定性的一个很好的例子。整个过程不能像那个众所周知的谚语——把孩子和洗澡水一起倒掉——一样，而应该进行重组，以迎接新的挑战。投资仍是改变的关键因素，只是投资程序必须再次调整，以更好地应对即将到来的破坏。由于技术是即将到来的变革的基础，所以随着技术的发展和其他可信任因素的崩溃，那些最能有效开发和利用技术的公司及组织能够获得最佳的投资回报率，也会拥有保持经济健康的最佳机会。

一旦确定了提供投资机会和驱动利润的关键因素，你就可以开始搜索那些在转型期间提供最佳投资回报率的公司或组织。我们已经发现，先进的技术和深陷债务泥潭的摇摇欲坠的经济是变革的主要驱动力，这一特征大大缩小了投资搜索的范围。根据这些要素，有一些标准是潜在的投资来源应积极追求和参与的。以下是人们需要考虑的一些关键标准：

- 努力解决问题。你感兴趣的公司或组织正在采取措施，积极地使用可行的方法解决问题吗？正如我们已经讨论过的那样，许多公司的领导、董事会和委员会试图采用过时的、无效的方法来应对迅速变化的问题，这种做法最终将导致公司的消亡。然而，那些在变革时代到来之际积极使用革命性技术而不是抵制技术进步的公司，最有可能蓬勃发展。这个过程应该包括客户的积极参与，因为这可以衡量公众对新技术的反应。

- 前瞻性的执行计划和合格的管理团队。公司或组织应该有一个明确的执行计划，能在未来的趋势成为现实之时，将其从当前的绩效标准转化为持续的绩效产出。尽管这样的策略非常关键，但它的好坏取决于实现它的管理团队。因此，你还应该确保有一个合格的管理团队，这个团队不仅包括那些在判断现代趋势和实践方面经验丰富的人，还包括那些具有远见卓识、能够透过面纱看到未来世界的人。
- 多元化能力扩展。公司或组织是否投资于多元化能力的扩展？正如企业在向全球扩张时多元化在企业投资中发挥着重要作用一样，它在从传统商业模式向技术商业模式的成功转型中发挥着更大的作用。那些寻求在必要范围之外扩大自身能力，并在信息技术和机器人系统方面进行更广泛投资的公司，将获得市场优势。
- 技术系统的实现。如果公司和组织正在扩展其能力，那么它们是否有能力、人力和手段来成功地实现其技术系统和项目？渴望和计划转换新技术是一回事，但是能够真正实现这些渴望和计划则完全是另外一回事。
- 明确的价值风险比。具有良好投资潜力的公司或组织应具有明确的价值风险比。风险是投资过程中自然存在的一部分，但你希望确保你的投资价值等于或大于所涉及的任何风险。成功前进的企业通常是那些对自身价值如何超过投资者风险有着清晰和现实认识的企业。

- 增长潜力。你投资的公司或组织不仅要提供一个清晰的价值风险比，还要证明它具备实现高速增长的条件，特别是能应对快速变化的时代所产生的挑战。它们必须能够证明自己有能力识别和利用市场机会，并证明自己有能力理解和应对市场中的客户群和竞争对手。
- 可持续的竞争优势。理想的投资目标在潜力和现实方面都将处于领先地位。这包括在流程中进行积极的升级，吸引资金充足且具有未来愿景的新的投资者的注意力。这样的公司或组织会有相对较少的与它们的规模一样大的或者比它们的规模更大的竞争对手。这种商业环境为投资目标提供了获得竞争优势的最大潜力，从而在瞬息万变的全球市场中实现可持续发展。
- 投资回报率。当然，向任何公司或组织投入资金的底线是获得的投资回报即使不是最高但也不能太低，这一点在这样一个正在做自由落体的急速动荡而又不确定的时代里尤其重要。在稳定时期，在损失并不严重的情况下亏损是一回事；但在动荡时期，投资资本的损失就可能意味着迅速失败，会导致进一步的损失。随着技术、经济、商业和社会环境的变化，掌握我们在前面提到的几点将有助于你的投资获得良好的回报。

罗斯401（K）计划和罗斯个人退休金账户

罗斯401（K）计划提供了一些优势，值得我们考虑。罗斯401（K）计划不同于传统的401（K）计划和个人退休金账户（IRA）计划，因为你在这些计划里的资金是税后的。既然你已经为你的资金付了税，那么在混乱时期，在储蓄的背景下使用这些计划则有两个重要的含义：根据计划的规定，你可以提取费用而无须交罚金；当你有资格取款时，提取增长的资金是免税的。

如果你失业了，需要一些钱来支付账单，那么你在不需缴税和没有罚款的情况下取出资金对你来说是有益的。因为你已经交了税，所以你可以取钱。你需要了解的重要问题是，如果这笔钱存在罗斯401（K）计划中，那么按照你所在公司的计划规定可能不允许你在受雇期间提取这笔钱。在这种情况下，当你因为失业而需要使用这笔钱时，你只需将罗斯401（K）计划中的这笔钱转到罗斯个人退休账户中就可以了，这需要一些时间。终止后可能需要大约4周的时间才能允许进行展期，展期可能也需要几周的时间。如果你把钱存在一个计划账户中，那么你也可以在遇到困难时将钱取出来，但最好是从罗斯401（K）计划中提取而不是从传统的计划中提取。从传统的计划中提款总是需要支付税款的——或许失去工作后，你的税率会降低。这里的关键是，当这种时刻到来时，你有可供选择的选项。当然，你应该咨询你的税务顾问或个人财务顾问，以了解细节并权衡你的选择。

如果你投资于高增长的业务或其他资产，罗斯401（K）计划的免税增长也很重要。假设你投入了1万美元，而它增长到了10万美元，因为你为这1万美元付了税，所以你可以免税提取这10万美元。在传统的计划中，你不需要为这1万美元纳税，但你在取款时要为这10万美元纳税。如果你在退休储蓄中投资风险更大、潜在回报更高的资产，那么这将是一个重要的参考因素。当然，你应该咨询你的税务顾问或个人财务顾问，从而清楚地了解所有的风险和收益。

投资于无形资产

在人工智能、机器人技术和自动化时代，你的无形资产将你与机器分离开来。你的无形资产包括你的技能、知识、声誉或个人品牌等等。其中一些资产正在贬值，意味着它们的价值将越来越低，甚至可能一文不值。例如，在当今这个充斥着电脑和智能手机的世界里，一个熟练的打字机维修工几乎没有什么价值，尽管曾经有一段时间，打字机维修是一项获利丰厚的技能。我们一定要投入时间和金钱来开发和增加无形资产的价值，然而我们却经常错误地认为我们不需要投资，或者认为其他人（比如他们的雇主）应该投资我们的发展。在某种程度上，我们的经济状况取决于我们对自己的投资。

加强学习

教育是另一个人们仍在沿用旧的方式和方法的领域，而如今巨大的变化已经使我们大部分的学习内容和学习原因变得多余或不足。人们常常把重点放在获得学位的过程上——不论是什么学位，却没有在哪些学位适合迅速变化的世界上得到太多的指导。大多数小学、高中和大学仍然遵循这样的模式，让学生按顺序排好座位就座，服从权威的命令，在专门设计的测试中表现良好，进行机械的思考和行动。这种形式的教育曾经能很好地服务社会，因为那时需要人类的机械性能来进行大量单调的制造类和办公室类工作。

然而，正如我们所看到的，我们周围的世界正在以惊人的速度发生着变化。为了跟上时代的步伐，我们必须从根本上改变教育的实施方式。需要重复行动的工作正在被机器人和其他形式的高科技接管，学生一心只想“获得一个学位，不论是什么学位”，而获得的许多学位都已经过时，并且很快会成为机器人技术以及它们所激发的革命性变革的牺牲品。但更糟糕的是，有些人放弃大学教育，寄希望于在没有受过大学教育的情况下找到长期的持续性的工作。对于在高中毕业后结束其教育活动的很大一部分学生来说，这样做也确实发挥过作用，但那是在当时的社会有大量不需要学位的制造业和服务性工作的情况下。如今，这类工作正在迅速消失，或者正在由更便宜、更高效、更有生产力的机器人来填补。

我们为了能在这种重大变革中保持经济稳健，改变教育目标是至关重要的。如果你想获得学位，那就考虑STEM领域，这些领域都涉及新技术的创造和开发。如果你不是那种“大学类型”的人，或者你负担不起那么高的费用，那就考虑贸易学校，它们可以提供你与不断变化的与商业环境息息相关的技能。

增加关于尖端技术和前沿发展的教育，以及增长相关知识，会让你比那些跟不上时代的人更具优势。

提高技能

你可能已经获得了计算机和机器人相关领域的学位或参加了其他培训，愉快地投身于一份令人满意的职业。然而，明智的做法是不要止步于此，而是继续在该领域学习，并在与之密切相关的领域扩展知识和技能。这样做有几个重要的原因。首先，在竞争中保持你的知识和技能的水平，这将令你在当前和未来的工作和项目中脱颖而出。其次，随着商业和社会格局继续以指数级规模变化，你今天所看到的必将在明天发生改变。

随着技术“网络”的不断发展，你还应该获得与你的特定领域相关甚至平行的知识和技能。例如，对某种机器进行维护的工作，这通常还要求你至少对操作它的计算机系统有一定的了解。如果你目前在酒店管理部门担任职务，你就要去学习信息技术领域的相关课程。平行职业越来越受欢迎，尤其是在面临就业市场日益快速变化的Y一代中。

就像金融投资一样，你应该多元化你的个人教育和培训投资组合。这样的话，如果重大的变化到来并影响到你现在的工作，你就可以通过从事另一个你一直在准备的职业来规避这种影响。平行的职业培训和技能磨炼也是明智的，因为商业世界比以前更加不稳定。为了保持竞争力，越来越多的公司被迫选择裁员，其中许多公司正转向机器人系统。如果你的管理或行政工作受到威胁，那么你可以转到信息技术、计算机分析或其他需求更大的职位。在通常情况下，这些领域的新工作比你失去的工作薪酬更高，或者至少更高。

你在新兴领域或即将展开的领域拥有的知识和技能越多，你就越能成功地应对变革。

成为资源磁场

在任何尝试中，资源都是一个重要的方面。无论你是一支即将奔赴战场的军队中的一员，还是一名深入未知领域的探索者，抑或一个有创业想法的人，你都需要通过良好且稳定的资源来完成任务。如果在开始时你无法搜集到所需的资源，或者在此过程中将某个阶段资源耗尽，失败就近在眼前。因此，如果你想获得成功，那么在启动阶段和整个过程中获取资源便是你的一项必要的技能。每一次创业都需要一定额度的资金来启动，你的愿景和期望越大，你需要的创业资本就越多。一旦你的项目启动并投入运行，你的资金必须能满足当前的运营需求，支持你销售的产品，做好服务，以及满足其他需求。如果你想发展自己的业务，那么你将需要额外的资金来获取或扩大办公空间，增加或更新设备，雇用更多的人员，等等。

尽管成功地推出一个想法，并对其进行维护和发展所需要的大部分资源是资金，但还有其他同样重要的资源。你还需要有合适的人脉，他们要么会给你支持，要么会给你指出谁可以支持你。你不能单枪匹马作战，这是一个事实。你需要其他人在各个层面上推动你的事业的发展，他们会打开你尚未意识到的机会之门。"适合的人"也适用于你决定雇用的人，如果你雇用那些不适合你愿景的人，那么他们最终可能会花费你大量的时间和金钱，并威胁到你的目标的实现。你还需要良好而又持续的必要资源供应，以满足你的需求。例如，如果你生产一种饮料，那么你将需要水、糖、添加剂、瓶子、盖子、标签等物资的稳定供应。如果你的供应链出现故障，那么你的业务也会受到威胁。

今天，几乎生活的每个领域（比如商业市场、社会互动、产品和创意流等）都在全球范围内不断扩大，这点既有积极影响，也有消极影响。积极地说，全球交流和互动带来了大量的机会，而仅在几十年前，这些机会还不属于普通人。人们由于旅行、交流以及与"适合的人"接触的能力有限，只有少数有能力获得宝贵资源的人才获得绝佳的交易机会。基本上，如果你不认识合适的人或不富有，你想创业并将一个商业创意发展到全国乃至全球的机会就微乎其微。然而，物联网的全球访问已经消除了堆积如山的障碍，它让普通人获得了机会和资源，并让他们以前所未有的方式开始自己的想法和项目。

全球扩张给那些想要在世界上留下自己印记的“创业者”带来了一些艰难的挑战。随着全球开放的大量机会一起到来的是大规模的竞争。你可能会找到更多获取资源的方法，但其他数十亿人也是如此。市场更大，但提供与你相同或类似产品或服务的人也要多得多。你可以接触到更多的投资者，但他们的注意力也被其他众多寻求资源的人吸引。

为了在日益全球化的世界中取得成功，你必须能够获得克服障碍所需的资源——随着世界进入机器人时代，这些障碍只会变得更具挑战性。随着机器人取代越来越多的工人，那些失去工作岗位的人将寻求其他谋生方式，从而形成一种更强的竞争氛围，以争夺他们赖以生存的资源。纯粹的资源需求会导致资源的稀缺，一旦出现这种情况，资源的价格就会上涨。

如果你想在这个全球经济呈指数式增长的时代取得成功，那么你必须成为一名艺术大师，吸引那些拥有你所需资源的人，而这需要你具备某些技能。请记住，快速增加的竞争对手正在与你寻求相同的资源，所以要回应那些符合你特定标准的供应商——无论是金钱、人才的供应商还是物品的供应商，提供给他们最佳的投资回报。

可以吸引资源供应商的一些特质包括以下方面：

- 有独特的想法。有数以百万计的人想要推广他们的想法，但精明的投资者、工人和供应商会在寻求支持的人山人海中寻找独特的想法（或者以独特的方式提出的既有想法），并给予他们支持。

- 开发价值。资源供应商也要寻找能够证明价值增长潜力的想法和项目。如果你在你的项目中开发了价值，并且能够显示出其真正的增长潜力，那么这将更能推动投资者和供应商支持你而不是其他人。
- 展示创业者的特点。当你启动一个项目时，你在推销自己想法的同时，实际上也是在推销自己。那些挖掘资源的人会在倾听你的销售说辞时寻找你内在的某些品质。为了更有效地吸引你所需的资源，你应该向投资者和供应商证明你具备成功的关键要素，包括激情、知识、投入、灵活性、坚韧和人际交往能力。你越全面地表现出你的创业者的特点，人们就越有可能支持你和你的事业。
- 聚集一支优秀的团队。经验丰富的投资者和供应商都清楚，无论一个想法多么令人印象深刻，如果没有合适的团队参与，那么它都不会成功。选择那些能领悟你的目标并且和你一样对成功充满激情的人是至关重要的。提供资源给你的人都知道，这样一个组织良好的团队会竭尽全力取得成功，而不会在中途遇到压力的情况下崩溃。

利用技术获得竞争优势

很明显，我们正处于这样一个阶段：先进的技术几乎出现在社会的每一个角落，我们无法阻止它。人工智能系统开始主导逻辑推理过程，并开始学习掌握模式的识别过程。人工智能系统已经在某些领域超越了人类，比如，执行数学方程，提供复杂问题的解决方案，执行精细的手术，以及诊断各种疾病，等等。尽管机器人在诸如任务的准确性、性能和智能等越来越多的领域正在超越人类，但它们仍然缺乏基于道德和伦理的决策能力。例如，自动驾驶的人工智能汽车不会停下来帮助一位老妇人过马路，提供医疗建议的人工智能机器人也不能给一位痛苦的病人提供安慰或情感反馈。

与其担心它们的到来，抱怨它们可能带来的所有负面影响，不如谨慎地利用人工智能、机器人和其他形式的先进技术的力量来造福我们的生活，创造一种创新优势的氛围。正如我们所讨论的那样，不断扩大的全球市场正在加剧竞争，我们需要利用现有的工具脱颖而出。在快速变化和充满未知的时代，我们需要像杂技表演一样的技术来完成这样的特技，还需要识别人和机器的潜力并将其最大化，以实现优化的结果。

获得竞争优势的做法已经存在了几十年，不同之处在于，今天的技术（比如人工智能）对众多领域都产生了同样的影响。它的发展速度非常快，使得基于线性思维的规划变得越来越不可能。传统的吸引和留住客户的方法，分销产品和服务的方法，以及管理资产的方法本身已经不足以在日益增加使用先进技术系统的大环境中维持下去。新技术给公司带来了优势，但这种优势是短暂的，因为越来越多的组织正在部署类似的技术，即使是由于今天的技术而领先的系统也会很快被明天开发出来的新技术淘汰。

个人品牌

你最宝贵的资产就是你自己。毕竟，你是自己当前所有收入和储蓄的来源，也是未来所有收入和储蓄的来源。正如我们在前一章所看到的，你的个人品牌不仅仅是一种定位陈述，更是一种对你是谁以及你真正代表什么的深刻陈述。要想增加个人品牌的价值，我推荐你按照建立个人品牌（Reach Personal Branding）网站中所描述的三步法来进行操作。[199] 该三步法可以总结为提炼、表达、发散，你可以在该网站上查看详细信息。因为你的品牌是你最宝贵的资产，所以你需要使它不断成长和发展。这包括努力让自己更好地了解不断发展的自己，重新评估自己的兴趣和优选项目，与世界沟通，让大家了解你是谁以及你的价值，还要确保你在生活中与你的个人品牌是真实一致的。别人看到你能创造的价值——无论是金钱上的价值还是对他人生活的积极影响的价值，决定了他们会不会成为你的支持者，会不会成为你的顾客，会不会拥护你。一个强大的个人品牌会为你打开一扇门，让你比那些价值不高的品牌更容易受到额外的青睐。

社交媒体

在社交媒体平台上拥有一席之地，并与你的个人品牌保持一致，正变得越来越重要。领英、脸书、推特、照片墙（Instagram）、GitHub[①]等社交媒体平台以及众多其他平台给人们提供了许多益处，那些不愿意参与的人会发现自己越来越落后，甚至与世界脱节了。

无论你的角色（如员工、企业家或董事会成员）是什么，社交媒体都是从潜在客户到雇主等任何人那里了解你是谁，你是否具备合法资格，以及你的性格和个性的第一个地方。这就是在社交平台上始终如一地展示你自己，并确保人们了解你是谁很重要的一个原因。如果你认为限制你与某些观众分享的内容可以防止人们产生错误的印象，那你就错了。与我们最亲近的人往往最不可能在我们的事业或职业上帮助我们，因为他们对我们的理解最不明确，而你可能正与他们分享你最糟糕的一面。虽然你可能会避免展示你头顶灯罩跳舞的照片给你的朋友，但这就是他们对你的印象。他们可能也不会推荐你去做一项工作或签一份合同。

社交媒体也为你提供了展示才华和能力的机会。有些网站允许你与实时视频进行交互，有些网站允许你发布文章、共享演示文稿等等。以这些方式分享既能帮助你被正在寻找你所具有的技能和才能的人发现，也能核实他们的身份。对于那些领导和意见领袖，以及那些希望进入此类角色的人来说，社交媒体为你提供了一个展示自己和个人品牌的有价值的平台，它还能帮助你在人们搜索时被发现。

在自动化和机器人时代，拥有强大的社交媒体影响力对你的

① GitHub是一个面向开源及私有软件项目的托管平台，因为只支持Git作为唯一的版本库格式进行托管，故名GitHub。——译者注

长期成功将变得越来越重要。因为开发社交网站需要时间，所以你需要采取正确的方式，并坚持为你选择的网站增加价值。找到与你的个人品牌和目标相一致的有价值的内容，添加一些你的见解和分享，展示你个人的一些情况和你的业务情况。通过共同的个人兴趣和对新事物的好奇心，你可以与他人建立更深层次的个人联系。展示你的价值，做个有人情味的人。不要只是添加联系人，要把它提升到下一个层次，即和你联系的人建立起关系。回应每一个联系人，希望了解更多关于他们的信息并分享更多关于你自己的信息。

网 络

有人说："你的人际关系网就是你的资本净值。"当你建立真正的人际关系时，一个精心发展的人际网络对你的职业和个人都有巨大的帮助。随着时间的推移，人们会在你的关系网中来来去去，而你在别人的关系网中也是如此。这是完全自然的，也是可以预料到的。成功建立人际关系的关键在于为他人创造价值，而不是寻求他人为你增加价值。套用约翰·F. 肯尼迪（John·F. Kennedy）总统的一句话就是："不要问你的关系网能为你做什么，而要问你能为你的关系网做什么。"通过提供价值给别人，你将被视为帮助人们的首选人，无论你帮助他人解决信息技术问题、语法问题还是未来技术对每个人意味着什么这样的问题，你提供的价值都可以带来不同的机会，或许是一份新的工作、一次创业的机会，抑或为你正在修复的汽车找到一个难以找到的配件。

开始把你认识的每个人都当成你人际网络的一部分，你甚至可以把你的人际关系网络根据人们的专长和价值（个人品牌）进行分类，比如，谁是分析专家，谁是社交媒体专家，谁是人工智能专家，谁是加密货币专家，谁是玩偶收集专家，甚至谁是水下橄榄球方面的专家。通过这种方式，你就可以在机会来临以及需要帮助时知道该向谁寻求帮助。

大多数人都没有充分发展他们的人际网络，也没有与对方保持联系。当他们需要帮助的时候，他们发现自己不知道该求助于谁，或者当他们没有提供任何价值的时候，他们都觉得不好意思向别人寻求帮助。在机器人取代你的工作或你自己创业之前，你要了解你的人际网络中的人，而且需要每天都去做这件事。网络专家和战略家安迪·洛帕塔（Andy Lopata）总结了成功建立网络的第一步，即“仅仅建立联系是不够的”。[200]这取决于你如何与他人打交道，你会希望与他们在网上交流还是面对面地进行交流。电子邮件、短信、电话和面对面的会议等都是开始和发展人际关系的好方法。莎拉·埃尔金斯（Sarah Elkins）提供了一个例子，她创造性地将她的网络提升到了一个新的水平，开发了一个叫作“不再虚拟”（No Longer Virtual）的会议，可以让人们可以在现实生活中与网络上的虚拟联系人见面，还可以获得有关业务培训。还有很多创造性的方法可以建立你的人际网络，加深你的人际关系。

在自动化程度不断加深的时代，了解和开发你的金融资产和个人资产变得越来越重要。你需要把它们都开发出来，以备失业的时候可以用来防守或进攻，这样你才能成长、发展，才能成功地与新技术竞争和合作。机器人、算法和自动化可以用来增加你的资产，帮助你更好地做自己，并为你提供稳定的财务。要做到这一点，你需要了解它们以及它们的能力，并创造性地利用它们为你服务。

第十章
攻克难关，行动起来

技术和商业领域发生的变革似乎势不可当。机器人和算法正在入侵，变革正在以指数形式发生，就业机会甚至整个行业正在被创造、毁灭或转型为新的东西。跟上这一切的步伐可能会让人疲惫不堪，那我们该如何应对呢？

正如我们所看到的，有些工作已经由专门设计的机器人来做了，你不可能在这样的工作中胜过机器人。机器人从实验室进入工作场所后，会变得更快、更便宜，并且出错的可能性也更小。成功的秘诀不在于竞争，而在于合作或找到你的人类蓝海战略①。找到与机器人或其他新技术一起工作或使用它们的方法确实需要努力学习。对技术的恐惧以及对不了解最新的技术却感到自豪是导致人们失业和失去投资的原因。隔壁工作间的机器人已经到来，并且不会离开了。

在一个日益倡导胜者为王的经济中，最成功的人将是那些不仅会吸收新技术和运用新思维方式的人，而且是那些能着眼于未来并在此过程中发展自己的人。这个群体包括那些能够驾驭高科

① 蓝海战略最早是由韩国的W. 钱·金灿和美国的勒妮·莫博涅于2005年合著的《蓝海战略》一书提出的。——译者注

技浪潮的人，他们不仅能够在转型中生存下来，而且能够在转型中茁壮成长。他们不担心与机器人一起工作或一起生活，相反，他们看到了探索未来和冒险进入一个勇敢新世界的机会。这些人渴望开发和使用先进的小工具、小发明和技术系统，并发挥它们的作用，使他们和周围人的生活更高效、更舒适且更有益。

变革是绝对在发生的，而且是正以指数速度增长的，起初速度较慢，然后会加速发展。虽然我们还不知道先进技术将会拓展到多远，或者机器人将会变得多么像人类、多么独立，但我们确切地知道它们已经在影响我们的生活了，并且可能会以更快的速度影响我们的生活。无论结果如何，明智的做法是，开始进行必要的调整，以便能够更好地跟上变化和挑战的步伐。根据当前的趋势采取行动，并相应地适应这些趋势，这样只会给你带来好处。但是，如果你不采取行动，那么最终将导致你对所发生的任何事情都毫无准备，并任由其摆布。

如果你不想在机器人和人工智能繁荣发展的时代被远远地落在后面的话，你就需要做出决定：第一，克服它带来的恐惧和挫折感；第二，采取必要的行动来让自己与机器人齐头并进；第三，了解自己是谁并发展自己的个人品牌。以下是一些方法，可使你在我们的机器人世界中处于一个更有利的位置。

给自己做心理上的彻底改造

中国古代哲学家老子有句名言："千里之行，始于足下。"在机器人指数式增长的背景下，保持不迷失的关键在于，通过改变你对先进技术和自己的看法，对自己进行心理上的彻底改造。消极的想法会直接影响我们生活的方方面面，这已经被多次证明过了。如果我们认为自己做不到，我们就真的做不到；如果我们认为我们会失败，我们就真的会失败。机器人的崛起可能会令人生畏，尤其是如果我们认为最终的结果是机器人将统治世界的话。在这种消极的心态下，我们往往会因为恐惧而变得麻木，无法做好准备行动以进行调整。机器人在整个社会中的迅速崛起，只会加剧这种想法所带来的恐惧、焦虑心理和防御行动。因此，我们必须转变思想。

那么，人们该如何为以指数速度加速的极端变革做准备呢？

富足（人类）思维和稀缺（机器人）思维

我们的文化和教育对我们的培养使得我们习惯于从稀缺性的角度进行思考。稀缺意味着对每个人来说都不够；相反，富足意味着对每个人来说都有足够的东西。因为我们程序化地从稀缺的角度思考问题，所以当我们听到富足的例子时，我们的警钟往往会响起。当想到一些不富足的例子时，我们会匆匆得出结论。如果你发现自己在这样做，那么我要求你把这些观念抛在一边，以一种不同的方式看待世界。我向你保证，这样不会使你生活在一个计划经济的国家。我希望你看到的是一种更自由、压力更小的思考方式，实际上它会为经济开辟出新道路。

首先让我们了解一下稀缺思维的含义及其来源。你可能只需要看看你自己的童年经历或者你的孩子的经历，看看孩子们为了玩具而打架。也许你听到过孩子们异口同声地说："这是我的！我的！我的！"也许你一开始根本不想要这个玩具，直到其他人对它表现出兴趣，然后你就突然想要它了。你甚至可能已经被自己喜欢的玩具包围了，但你现在就想要那个玩具。这是一种原始的与生俱来的心理。

经济学的整个学科都是根据分配稀缺资源的原则来定义的。如果所有东西都太多了，那么经济学将何去何从？这种方法使得数学易于优化现有的商业和生活方式，但你还需要看到的是机器人的思维。你能在数学运算上胜过机器人吗？更重要的是，心理上的影响会使你无法看到机会，无法取得成功，无法过上充实的生活。

稀缺思维会导致你对机会视而不见，把你的思想局限在狭小的空间内，为你没有过上梦想中的生活找到一长串的借口。这会导致你把自己的情况怪罪于他人。"我不能这样做，是因为……"或者"如果这种情况发生了，我就一切都好了"。这种思维方式是有局限性的，会让你停滞不前。

富足思维则会启发不同的思考过程和一系列的问题。"我想要一个……，我怎样才能得到它呢？"富足思维是关于可能性的，你达到目标的方式是没有限制的。即使你还不知道，你也会让自己的大脑去思考如何让它发生。富足思维的前提是你想要的一切都是可能的，所以你要弄清楚的问题只是需要发生什么才能得到它。一个很好的例子是，约翰·F. 肯尼迪总统制定了一个目标，要在10年内把人送上月球。这是没有人做过的事情，也没有人知道怎么做。许多人认为这是不可能的，他们在一定程度上是正确的，因为根据他们当时的知识，这确实是不可能的事情。机器人可能也会告诉他们同样的答案：这是不可能的。这张拼图有太多没有被制造出来的碎片，甚至很多都不为人所知。

富足思维是关于可能性的。我们怎样才能做到这一点呢？我们需要的不是一台房子大小的电脑，而是一台鞋盒大小的电脑。这听起来很疯狂——直到你把电脑拆解开并开始思考自己需要做什么，需要重新设计什么。计算机采用真空管，是否有不同的方法使用不同的东西来得到相同的结果？碰巧有。这是成功人士的思维方式，这也是一种非常人性化的而不是机械化的思维方式。

用你的人类的、富足的思维去与机械的算法和其他新技术共同协作，而不要用稀缺思维去与它们竞争。

寻找改变，看看如何利用它

虽然我们已知的处理政府、经济和社会动荡的方法可能已经不再有效，但有些原则仍然是必要的，使我们能够在风暴中稳扎稳打。几百年前，希腊哲学家赫拉克利特（Heraclitus）提出了其中的一条原则，当时他记录了一项重要的观察结果："唯一不变的就是变化。"无论时代让生活变得多么稳定、舒适和熟悉，我们都必须充分预期变化总是会到来的。我们越期待变化的发生，就越不可能被它们蒙住眼睛，就越会为它们最终带来的破坏提前做好准备。

探　索

恐惧是不确定时期的一种常见的力量，如果任其肆意膨胀，那么它可能会使人变得极其虚弱——压力使小丘变成大山。因为快速、彻底的改变会打乱我们已经习惯了的舒适区，把我们带出舒适区，而我们往往会全心全意地拥抱这种强大的（通常是消极的）情绪。恐惧的问题在于，它使我们进一步躲进安全地带的洞穴中，在那里，我们只能一边呆呆地啃着指甲，一边等待着可怕的不可避免的结果的到来。恐惧阻止我们做出明智的决定，或者使我们做出不明智的选择，从而使问题复杂化。

人是习惯性的生物，当我们的习惯、规则或制度受到变化的威胁时，我们往往会害怕结果，这会导致我们更紧地抓住那些不再有益的过去。因此，我们常常会抵制非常规的解决方案，而坚持使用在过去有效但在新范式中不再有效的方法。因此，我们错过了宝贵的机会，或者基于过时的方法做出了糟糕的决定。这样的行为只会导致更大的混乱，让我们陷入更深的恐惧和最终的失败。

然而，当我们期待重大变革的到来，并对它们将如何影响我们有一个合理的理解时，我们对破坏的恐惧就会大大减轻。我们不会只是幸福地待在舒适区等待破坏的到来，我们可以自由地漫游和探索各种选择。探索在任何时候都是一项非常健康的活动，它让我们更好地预见未来，并知道当变革发生时我们该做什么。探索还提供了机会和教训，告诉我们什么可行，什么不可行。我们能够摆脱那些不再起作用的流程，并用那些与时代变化更加同步的流程取而代之，所有这些都应该在巨大的破坏袭击我们之前完成。

积极思考的力量

有充分证据表明，积极的思考可以让我们周围的世界变得更好。如果我们认为自己会成功，我们就会利用那些帮助我们面对挑战和取得成功的机会和资源。在当今这个纷乱的世界里，保持积极的心态至关重要，因为新的技术设备和系统几乎每天都在涌现。我们必须树立和应用正确的思维方式，以积极的态度看待、预测和征服即将到来的挑战。

积极的思考并不意味着我们幼稚或者不现实，意味着我们对未来的前景持乐观态度。例如，机器人在发展，并且可以完成更广泛的工作是一个事实。消极的思考者会因为自己的工作岌岌可危而感到恐慌、害怕或生气。虽然积极的思考者也认为机器人领域在不断扩大并涉及更多的工作，但他们会将其视为一个机遇，并进行职业调整，以填补与这些机器人一起工作的空缺，因此他们增加了收入，也有了更大的工作保障。

乐观的思考不仅能让我们更好地为即将到来的变化和挑战做好准备，也能让我们从现在到未来的旅程更加愉快。幸福是人生最珍贵的财富之一，而且很值得我们投资。通过努力将恐惧、消极的态度转化为勇气、希望和乐观，我们不仅仅可以轻易地应对机器人时代所带来的挑战，还可以享受它给我们带来的体验。

我们不仅要彻底改变现有的思维方式，保持乐观、积极的心态，还必须像前文讨论的那样接受指数思维的训练。仅仅从传统的短期和长期目标来看，目前的进展是不够的。指数式增长此时此刻正在发生，我们必须掌握与动量相匹配的思路。最重要的是，我们需要进行心理和情绪上的调整并加以保持，以便跟上这种迅速增长和变化的步伐。

适应挑战

适应是人类生存和繁荣的关键能力。当我们面对挑战，走出舒适而又熟悉的环境时，我们必须保持弹性，进行必要的调整，然后振作起来继续前进，我们希望比以前做得更好。适应力是必要而又强大的，尤其是当我们的教育、社会和商业环境发生变化时。在多数情况下，人类都具有很强的适应能力，当一些事件或变化迫使我们改变行为方式时，我们就能够迅速做出调整。事实上，我们习惯遵守的、伴随着我们成长起来的那些制度、法律和议定书，是我们的前人学习适应过去挑战的直接结果。

今天，适应能力比以往任何时候都更有价值，因为整个国际社会的众多领域都在发生重大变革。能适应出现的单一重大挑战尚可，而当周围出现各种挑战时，调整起来就会困难得多。在这个颠覆性、变革性的技术时代，我们可能需要同时做出太多的调整，这些调整会让我们感到困惑、筋疲力尽、恐惧和优柔寡断，所有这些因素都会助长失败、削弱成功。我们常常相信我们已经为改变做好了准备，能够应对它带来的挑战，但当面对现实时，我们常常感到惊讶和震惊。在这样的不足和压力下，我们很快就会迷失在需要我们关注的挑战旋涡中，被拖进沮丧和失败的深渊中。这就是了解我们是谁，以及我们的个人品牌是什么变得尤为重要的原因。我们是谁以及我们的个人品牌是什么应该保持不变。当关注外部世界的时候，我们总会有更多的追求。当知道我们是谁时，我们就能够选择可以进一步强化我们的身份和我们独特的价值承诺的东西，而忽略不重要的东西。

当被新变革围攻时，我们就更能经受得住机器人带来的打击，更容易在技术进步的过程中坚持下去，更容易做出对我们有利的调整。为了实现这个目标，我们必须保持耐心，一步一个脚印，以免被我们面临的巨大挑战压倒。专注于每一个挑战，并采取相应的行动与它们一同改变，这样我们就可以减少焦虑，并使努力的效果达到最大化。在不稳定的地形中，通过采取小的、有计划的步骤来保持我们的立足点，要比试图进行大的跳跃，以期加速到达更平坦、更稳定的地方容易得多。

不要被炒作蒙蔽

在机器人和高科技时代，设定目标更加重要。正如科学家和未来学家罗伊·阿玛拉（Roy Amara）所充分指出的那样："我们往往会高估一项技术在短期内的效果，而低估其在长期内的影响。"他的深刻见解被称为阿玛拉定律，展示了众所周知的炒作周期（Hype Cycle），其包括峰值膨胀的预期以及随后幻灭的低谷。[201]

阿玛拉定律和炒作周期有效地描述了我们生活的时代氛围。随着新技术的发展，它们在短时间内从未知发展为不可避免的趋势，每个人都在谈论它们。在这段时间里，一些非理性的希望和恐惧就会发展。充满希望的炒作可能导致过度投资、过度冒险和金融泡沫。基于恐惧的炒作通常可以在政治领域中被看到，它同样可以导致人们过度的退缩压抑，做出过度防御的举动，并错失机会。炒作的本质是设定不切实际的期望，它注定会失败。

炒作之后是一段更加危险的时期，一段幻想破灭的时期。新技术未能达到流行的、不切实际的期望，因此被摒弃了。但不管你对它的期望是过高还是过低，这项技术都将继续发展和进步。幻灭期对你来说很危险，因为你忽视了好像凭空而来的但很快就会对你产生影响的技术。对新技术感到兴奋是正常的，只是要注意不要让它模糊了你的判断，不管你是着眼于当前的现实还是一个遥远的愿景。

例如，超智能人工智能技术被认为是可行的，并在不久的将来会成为主流。我们已经看到人们在谈论机器人，如仆人机器人、律师机器人、医生机器人等等。这是否意味着我们很快就会被它们淹没？我们认为这是有可能的。而且随着时间的推移，这些机器人会变得越来越完善。看起来这些机器人是凭空出现的，而实际上它们已经被开发出来很长一段时间。这种情况可能很快就会发生，也可能需要几十年的时间才能发展到一个使用安全且有建设性的程度来造福人类，甚至也有可能某种超级智能永远不会得到有效的开发。这种“未知”的氛围使得制订计划和制定目标变得非常困难。然而，为了前进，你必须设定目标，你需要为未来的发展做好准备。

技术本身可以有效地用于制定目标，也可以作为对目标的威慑。因此，要利用现有的、有前途的资源来帮助你规划自己的策略、设定你的目标，不要害怕利用技术手段来设定目标。这些资源可以让你的时间、精力和效力倍增，从而使你更容易实现目标。

掌控你的事业和财务状况

在前两章中，你应该能够更好地了解你自己，你想要的职业，以及你想要保持的生活方式。现在还不是时候来考虑如何实现这一切。兵家有言：没有任何一个作战计划不需要在第一次与敌人交战后进行修改的。然而，这并不是不制订计划的理由。计划可以使你清楚地陈述你的目标，以便团队中的每个人都了解目标，并被授权以必要的方式来完成他们的任务，从而实现目标。制订一个计划会让你在问题出现之前对其进行思考，让你知道该如何进行处理。如果你知道在问题出现时该如何对其进行处理，你就能更快地解决它。大多数人会花更多的时间和精力来规划他们的假期，而不是规划他们的职业生涯。

从心中的目标开始，但要知道你现在所处的位置

在第八章中，你制定了你的目标、使命和愿景，列出了你的激励技能和倦怠技能，知道了自己要去哪里以及怎么去，这些都很关键。经常离开列表一段时间，因为你已经对上面的内容烂熟于心了，这样有利于你对自己所处位置的充分理解。任何通过地图和指南针找到目的地的人都敏锐地意识到你不仅需要知道自己要去哪里，还要知道自己在哪里，并做出实时监控，以确保自己仍然朝着正确的方向前进，特别是在自己需要绕道避开障碍物的时候。

你的事业和生活也是如此。人们很少停下来评估自己今天的真实情况。你会有一种感觉，也许你并没有达到自己想要达到的目标，你也有没达到目标的一系列原因。但是，你现在需要对自己所处的位置做一个可靠的评估，不管你会感到多么痛苦或尴尬。重要的是，你不想待在原地，你想要继续前进，没有什么比走出一个艰难的、看似不可能的处境并取得成功更值得称赞的了。

现在来创建你的状态描述吧！你可以认为状态描述类似于你的愿景描述，但它关注的是此时此地的现实，而不是未来。也许，在你的愿景描述中，你是一家《财富》世界500强公司的首席执行官；而在你的状态描述中，你在这样一家《财富》世界500强公司的邮件收发室工作。你会描述你所执行的任务以及你喜欢的和不喜欢的任务，你也可以描述你的个人生活、财务生活以及任

何与你的愿景相关的事情。

进行差距分析

到了这个时候，你就会了解自己今天所处的位置以及未来你想到达的位置。现在，是时候弄清楚你需要做些什么才能使你从现在的位置走到未来的位置了。在商业领域，这被称为差距分析，即了解你现在所处的位置和你想要达到的位置之间的差距。实际上，有的人绘制出了不同目的地的地图，来提供一种强大的视觉辅助；还有的人做出了一个位置点列表。下面概括了你需要回答的5个关键问题，这些问题的答案将为你提供一系列清晰的可以作为你的计划基准的目标。

- 我需要什么样的教育或培训？
- 我需要什么样的资源？
- 我需要什么样的关系？
- 我需要什么样的经验？
- 我需要投入多少时间来实现这些目标？

继续这个头脑风暴的过程，想想你需要获得的所有技能和经验，以便从你现在的位置到达你想去的位置。你需要获得管理经验吗？你需要在公众演讲中变得更自信吗？你需要提高销售技巧吗？你需要详细了解你所在的行业吗？你需要接受额外的、正式的或者非正式的教育吗？你能从目前的工作中学到什么？要想在同一家公司或不同的公司获得另一个职位，你还需要什么？

设定目标

在一个如此快节奏的环境中设定目标的想法似乎令人难以想象。因为在这样的环境中，我们会发现周围社会的每个领域都在不断地发生着变化。然而，目标对于走向成功这样一个旅程来说是至关重要的，无论是短期目标还是长期目标，都很重要。

写下你的目标，并把它们放在你每天都能看到的地方，这是很重要的。写下目标会大大增加你为之努力的可能性，也使你的目标变得清晰、明确。模糊的目标很少能够实现或推动人们前进。当你写下自己的目标时，你设定的目标的顺序应该是可以改变的。设定目标的技巧包括以下方面。

- 确定目标之间的依赖关系：如果一个目标首先依赖于另一个目标的完成，那么请确保将它们按正确的顺序排列，并记下它们的依赖关系。
- 按照时间优先顺序排列目标：你应该先完成哪些目标？依赖性是一个要素，但重要性或可实现性也是决定你先实现哪个目标的因素。
- 按照重要性排列目标：哪些目标最重要，哪些目标最不重要？在可能的情况下，把重要的目标放在前面。

为什么这些目标对你很重要？写一段话加以说明。这段话应该包含一种情感联系，它将帮助你与你的长期目标保持联系，另外，这段话要简短。

当写下你的目标时，确保它们是SMART的，即具体的（Specific）、可衡量的（Measurable）、可实现的（Achievable）、现实的（Realistic）和有时间限制的（Time-bound）。如果可以的话，你应该在这一过程中创建一些更小的步骤，即每周要完成的事情。如果你发现自己未能实现目标，那就做个评估来弄清楚原因。如果你因为选择了其他优先处理的事情而没有完成你的目标，那么这通常是一个测试你的价值观的机会。如果你的目标与你的价值观不一致，那么你很可能无法实现你的目标。

找一个负责任的伙伴

成功实现目标的人会有一个这样的伙伴，这个人能够对他们说过要做的事情负责。这个人可以是一个朋友、一个教练或者一个小组成员。一旦你做出了选择，你就要和他谈谈你的目标。你可以设定一个每周一次的碰头会（可能只需5分钟），汇报你完成了什么以及下周你打算做什么。如果你没有完成之前的目标，你就要谈谈发生了什么以及你将如何改变结果。你要做出调整，带着新的热情去实现未来的目标。

制订战略性的职业规划

所有成功的组织都会制订战略性的长期规划，以实现它们的愿景。它们通过对自己现在所处的位置和想要去的位置之间的情况进行严格的分析来制订这样的规划。这包括创建一个书面策略，其中包含对它们是谁、当前情况、期望的最终结果以及它们要达到目标所需要做的一切的充分理解，还涉及识别风险，并为遇到这些风险时该如何来做提供行动计划。制订职业规划的作用并不在于它不会改变，而是在于远见给你带来的清晰度和随之而来的更强的适应性。现在，你已经为自己创建了所有的资料，是时候看看它们是如何为你工作的了！

企业使用战略规划来确定方向和优先级，以确保所有利益相关者都朝着一个相同的目标做出有效的努力，包括企业所有者、雇员和投资者等。一个强大的策略应该足够详细，能够在一个充满干扰的环境中维持纪律，又可以足够灵活，能够适应不断变化的环境。一个可靠的战略规划包括公司的目标，如何完成目标，以及区分企业所提供的方法是否正确的指标。

以下是战略规划的共同要素：

- 价值声明。
- 目标、使用和意愿描述。
- 独特的价值、品牌和竞争优势承诺。
- 优势、劣势、机会和威胁。

- 目标、目的和负责任的合作伙伴列表。

如果你一直在按照最后几章所说的做，那么你应该已经拥有了做一个战略规划的所有要素。现在，你只需要把它们放在一个文档中，全部读一遍，看它们能否相互融合。第一次看的时候，可能并不是所有的东西都相互匹配，这时你要回去把所有缺失的点连接起来，并添加缺失的东西。不过，你不必花很多时间对其进行完善。规划是一种有用的工具，但它需要随着时间的推移而调整和改变。完善到你知道自己需要做什么就可以了，采取行动远比制订一个完美的计划更重要。你需要实质性的进展，而不是纸面上的完美。

这个战略规划过程对价值10亿美元的公司很有效，对“你公司”的业务也很有效。正如你可能已经注意到的那样，你已经完成了一个好的战略规划所包含的大部分内容，因为你应该已经有了自己的价值观、目标、使命和愿景，了解了你的激励技能和倦怠技能，以及制定了你的个人品牌。然而，如果你想把你为“你公司”所创设的愿景变成现实的话，那么你还需要分析从现在的位置到你想去的位置需要些什么。当你有策略地计划和行动时，你要向前看，为意外事件和你无法控制的事件做好准备。当你从战略的角度考虑问题时，你的目光会超越下一步，从而转向第二步、第三步或者第四步。

你到底在评估什么？你怎么知道自己的职业道路是否正确？你怎么知道自己的职业道路是什么？说说应该评估自己的进步这

是很容易的，但我们大多数人都很难知道自己想要走哪条路，我们需要做什么才能达到我们想要的目标，以及好的进展到底是什么。当你有一个战略性的职业规划或人生规划时，你就有了一个路线图，你可以根据它来评估你的规划进展。如果你没有一个战略性的职业规划，那么很难说你是否达到了你的目标。事实上，让你的职业生涯随波逐流，其结果往往是一事无成，我把它称为“偶然的职业生涯”。如果你走上自己的职业方向和职业道路不是有意为之，你就没有办法确定你是否走在正确的道路上，也不能确定你是否取得了自己想要的成功。

事实上，很多人都在生命旅途中改变他们的职业规划。你对“你公司”的愿景可能会在5年或10年后发生变化，因为你学到了新的东西，发现了一种你从未意识到的激情，并从根本上改变了你看待世界的方式，或者被迫做出一些重大的调整或改变。如果这种情况发生在你身上，那么你只需对你的职业规划做出必要的调整，然后继续前进。重要的是，不要犯一个常见的错误——把自己“想要”成为什么样的人或者做什么样的事建立在别人对你的看法上，比如成为你父母想要你成为的那种人。当你知道你想要什么并制订一个战略性的职业规划来引导你达到自己的目标时，你就会有动力和愿望去实现它，即使在这一过程中目标会有所改变。

有了战略职业规划，你就有能力采取行动并按照规划去实现自己的目标了。一定要在你精力旺盛、激情高涨的时候马上开始，而等待时机的到来只会推迟你的成功。你可以随时调整自己的路线，但重要的是，要开始你的旅程。记住，这是你自己的规划，你可以随时改变目的地！

保持动力：出发吧

即使你有很好的想法，并且对这些想法能取得的成就有很强的愿景，但是如果你没有动力把计划坚持到底，那么想法也不会变成现实。商业世界充满了废弃的想法，这些想法曾经闪耀着希望的光芒，但人们由于缺乏在艰难时期继续前进的动力，往往半途而废了。然而，如果你对自己正在做的事情充满激情，那么这种能量不仅会让你前进，还会帮助你坚持到实现目标。当黑暗来临的时候（它们是会到来的），激情特别有助于激发你的动力。当你周围的一切都在尖叫“末日即将来临”时，它会激励你前进。

动力是一种强大的品质，它能让创业者在看似子虚乌有的情境中创建伟大的公司。这是一种内心深处的渴望，一种无论遇到什么困难都铁了心要实现这一愿景的渴望。创业者充满激情、有动力，他们始终保持一种自律的、以目标为导向的行为，这使他们继续朝着成功迈进。动力是一种品质，它能把被动变成领导力，把恐惧变成信念，把优柔寡断变成决策。动力能给人一种能力去正视怀疑和否定，使人继续前进，克服怀疑和否定试图在道路上设置的障碍。

时间是我们每个人都拥有的东西。我们都有一天24小时、一周7天、一个月4周、一年12个月的时间去实现我们的梦想和愿景。创业者和其他人的区别在于，他们更有条理、更有效率地利用了时间。似乎创造者和颠覆者有更多的时间去完成伟大的事情，但事实是，他们只是对自己的愿景充满激情，因此才有动力去完成他们设定的目标，并利用这些能量来设定优先级。他们不会睡到早上8点，而是提前起床开始一天的工作；他们不会打开电视或将电影放入视频播放器，而是反复思考问题、建议和计划；他们不会去参加奢华的社交活动，而是待在办公室、商店和工厂里，寻找发展、改进和实施自己想法的方法。动力为创业者提供了必要的自律，以抵制诱惑、战胜疲劳、克服障碍并完成工作。

动力也给了创业者制订自己规则的勇气，即使他们被内部和外部的团队和势力包围，他们也会继续朝着自己的方向前进，因为他们知道实现目标需要什么。说到目标，动力会促使创业者突破极限。他们不会设定简单、舒适的目标，他们设定的目标是积极进取的，而且完成预期结果的速度会远远快于其预计或期望。这是他们貌似有更多时间的另一个原因。不管这段旅程有多长或有多难，创业者永远不会忘记他们的目的地。他们的一致性来自制定可实现的短期目标，这些目标是其实现长期目标的关键，但那些位于远处的目标激励着他们，让他们敢于走出自己的舒适区，去创造奇迹，让梦想成真。

灵活性：随机应变

任何想在商业世界取得成功的人都必须具有灵活性。即使在最稳定的时期，企业主、投资者和其他创业者都必须应对金融奇才们多变的预测，市场格局的变化，薪酬规模、税法、产品和供应价格的变动，以及挑剔的时尚客户群和许多其他易于突然改变或者随着时间的推移而变化的变量。在当今动荡的商业世界中，灵活性是必不可少的。在这个世界上，上述所有话题迟早都会发生变化，因为市场指标、汇率、政府监管以及其他成千上万的事情总是处于不断变化的状态中。

在所有这些混乱而近乎长期的变化中，那么多创业者是如何在这种情况下崛起并蓬勃发展的呢？关键在于，他们能够保持灵活性，这种灵活性是实践的关键特征。首先，创业者对周围环境的看法是多方面的，他们会不断地监控和分析自己所处的商业环境，以及那些直接影响环境的因素。在这个过程中，他们创建了可选的短期计划，一旦情况发生变化，他们便可以立即实施这些计划。此外，为了在发生足以阻止最初计划的重大变化时可以有补救的方案，他们还需要制订“计划B”。其次，创业者是乐观的，但不容易轻信他人。他们不会想当然地认为事情会自动朝着对他们有利的方向发展，但他们会保持警惕，随时准备做出必要的决定并采取行动来推进他们的计划。创业者不会假设自己知道把想法变成现实需要多长时间，竞争会有多激烈，或者是否会出现类似的情况来挑战自己的想法；相反，他们会朝着短期目标前进，如果他们在旅途中遇到障碍，那么他们会随机应变并经受住暴风雨的考验，让事情朝着长期的目标前进。

创业者在运用资源方面也很灵活。他们知道如何在经济繁荣时期利用自己的收益推行自己的想法，以及在经济萧条时期如何勒紧裤腰带削减开支。能够实现目标的乐观主义者总是走在最前面，像灯塔一样照耀着前方的黑暗水域，而其灵活性就像方向舵一样，他们可以及时改变努力的方向，以避开障碍物。如何识别障碍呢？我们可以通过不断地探测眼前的水域和扫描地平线上固定不动的景物来进行识别。这些行动，加上在此过程中随时采取必要行动的灵活性，将最终帮助他们取得成功。

如果你还没有像创业者那样思考和行动，那么现在就是开始的最佳时机。早在人力资源为你打开另一扇门之前，你就该开始学习新技能并接受一种新的心态了。正如丹·斯柯伯尔①所说："……你需要找到一种方法，做出独特的贡献，增加自身价值并脱颖而出，这是你唯一的生存之道。"[202]

加快响应速度

指数思维不仅与准确评估不断变化的模式、趋势和你在教育发展方面的优势有关，而且是促使你在迅速变化的技术环境压力下做出重要决定的一个关键因素。机器人技术和人工智能的一系列新发展正在造成巨大的变革，为了个人、社会和企业的成功，

① 丹·斯柯伯尔（Dan Schawbel）是《纽约时报》自品牌专家、知名职业生涯规划专家。他所创的品牌博客被《福布斯》杂志列为"职场加油站"。他是《时代》《福布斯》等杂志的专栏作家，还是《财富》《华尔街日报》等报刊的撰稿人。其所著的畅销书《我2.0：打造你未来的四个步骤》已经被翻译成了13种语言，为《纽约时报》、巴诺书店等畅销榜图书。他在谷歌时代华纳、花旗银行与西门子等公司发表过演讲，常受邀到哈佛商学院、斯坦福大学、康奈尔大学以及麻省理工学院等院校发表毕业典礼演说。——译者注

我们必须识别和适应这些变革。正如我们已经讨论过的那样，落后的人很快就会不堪重负。抵抗、不行动或拖延的时间越长，他们就会落后得越远。在一个指数式增长的时代，这可能意味着在许多方面彻底失败。

识别需求或机会并为满足它们而做出决定的能力称为响应时间。迅速的决定带来同样迅速的行动，以解决紧迫的问题。快速响应时间是企业家成功的另一个关键因素，它对于在我们这个正在转型的世界中做出调整同样重要。在前几个世纪和几十年的时间里，当进步的齿轮以较慢的速度移动时，人们通常有充足的时间来研究和思考问题，以及做出合理的决定，还可以就紧迫的问题采取行动。而今天的情况绝对不是这样的，每月、每周甚至每天都在发生着重大的变化，这些变化可能会在不同的层面上极大地影响着人们的生活。为了应对这些变化带来的挑战，我们必须缩短响应挑战的时间。提供给我们做出重要决定的时间越来越少了，但是如果我们做不到这一点，我们很快就会加入抵抗者、无所事事者和拖延者的行列中，从而陷入越来越难以摆脱的泥潭。

前一章讨论过的创业者的特点，放大了其做出关键决定的快速反应速度，这就是为什么这些特征以及拥有这些特征的人如此关键。当具有渴望、兴奋、无畏、有洞察力、深思熟虑等品质时，你就能够在一个不断发生变化的世界中继续前进并保持轻快的步伐，这个变化会以龙卷风般的速度螺旋上升。加快你的决策响应速度会带来很多积极的影响：它为就业和投资创造了机会，帮助你领先竞争对手一步；它还有助于以“及时”的方式满足客户的需求，这些客户本身可能是挑剔的、新潮的，他们随时可以突发奇想做出改变并转到别的商家。你可能已经注意到，随着技术时代的飞速发展，人们变得越来越没有耐心，因此快速做出决定来满足客户的需求已经成为当今商业世界的一个关键性因素。

打磨商业技能：取得成功

在打造一份成功的职业时，打磨技能始终是最重要的。即使你掌握了如何完成某个项目的知识，但没有适当地完成它的技能，那么这些知识对完成任务也没什么帮助。举个例子，拿一个刚从贸易学校毕业的飞机机械师，和一个已经在空军服役20年并且埋头工作在战斗机机身里的人做个比较。你想让谁在你的私人飞机上工作并在全球进行无尽的商务旅行呢？答案可能取决于他们使用新技术的知识和技能。拥有20年使用过时技术经验的人可能不如拥有两年使用新技术经验的人有价值或值得信赖。如果你有20年的技术工作经验，那么你可以把这些经验用在发现和解决问题上，再用这些技术来学习和打磨你的技能。

对于创业者来说，打磨技能同样重要。它们是一套不同的技能，需要不断打磨，才能让企业家实现奇迹。渴望、远见甚至基础知识都可能吸引别人的注意，但正是从实际经验中获得的技能迫使人们支持你和你的想法（还记得说服吗？）。因此，你需要确定创业者所需的主要技能，并尽可能地打磨它们，以达到创业者在现实世界中所期望达到的效果。那么，这些技能是什么呢？让我们来看看一些重要的技能。

创业者有能力从不同的角度看待问题，这给了他们一个独特的视角，让他们可以看到特定的动作和行动是如何让他们受益的。他们对市场如何波动和重组有一种不可思议的感觉，这使他们能够精确地指出上升趋势，这种可以驾驭动荡时代的感觉只会随着实践和经验而增强。与此同时，创业者保持着一种激光式的专注，专注于业务的内部运作，让每个人都能专注于自己的方向，朝着既定的目标前进。

创业者是出了名的远见卓识者，他们能创造价值、识别价值，并把维持内部组织的责任交给管理者去操心。创业者类型的人通常很难胜任管理职位，但打磨这些技能是大有好处的。从亨利·福特到马克·扎克伯格，这些企业家都成功地实现了转型，其结果显而易见。创业有助于企业家打磨他们的管理技能，这样他们就能更好地控制自己的项目——如果不是完全监督的话，至少从指导意义上说是这样的。企业家还有许多其他技能需要打磨，这些技能可以很好地为企业家服务，其中许多技能是面向企业家个人及其个人目标的。一旦确定什么技能最适合帮助你到达目的地，你就开始练习，直到它们成为你的第二天性。付出这样的努力对你来说一定是值得的。

承受风险：失败是垫脚石

每个企业都要面对一定的风险，因为有很多不断变化的事件、不足或意外，它们可能会阻止你的这些努力取得进展。资本可能干涸或未按计划实现目标；产品或服务可能无法达到你预期的市场份额；涉及行业的法规可能会发生极大的改变，可能无法吸引关键人才和支持；或者，你可能会失去那些你赖以生产或销售的产品或服务的东西和途径。这些就是能摧毁你项目的重磅导弹。

由于风险是商业成功公式中一个必要的元素，所以我们应该对其有心理准备。正如美国记者兼幽默作家维尔尼·罗伯特·奎伦（Verni Robert Quillen）在1924年所写的那样："进步总是伴随着风险，你不可能在抢断第二垒时把一只脚留在第一垒。"无论在启动过程中，还是在渐进过程中，每一步都存在一定的风险。不幸的是，很多创业的人都是非结构性的风险承担者，他们抱着一种"要么成功，要么失败"的心态去创业，这种心态在某种程度上是希望在创业过程中奇迹般地遇到成功。这种心态的问题在于，统计数据显示，在创业早期的溃败往往比成功更常见，这在很大程度上就是由这种孤注一掷的态度造成的。根据美国劳工统计局的数据，近80%的企业都能在创业的第一年存活下来，但存活率在创业的第二年降至66%左右，到创业的第5年进一步降至50%左右。在所有企业中，只有大约三分之一能存活10年。[203]

当然，少数极端冒险者真的只靠运气，就像新赌徒偶尔会赢得一大笔钱一样。但是，职业赌徒会承认，他依靠的不是运气，而是赔率。那些经受住最初关键几年的风暴而得以建立起来的企业，大多数都是创业型企业。追求创业的普通人与成功的"创业者”之间的区别在于，后者倾向于承担经过深思熟虑的风险，就像职业赌徒一样。他们会考虑所有可用的数据，制订一个降低风险的执行计划。他们在每个环节都小心翼翼地运用他们的模式，这样做不仅避免了巨大的损失，还扩大了他们的投资资金的影响力。在这个过程中，他们不断地重新计算结果，寻找更便宜、更快、更有效的运营方法。

争夺有风险的领域并成功地进行操作可以创造出别人想要支持、投资和追随的领导者。这些创业者将原材料转化为低风险的机会，然后利用这些机会推动势头，激发积极的变革。只有这样的领导人，才能把动荡的时代变成一个更有组织的、更适于航行的时代，在这种情况下，指数式增长可以加以利用，可以让世界变得更美好。善于计算风险的人也会利用他们的创新品质使他们的创意成为服务普通大众的产品和服务。他们喜欢挑战极限，以发现应对时代变化的新的可能性和新的方法。

没有人是不会失败的，创业者也会遭遇失败，但他们不会因为失败而陷入绝望、沮丧的境地，他们把失败当作垫脚石来获取更大的成功。经历过失败（通常是惨痛的失败）但最终成就伟业的企业家有很多。他们的经历证明，从失败中汲取的教训是这一过程中强有力的推动因素。他们冒着计算过的风险，在失败中得到了分析这些情况的机会，从错误中学习，然后用数据和知识来修改流程，从而使后续的尝试更加成功。

毅　力

在当今的商业世界中，另一种被高度追捧的品质是毅力，或者是格雷格·S. 里德所说的“坚持不懈”。[204] 这是每一个成功的领导者所拥有的品质，这种品质赋予他们将崇高的理想变为现实并实现关键目标的力量。坚持不懈需要像激光一样的专注力和严格的纪律来抵抗反对，找到克服问题的方法。那些坚持不懈的人通常会拥有其他强大的品质，比如有责任心和敢于担当。他们往往拥有明确的目标和优先级，他们会一直坚持下去，直到成功的曙光显露出来。即使道路本身并不明确，他们也会对自己的目标或愿景充满信心。当遇到障碍时，他们会从专家和导师那里获取帮助和建议，来进一步明确方向。

如果你对自己的目标感到灰心丧气，但你仍然相信这些目标，那么请记住达尔比（Darby）的故事：他在距离黄金只有3英尺的地方放弃了努力。他的故事在《思考致富》[205]和《离金三尺》（*Three Feet From Gold*）[206]中都有叙述。故事的主人公达尔比是一个淘金者，他被自己发现的一条金矿脉深深吸引，一直不停地挖掘，直到发现金矿脉似乎枯竭了。失望之下，他放弃了，卖掉了设备，回到了老家。买了他设备的那个人通过向专家询问，得知地质已经从断层上转移了。他需要做的就是向前移动3英尺再挖。果然，金矿脉就在那儿！

达尔比在距离黄金只有3英尺远的地方放弃了。随着第四次工业革命的深入，机会就在我们身边，你会为成功做好准备吗？

当看到机会时，你会发现它吗？当看到机会时，你准备好抓住它了吗？你会利用专家的建议来帮助自己达到目标吗？或者你会和达尔比一样，在成功到来前的那一刻放弃吗？

结 尾

正在发生的科学突破和商业创新的数量是惊人的。然而，关键的是你要注意，尽管突破性的发现令人兴奋，但要看到这些发现的商业影响还需要时间。这会给人一种错觉，让人们认为我们的工作和积蓄会比现在更安全。现在的突破（其中有一些在本书已经提到过）将在未来几年成为颠覆性的商业游戏的改变者。请记住，指数式发展的技术一开始比线性预期的增长慢，但随后会突然变得无处不在。公司随着这些变革兴衰起伏，员工的金融状况也随之起伏。无论是来自技术、商业周期、政治变革方面的破坏，还是糟糕的商业决策方面的破坏，都发生得很快。

当企业高管警告我们将裁员时，我们在听吗？美国电话电报公司这样的公司已经通知它的员工学习新技能，因为它发现了它的未来是“有限的”。仅仅美国电话电报公司一家公司就发现自己需要在短短几年的时间内减少三分之一的员工。[207] 德意志银行（Deutsche Bank）的首席执行官约翰·克莱恩（John Cryan）暗示他的公司可能在未来几年内裁掉97 000名员工中的一半。[208] 并不是只有这两家公司在谈论员工的未来，注意倾听你所在公司的首席执行官对公司未来发展方向的看法。[209] 你控制自己未来的能力可能取决于这些看法。

正如我在2017年的最后几天所写的那样，人们对加密货币的兴趣激增，尤其是比特币、以太坊和莱特币。毫无疑问，它们和其他加密货币将继续发展。大多数寻求高投资回报的人都忽略了这些数字货币所支持的区块链项目。这些数字货币背后的企业的目标就是颠覆现有企业——基本上夺走它们的业务。其中一些公司，连同它们的数字货币，将会获得巨大的成功并达到它们的目的。大多数公司很可能会因为初创公司常见的原因而失败。现有的公司也不会坐以待毙，但如果不借助新技术进行竞争和建设，那么它们将无法通过游说监管层来利用自身的竞争优势。

人工智能、机器人技术和分析技术将继续发展壮大。每一种技术的潜力都被大肆宣传，我们往往会想到我们在电影中看到的惊人的机器智能。有些人指着这些智能形式，暗示我们离这一切还很远。他们也许是对的，这可能还不会必然取代你的工作或让你的公司倒闭。然而，我们已经可以看到相对简单的机器人是如何减少人们对华尔街交易员、投资基金经理和金融顾问的需求的。虽然当你看着像索菲亚这样的机器人时，你可能因为它不会抢走你的工作而觉得很舒服，但这个关注点是错误的，你需要关注那些没有在新闻中出现的东西。

看到隔壁工作间有个机器人同事，或者知道这个机器人很有可能在不久的将来占据这个职位，会让人感到不安。更让人不安的是，想一下某一天你的工作是如何由一个机械工人来完成的，它能以更低的成本更快、更好地完成工作，而且不需要昂贵的福利。随着机器人和人工智能系统被开发出越来越高的性能，我们正迅速走向“伟大的不可知时代”。机器人确实对人类社会构成了非常现实的威胁，但它们同样也为极端的变化提供了一些重大的机会，这一点确实是非常积极的。

关于人工智能的新闻头条也很容易被当作稀奇古怪的小把戏。机器人AlphaGo（阿尔法围棋）就是一个有趣的例子。AlphaGo的用途非常有限，所以它本身并没有太大的威胁。然而，真正重要的是，它的“思考”过程可以被推广并应用到其他问题上。2016年，谷歌公司因其人工智能机器人AlphaGo击败了当年的围棋世界冠军李世石（Lee Sedol）而震惊了世界。[210]初代AlphaGo系统是由谷歌的DeepMind[①]团队开发的，其程序不仅包含游戏规则，还输入了人类围棋专家的大约3 000万步的着数。李世石在与机器人对弈的5场比赛中，只赢了一场，而机器人能够准确预测他57%的动作。DeepMind的开发人员又进一步研制了第二个人工智能围棋机器人，即AlphaGo Zero（零版阿尔法围棋）。与AlphaGo的区别是，AlphaGo Zero仅使用下围棋的规则进行编程，而且可以在没有人为干预的情况下自行学习。机器人一开始是随机走棋，但最终它的学习能力增长变成了指数级的。三天后，新机器人的表现达到了超越击败李世石的初代AlphaGo的水平，在第21天

① 谷歌旗下的DeepMind（深度思考）位于英国伦敦，是由人工智能程序师兼神经科学家戴密斯·哈萨比斯（Demis Hassabis）等人联合创立的，是前沿的人工智能企业。公司将机器学习和系统神经科学的最先进技术结合起来，建立强大的通用学习算法。其最初成果主要应用于模拟、电子商务、游戏开发等商业领域。目前，DeepMind 已经成为人工智能领域的明星。——译者注

这一标志性的时间点上，它打败了网上的更新版AlphaGo Master（大师版阿尔法围棋），AlphaGo Master曾击败过60位世界围棋专家。AlphaGo Zero最终以89∶11的胜负记录结束了它的比赛历程，包括以3∶0的总比分战胜了2017年的世界围棋冠军柯洁。从AlphaGo Zero开始自学40天后，它就被宣称是世界上最好的围棋手，它不需要使用任何人工干预或下棋策略的历史数据。[211]这是人类对人工智能系统及其潜力的惊鸿一瞥。

随着机器人和人工智能的发展势头越来越强，这一切最终会变成什么样子，目前仍不得而知。我们已知的是，它即将来临，我们必须做出抉择——否认它，或者害怕它，抑或为它做好准备。由于前两种选择将使我们完全措手不及，缺乏充分适应变革的能力，所以我们最好是尽自己所能来做好准备。然而，机会留给我们的空间正在缩小，许多人会因没有为这种迅速而极端的变革做好充分准备而被排挤出去。现在是时候采取行动了。如果你保持警觉性和灵活性，那么你将能够做出必要的调整，以成功地驾驭不断增长的机器人环境所带来的多种快速变革。大量的机会正在被创造出来并展示在公众面前，对于那些能够发现机会并为之做好准备和利用这些机会的人来说，这是非常令人欣喜的。

在机器人时代，成功驾驭浪潮的关键是利用它们惊人的力量，同时，微调你的人类知识、人才基础和自我意识。这是未来的潮流，它需要实施本书提到的原则。本书有助于你理解我们周围正在发生的事情的本质，对如何大大增加你的机会提供一些基本的见解，使你不仅可以在即将到来的机器人时代幸存下来，还能享受与隔壁工作间的机器人共事的乐趣，并从中获益。

我从建模和预测金融风险及金融结果中学到的一个重要教训是，管理未来风险有两个组成部分。首先是预测你能做什么，并做好准备（预测有多少贷款会违约，并留出资金来弥补损失）；其次是承认你无法预测一切，因此你必须对风险和结果进行管理。例如，你无法预测地震是否会摧毁建筑物，你也无法计算出合理的保费来弥补这样的灾难性损失。你能做的就是管理风险，即需要更坚固的建筑材料、加固材料等等，以减少损害和受伤的风险。同样，你也不可能知道自己职业生涯的所有风险，有些是你可以看到和预测的，有些则不能。因此，在可预测的情况下，你需要预测变化，学习和适应它。在不可预测的情况下，你需要为失业、长期失业和不同的职业方向做好准备。

要记住的重要一点是，我们所有人都应该团结起来面对这一切。相互支持的人比那些独来独往的人具有更强大的优势，独来独往的人试图将所有人都埋葬在自己前进的道路上，靠自己实现目标。当先进的技术带来我们在本书讨论过的突然变革和相关的破坏时，齐心协力将变得更加有价值。

注 释

前 言

1. “Fortune 500：A Database of,” *Fortune*, accessed November 5, 2017, http://archive.fortune.com/magazines/fortune/fortune500_archive/full/1965/.

2. “Current World Population,” *Worldometers*, accessed November 15, 2017. http://www.worldometers.info/world-population.

3. Max Roser, “Future World Population Growth,” *Our World in Data*, accessed October 15, 2017 https://ourworldindata.org/future-world-population-growth.

第一章

4. Richard Tames, *Documents of the Industrial Revolution 1750—1850: Select Economic and Social Documents for Sixth Forms* (Abingdon: Routledge, 2013), pp. 111–112.

5. Richard Tames, *Documents of the Industrial Revolution 1750—*

1850: Select Economic and Social Documents for Sixth Forms (Abingdon: Routledge, 2013), pp. 111–112.

6. "Nuclear Power Plants, World-Wide," *European Nuclear Society*, last modified November 30, 2017, https://www.euronuclear.org/info/encyclopedia/n/nuclear-power-plantworld-wide.htm.
7. Klaus Schwab, *The Fourth Industrial Revolution* (New York: Crown Business, 2017), pp. iii–iv.
8. Ozonnia Ojielo, "Access to Technology Can Help Prevent Violent Conflicts," *United Nations Development Programme*, last modified August 7, 2012, http://www.undp.org/content/undp/en/home/ourperspective/ourperspectivearticles/2012/08/07/access-to-technology-canhelp-prevent-violent-conflicts.html.
9. "What is Genomic Medicine?" *National Human Genome Research Institute*, last modified November 28, 2017, https://www.genome.gov/27552451/what-is-genomic-medicine/.
10. Josh Constine, "Facebook is Building Brain-Computer Interfaces for Typing and Skin Hearing," *TechCrunch*, last modified April 19, 2017, https://techcrunch.com/2017/04/19/facebook-brain-interface.
11. Nick Statt, "Elon Musk Launches Neuralink, a Venture to Merge the Human Brain with AI," *Verge*, last modified March 27, 2017, https://www.theverge. com/2017/3/27/15077864/elon-musk-neuralink-brain-computer-interface-ai-cyborgs.

12. Andrew J. Hawkins, "Elon Musk Thinks Humans Need to Become Cyborgs or Risk Irrelevance," *Verge*, last modified February 13, 2017, https://www.theverge. com/2017/2/13/14597434/elon-musk-human-machine-symbiosis-self-driving-cars.
13. "What is Cryptocurrency: Everything You Need to Know {Ultimate Guide}," *BlockGeeks*, accessed October 12, 2017, https://blockgeeks.com/guides/what-is-cryptocurrency.
14. Panos Mourdoukoutas, "Four Facts About Bitcoin," *Forbes*, last modified September 18, 2017, https://www.forbes.com/sites/panosmourdoukoutas/2017/09/18/four-facts-about-bitcoin/#10a0f5225abf.
15. Christopher J. Goodman and Steven M. Mance, "Employment Loss and the 2007-09 Recession: An Overview," *U.S. Bureau of Labor Statistics*, Table 2, last modified April 2011, https://www.bls.gov/opub/mlr/2011/article/employment-loss-and-the-2007-09-recession-anoverview.htm.
16. Wade Roush, "Hamburgers, Coffee, Guitars, and Cars: A Report from Lemnos Labs," *Xconomy*, last modified June 12, 2012, http://www.xconomy.com/san-francisco/2012/06/12/hamburgers-coffee-guitars-and-cars-a-report-from-lemnos-labs/#.
17. Melia Robinson, "This Robot-Powered Restaurant Could Put Fast Food Workers Out of a Job," *Business Insider*, last modified June 30, 2016, http://www.businessinsider.com/momentum-machines-

is-hiring-2016-6.

18. Ibid.
19. Jonathan Amos, "'Robot chef' Aimed at Home Kitchen," *BBC*, last modified April 14, 2015, http://www.bbc.com/news/science-environment-32282131.
20. Fred Lambert, "Elon Musk Goes on a 'Machines Building Machines' Rant About the Future of Manufacturing," *Electrek*, last modified June 1, 2016, https://electrek.co/2016/06/01/elon-musk-machines-making-machines-rant-about-tesla-manufacturing/.
21. "Elon Musk Quotes (various)," *Elon Musk News*, accessed October 30, 2017, https://elonmusknews.org.
22. "Elon Musk Quotes About AI," *Elon Musk News*, accessed October 30, 2017, https://elonmusknews.org/blog/elon-musk-quotes-about-ai? rq=OpenAI.
23. Sam Wong, "Google Translate AI Invents Its Own Language to Translate With," *New Scientist*, last modified November 30, 2016, https://www.newscientist.com/article/2114748-google-translate-ai-invents-its-own-language-to-translate-with.
24. Kevin Maney, "How Facebook's AI Bots Learned Their Own Language and How to Lie," *Newsweek*, last modified August 5, 2017, http://www.newsweek.com/2017/08/18/ai-facebook-artificial-intelligence-machine-learning-robots-robotics-646944.

html.

25. Valerie Hamilton, "No Farm Workers? How About a Robot," *Public Radio International*, last modified June 2, 2017, https://www.pri.org/stories/2017-06-02/no-farm-workers-how-about-robot.
26. Jacob Kastrenakes, "A Cartoon Mark Zuckerberg Toured Hurricane-Struck Puerto Rico in Virtual Reality," *Verge*, last modified October 9, 2017, https://www.theverge.com/2017/10/9/16450346/zuckerberg-facebook-spaces-puerto-rico-virtual-reality-hurricane.
27. Harold L. Sirkin, Michael Zinser, and Justin Rose, "The Robotics Revolution: The Next Great Leap in Manufacturing," *BCG Perspectives*, last modified September 23, 2015, https://www.bcgperspectives.com/content/articles/lean-manufacturing-innovation-robotics-revolution-next-great-leap-manufacturing.
28. Tom Green, "Investing in Robotics 2016: What's Happening and Why," *Robotics Business Review*, last modified April 8, 2016, https://www.roboticsbusinessreview.com/investing_in_robotics_2016_whats_happening_why/.
29. Patrick Thibodeau, "China Builds World's Fastest Supercomputer Without U.S. Chips," *Computerworld*, last modified June 20, 2016, https://www.computerworld.com/article/3085483/high-performance-computing/china-builds-world-s-fastest-supercomputerwithout-u-s-

chips.html.

30. "China's Xi Pushes Advanced Technology for Military," *Reuters*, last modified March 12, 2017, http://www.reuters.com/article/us-china-parliament-defence/chinas-xi-pushes-advanced-technology-for-military-idUSKBN16K02V.

31. Cate Cadell and Adam Jourdan, "China Aims to Become World Leader in AI, Challenges U.S. Dominance," *Reuters*, last modified July 20, 2017, https://www.reuters.com/article/us-china-ai/china-aims-to-become-world-leader-in-ai-challenges-u-s-dominance-idUSKBN1A5103.

32. Ian Bogost, "Why Zuckerberg and Musk Are Fighting About the Robot Future," *The Atlantic*, last modified July 27, 2017, https://www.theatlantic.com/technology/archive/2017/07/musk-vs-zuck/535077/.

33. Larry Boyer (November 3, 2017), "Jobs, AI and Automation: What You Need to Know," *Forbes*, last modified November 3, 2017, https://www.forbes.com/sites/forbescoachescouncil/ 2017/11/03/jobs-ai-and-automation-what-you-need-to-know/#19890848cb5c.

第二章

34. Don Stewart, "When Did Moses Write, or Compile, the Book of Genesis?" *Blue Letter Bible*, accessed October 1, 2017, https://

www.blueletterbible.org/faq/don_stewart/don_stewart_678.cfm.

35. Homer, *Iliad* 18.371.

36. Only in *Argonautica* 4 and in Eustathius, according to H. de la Ville de Mirmont, *Apollonios de Rhodes: les Argonautiques: traduction françise suivie de notes critiques* (Paris and Bordeaux), 1892:402, noted in J. Douglas Bruce, "Human Automata in Classical Tradition and Mediaeval Romance," *Modern Philology* 10.4 [April 1913, pp. 511–526], p. 513 and note.

37. "The Myth of Pygmalion and Galatea," *Greek Myths & Greek Mythology*, accessed October 1, 2017, http://www.greekmyths-greekmythology.com/myth-of-pygmalion-and-galatea.

38. "Automotones," *Theoi*, accessed October 1, 2017, http://www.theoi.com/Ther/Automotones.html.

39. Joseph Needham, *Science and Civilization in China*, Vol. 2, *History of Scientific Thought* (Cambridge: Cambridge University Press, 1956), p. 53.

40. Linda Safran, *Heaven on Earth: Art and the Church in Byzantium* (Pittsburg: Penn State Press, 1998), p. 30.

41. "The Alchemical Quest," *Occult Science & Philosophy in the Renaissance* (blog:Louisiana State University Library), accessed October 1, 2017, http://exhibitions.blogs.lib.lsu.edu/?p=1257&page=5.

42. Gunalan Nadarajan, "Islamic Automation: Al-Jazari's Book of

Knowledge of Ingenious Mechanical Devices," *Muslim Heritage*, accessed October 1, 2017, http://www.muslimheritage.com/article/islamic-automation-al-jazari%E2%80%99s-book-knowledge-ingenious-mechanical-devices.

43. Teun Koetsier, "Mechanism and Machine Theory," *Elsevier* 36, no. 5 (2001), 589–603.

44. Charles B. Fowler, "The Museum of Music: A History of Mechanical Instruments," *Music Educators Journal* 54, no. 2 (1967), 45–49.

45. Mark Rosheim, *Robot Evolution: The Development of Anthrobotics* (Hoboken: Wiley, 1994), p. 36.

46. Sylvia Landsberg, *The Medieval Garden* (London: British Museum Press, 1995), p. 22.

47. Joseph Needham, *Science and Civilisation in China, Vol. 4: Physics and Physical Technology* (Cambridge: Cambridge University Press, 1971), pp. 133 & 508.

48. Mark Rosheim, *Leonardo's Lost Robots* (New York: Springer, 2006), p. 69.

49. Elizabeth King, "Clockwork Prayer: A Sixteenth-Century Mechanical Monk," *Blackbird: An Online Journal of Literature and the Arts 1*, no. 1 (2002), https://blackbird.vcu.edu/v1n1/nonfiction/king_e/prayer_introduction.htm.

50. Edgar Allan Poe and Gary Richard Thompson, *Edgar Allan Poe:*

Essays and Reviews (New York: Library of America, 1984), p. 1253.

51. Rodney Allen Brooks, *Flesh and Machines: How Robots Will Change Us* (New York: Knopf Doubleday Publishing Group, 2002), pp. 14–15.

52. "Maillardet's Automaton," *The Franklin Institute*, accessed October 1, 2017, https://www.fi.edu/history-resources/automaton.

53. "*The Silver Swan*," *The Bowes Museum*, accessed October 1, 2017, http://thebowesmuseum.org.uk/Collections/Explore-The-Collection/The-Silver-Swan.

54. "Musical Automation," *Waddesdon Manor*, accessed October 1, 2017, http://collection.waddesdon.org.uk/search.do?view=detail&page=1&id=41380.

55. Ivan Karp and Corinne A. Kratz, "Reflections on the Fate of Tippoo's Tiger—Defining Cultures Through Public Display," *Cultural Encounters: Representing Otherness, ed. Elizabeth Hallam and Brian V. Street* (London: Routledge, 2000), 194.

56. Yash Shah, "History of Lathe from Beginning of Machine Tool Invention," *Yash Machine Tools* (blog) May 10, 2013, http://www.yashmachine.com/blog/history-of-lathe-from-beginning-of-machine-tool-invention.

57. Beverly Steitz, "A Brief Computer History," *Boston University*, last modified 2006, http://people.bu.edu/baws/brief%20computer%20

history.html.

58. Ibid.

第三章

59. "Employer-reported Workplace Injury and Illness Summary," *Bureau of Labor Statistics*, last modified October 27, 2016, https://www.bls.gov/news.release/archives/osh_10272016.pdf.

60. David Marshall, "Manufacturers Employ Robots to Improve Worker Health and Safety," *ABB*, last modified November 16, 2012, https://www.abb-conversations.com/2012/11/manufacturers-employ-robots-to-improve-worker-health-and-safety.

61. June Javelosa, "This Company's Productivity Soared After Replacing 90% of Employees with Robots," *Business Insider*, last modified February 20, 2017, http://www.businessinsider.com/companys-productivity-soared-after-replacing-90-of-employees-with-robots-2017-2.

62. Andrew J. Oswald, Eugenio Proto, and Daniel Sgori, "Happiness and Productivity," *Department of Economics*, *University of Warwick*, last modified February 10, 2014, https://warwick.ac.uk/fac/soc/economics/staff/eproto/workingpapers/18octosprotosgroi2010.pdf.

63. Gary Robbins, "How Robots Will Change the American Workforce," *San Diego Union Tribune*, last modified December 15, 2016, http://www.sandiegouniontribune.com/news/science/sd-me-robots-jobs-20161213-story.html.

64. Ibid.

65. Harold L. Sirkin, Michael Zinser, and Justin Rose, "The Robotics Revolution: The Next Great Leap in Manufacturing," *BCG Perspectives*, last modified September 23, 2015, https://www.bcgperspectives.com/content/articles/lean-manufacturing-innovation-robotics-revolution-next-great-leap-manufacturing.

66. Ibid.

67. "Global Spending on Robots Projected to Hit $87 Billion by 2025," *Boston Consulting Group*, last modified June 21, 2017, https://www.bcg.com/d/press/21june2017-gaining-robotics-advantage-162604.

68. "European Union Occupies Top Position in the Global Automation Race," *International Federation of Robotics*, last modified September 29, 2016, https://ifr.org/ifr-press-releases/news/world-robotics-report-2016.

69. "Robotics and Artificial Intelligence (Unit A.1)," *European Commission*, accessed October 1, 2017, https://ec.europa.eu/digital-single-market/en/content/robotics-and-artificial-intelligence-unit-a1.

70. Ibid.
71. Daron Acemoglu and Pascual Restrepo, "Robots and Jobs: Evidence from U.S. Labor Markets," *National Bureau of Economic Research*, last modified March 2017, http://www.nber.org/papers/w23285.pdf.
72. Carl Benedikt Frey and Michael Osborne, "The Future of Employment: How Susceptible Are Jobs to Computerization?" last modified September 17, 2013, https://www.oxfordmartin.ox.ac.uk/publications/view/1314.
73. "The Future of Jobs: Employment, Skills and Workforce Strategy for the Fourth Industrial Revolution," *World Economic Forum*, last modified January 2016, http://reports.weforum.org/future-of-jobs-2016/.
74. Daron Acemoglu and Pascual Restrepo, "Robots and Jobs: Evidence from U.S. Labor Markets," *National Bureau of Economic Research*, last modified March 2017, http://www.nber.org/papers/w23285.
75. Mark Muro, "Where the Robots Are," *Brookings* (blog) August 14, 2017, https://www.brookings.edu/blog/the-avenue/2017/08/14/where-the-robots-are/? ex_cid=SigDig.
76. Anna Hensel, "Brookings: Midwest and Southeast Employ the Most Robots," *VentureBeat*, last modified August 14, 2017, https://venturebeat.com/2017/08/14/brookings-midwest-and-

southeast-employ-the-most-robots.

77. Mark Muro, "Where The Robots Are," Brookings Institute, August 14, 2017, https://www.brookings.edu/blog/the-avenue/2017/08/14/where-the-robots-are/.

78. Jonha Revesencio, "Why Happy Employees Are 12% More Productive," *Fast Company*, last modified July 22, 2015, https://www.fastcompany.com/3048751/happy-employees-are-12-more-productive-at-work.

79. Michael Addady, "Study: Being Happy at Work Really Makes You More Productive," *Fortune*, last modified October 29, 2015, http://fortune.com/2015/10/29/happy-productivity-work.

80. Jonha Revesencio, "Why Happy Employees Are 12% More Productive," *Fast Company*, last modified July 22, 2015, https://www.fastcompany.com/3048751/happy-employees-are-12-more-productive-at-work.

81. "The World's Cities in 2016," *United Nations*, *Department of Economic and Social Affairs*, *Population Division*, last modified 2016, http://www.un.org/en/development/desa/population/publications/pdf/urbanization/the_worlds_cities_in_2016_data_booklet.pdf.

82. "Global Trends 2030: Alternative Worlds," *U.S. Office of the Director of National Intelligence*, last modified December 2012, https://www.dni.gov/files/documents/GlobalTrends_2030.pdf.

第四章

83. Avery Thompson, "Chinese Scientists Successfully Teleported a Particle to Space," *Popular Mechanics*, last modified July 12, 2017, http://www.popularmechanics.com/science/news/a27271/chinese-scientists-successfully-teleported-a-particle-to-space.

84. Gene J. Koprowski, "Invisible Airplanes: Chinese, US Race for Cloaking Tech," *Fox News*, last modified December 17, 2013, http://www.foxnews.com/tech/2013/12/17/invisibleairplanes-chinese-us-scramble-for-cloaking-tech.html.

85. Luke Edwards, "Cloaking Devices are Real, Here are the Best Science has Created," *Pocket-lint*, last modified September 18, 2015, http://www.pocket-lint.com/news/131156-cloaking-devices-are-real-here-are-the-best-science-has-created.

86. Mariella Moon, "Dubai Tests a Passenger Drone for Its Flying Taxi Service," *Engadget*, last modified September 26, 2017, https://www.engadget.com/2017/09/26/dubai-volocopter-passenger-drone-test.

87. Mark Vandevelde, "Amazon is Creating More Jobs Than It Destroys," *Financial Times*, last modified July 29, 2017, https://www.ft.com/content/cf98680c-738f-11e7-aca6-c6bd07df1a3c.

88. Mark Molloy, "'Robot Lawyer' That Overturned 160 000 Parking Tickets Now Helping Refugees," *The Telegraph*,

last modified March 7, 2017, http://www.telegraph.co.uk/technology/2017/03/07/robot-lawyer-overturned-160000-parking-tickets-now-helping-refugees.

89. Rob Price, "A Facebook Chatbot That Fought 250 000 Parking Fines is Helping Refugees Claim Asylum," *Business Insider*, last modified March 6, 2017, http://uk.businessinsider.com/facebook-chatbot-donotpay-help-refugees-claim-asylum-us-canada-ukjoshua-browder-parking-fines-2017-3.

90. Dan Mangan, "Lawyers Could Be the Next Profession to Be Replaced by Computers," *CNBC*, last modified February 17, 2017, https://www.cnbc.com/2017/02/17/lawyers-couldbe-replaced-by-artificial-intelligence.html.

91. Ibid.

92. Cecille De Jesus, "AI Lawyer 'Ross' Has Been Hired By Its First Official Law Firm," *Futurism*, last modified May 11, 2016, https://futurism.com/artificially-intelligent-lawyer-ross-hired-first-official-law-firm.

93. Bona Benjamin, "Proceedings of a Summit on Preventing Patient Harm and Death from I.V. Medication Errors," *American Journal of Health-System Pharmacy*™, last modified December 15, 2008, http://www.ajhp.org/content/65/24/2367.

94. Tim Dall, et al. "The Complexities of Physician Supply and Demand: Projections from 2013 to 2025," *Association of*

American Medical Colleges, last modified March 2015, https://www.aamc.org/download/426242/data/ihsreportdownload.pdf?cm_mmc=AAMC-_-ScientificAffairs-_-PDF-_-ihsreport.

95. Tyler Durden, "Meet SAM, Brick Laying Robot That Does The Work of 6 Humans," *Zero Hedge*, last modified March 28, 2017, http://www.zerohedge.com/news/2017-03-27/meet-sam-brick-laying-robot-does-work-6-humans.
96. Matt Simon, "This Robot Tractor Is Ready to Disrupt Construction," *Wired*, last modified October 19, 2017, https://www.wired.com/story/this-robot-tractor-is-ready-to-disrupt-construction.
97. April Glaser and Rani Molla, "The Construction Industry is Short on Human Workers and Ripe for a Robotic Takeover," *Recode*, last modified June 6, 2017, https://www.recode.net/2017/6/6/15701186/robots-construction-homes-technology-drones-building-automation-productivity.
98. Margi Murphy, "'Westworld'-style Robots Could Live Among Us By 2027," *New York Post*, last modified May 22, 2017, http://nypost.com/2017/05/22/westworld-style-robots-could-live-among-us-by-2027.
99. Pam Kragen, "World's First Talking Sex Robot is Ready for Her Close-up," *San Diego Union Tribune*, last modified September 13, 2017, http://www.sandiegouniontribune.com/communities/

north-county/sd-me-harmony-doll-20170913-story.html.

100. Andy Haldane, "Labour's Share—Speech by Andy Haldane," *Bank of England*, last modified November 12, 2015, http://www.bankofengland.co.uk/publications/Pages/speeches/2015/864.aspx.

101. Ibid.

第五章

102. Andy Haldane, "Labour's Share-Speech by Andy Haldane," *Bank of England*, last modified November 12, 2015, http://www.bankofengland.co.uk/publications/Pages/speeches/2015/864.aspx.

103. "Robots, AI Will Replace 7% of US Jobs by 2025," *Forrester*, last modified June 22, 2016, https://www.forrester.com/Robots+AI+Will+Replace+7+Of+US+Jobs+By+2025/-/E-PRE9246.

104. Kristin Lee, "Artificial Intelligence, Automation, and the Economy," *Obama White House Archives*, last modified December 20, 2016, https://obamawhitehouse.archives.gov/blog/2016/12/20/artificial-intelligence-automation-and-economy.

105. Grace Lordan and David Neumark, "People Versus Machines: The Impact of Minimum Wages on Automatable Jobs," *National Bureau of Economic Research*, last modified August 2017, http://www.nber.org/papers/w23667.pdf.

106. Hayley Peterson, “McDonald’s Shoots Down Fears It is Planning to Replace Cashiers With Kiosks,” *Business Insider*, last modified August 6, 2015, http://www.businessinsider.com/what-self-serve-kiosks-at-mcdonalds-mean-for-cashiers-2015-8.
107. Michael Hiltzik, “Does Andy Puzder Really Want to Replace His Carl’s Jr. Workers with Robots? No, But⋯,” *Los Angeles Times*, last modified March 30, 2016, http://www.latimes. com/business/hiltzik/la-fi-hiltzik-puzder-20160322-snap-htmlstory.html.
108. Shan Li, “Wendy’s Adds Automation to the Fast-food Menu,” *Los Angeles Times*, last modified February 28, 2017, http://www.latimes.com/business/la-fi-wendys-kiosk-20170227-story.html.
109. The Canadian Press, “Ontario Minimum Wage Hike Threatens 50 000 Jobs: Watchdog,” *Toronto Sun*, last modified September 12, 2017, http://www.torontosun.com/2017/09/12/ontario-minimum-wage-hike-threatens-50000-jobs-watchdog.
110. “Ontario Minimum Wage Hike Sparks Debate Over Replacing Human Workers With Machines,” *CBC News*, last modified June 14, 2017, http://www.cbc.ca/news/canada/windsor/ontario-minimum-wage-hike-sparks-debate-over-replacing-human-workers-withmachines-1.4160763.
111. Ibid.

112. “5 College Degrees That Will Be Extinct in 20 Years,” *Womens Article*, accessed October 1, 2017, http://www.womensarticle.com/5-college-degrees-that-may-be-extinct-in-20-years/.

113. “What is Corporate Personhood?” *HRZone*, accessed October 31, 2017, https://www.hrzone.com/hr-glossary/what-is-corporate-personhood.

114. Kent Greenfield and Adam Winkler, “The U.S. Supreme Court’s Cultivation of Corporate Personhood,” *The Atlantic*, last modified June 24, 2015, https://www.theatlantic.com/politics/archive/2015/06/raisins-hotels-corporate-personhood-supreme-court/396773.

115. “Court in Argentina Grants Basic Rights to Orangutan,” *BBC*, last modified December 21, 2014, http://www.bbc.com/news/world-latin-america-30571577.

116. “Whanganui River the First In the World to be Given Legal Status as a Person,” *Newshub*, last modified March 15, 2017, http://www.newshub.co.nz/home/newzealand/2017/03/whanganui-river-the-first-in-the-world-to-be-given-legal-status-as-a-person.html.

117. “Robots: Legal Affairs Committee Calls for EU-wide Rules,” *European Parliament*, last modified January 1, 2017, http://www.europarl.europa.eu/news/en/press-room/20170110IPR57613/robots-legal-affairs-committee-calls-

for-eu-wide-rules.

118. May Bulman, "EU to Vote on Declaring Robots to be 'Electronic Persons,'" *Independent*, last modified January 13, 2017, http://www.independent.co.uk/life-style/gadgetsand-tech/robots-eu-vote-electronic-persons-european-union-ai-artificial-intelligence-a7527106.html.

119. "Do Robots Have Rights? The European Parliament Addresses Artificial Intelligence and Robotics," *CMS*, last modified April 6, 2017, http://www.cms-lawnow.com/ealerts/2017/04/do-robots-have-rights-the-european-parliament-addresses-artificial-intelligence-and-robotics.

120. "Saudi Arabia Grants Citizenship to Humanoid Robot," *Russia Today*, last modified October 26, 2017, https://www.rt.com/news/407825-saudi-robot-citizen-sophia.

121. Kyle Wiggers, "Meet the 400-pound Robots That Will Soon Patrol Parking Lots, Offices, and Malls," *Digital Trends*, last modified April 27, 2017, https://www.digitaltrends.com/cool-tech/knightscope-robots-interview.

122. Hassan Abbas, "Are Drone Strikes Killing Terrorists or Creating Them?" *Atlantic*, last modified March 31, 2013, https://www.theatlantic.com/international/archive/2013/03/are-drone-strikes-killing-terrorists-or-creating-them/274499.

123. "Military Robots," *Robots and Androids*, accessed October 1,

2017, http://www.robots-and-androids.com/military-robots.html.

124. J. R. Potts, "MULE (Multifunction Utility/Logistics and Equipment) Unmanned Infantry Support Vehicle (UISV)," *Military Factory*, last modified June 2, 2016, https://www.militaryfactory.com/armor/detail.asp?armor_id=314.

125. "Military Robots," *Robots and Androids*, accessed October 1, 2017, http://www.robots-and-androids.com/military-robots.html.

126. Dave Gershgorn, "Police Used Bomb Disposal Robot To Kill A Dallas Shooting Suspect," *Popular Science*, last modified July 8, 2016, https://www.popsci.com/police-used-bomb-disposal-robot-to-kill-dallas-shooting-suspect.

127. Patrick Tucker, "Armed Ground Robots Could Join the Ukrainian Conflict Next Year," *Defense One*, last modified October 10, 2017, http://www.defenseone.com/technology/2017/10/armed-ground-robots-could-make-their-combat-debut-ukrainian-conflict-next-year/141677.

128. Emily Feng, "China Agency Targets High-tech Weapons Development," *Financial Times*, last modified July 26, 2017, https://www.ft.com/content/2c9b4370-71c5-11e7-aca6-c6bd07df1a3c.

129. "'Whoever Leads In AI Will Rule the World' : Putin to Russian Children on Knowledge Day," *Russian Times*, last modified September 1, 2017, https://www.rt.com/news/401731-ai-rule-

world-putin.

130. Jamie Micklethwaite, "Sex Robot ARMIES: Fears Hackers Could Create Killer Cyborgs and Turn Technology on Punters," *Daily Star*, last modified September 9, 2017, http://www.dailystar.co.uk/news/latest-news/643302/sex-robots-hackers-killer-cyborgs-technology-elon-musk-artificial-intelligence-world-war-3.

131. "Rogue Robots: Testing the Limits of an Industrial Robot's Security," Trend Micro, last modified May 3, 2017, https://www.trendmicro.com/vinfo/us/security/news/internet-of-things/rogue-robots-testing-industrial-robot-security.

132. Andy Greenberg, "How Hackable Is Your Car? Consult This Handy Chart," Wired, last modified August 6, 2014, https://www.wired.com/2014/08/car-hacking-chart.

133. Mohit Kumar, "Unpatchable Flaw in Modern Cars Allows Hackers to Disable Safety Features," *Hacker News*, last modified August 17, 2017, https://thehackernews.com/2017/08/car-safety-hacking.html.

134. "Julian Assange Reveals the CIA's Biggest Secret: The Weeping Angel," *Digital News Network*, last modified March 8, 2017, http://www.digitalnewsnetwork.net/2017/03/08/julian-assange-reveals-the-cias-biggest-secret-the-weeping-angel.

135. Patrick Tucker, "The Future the US Military is Constructing: a

Giant, Armed Nervous System," *Defense One*, last modified September 26, 2017, http://www.defenseone.com/technology/2017/09/future-us-military-constructing-giant-armed-nervous-system/141303.

136. Mark Austin, "Elon Musk Is Convinced Killer Robots are Coming, and He Has a Plan," *Digital Trends*, last modified August 20, 2017, https://www.digitaltrends.com/cool-tech/ban-killer-robots.

137. "Global Race for AI Will 'Most Likely Cause' WWIII as Computers Launch 1st Strike-Musk," *Russia Today*, last modified September 4, 2017, https://www.rt.com/usa/401957-ww3-ai-musk-strike.

138. "Contracts," *U.S. Department of Defense*, last modified May 31, 2017, https://www.defense.gov/News/Contracts/Contract-View/Article/1198370.

139. Jon Lockett, "US Military Will Have More Combat Robots Than Human Soldiers By 2025," *New York Post*, last modified June 15, 2017, http://nypost.com/2017/06/15/us-military-will-have-more-combat-robots-than-human-soldiers-by-2025.

第六章

140. Andy Rachleff, "What 'Disrupt' Really Means," *TechCrunch*,

last modified February 16, 2013, https://techcrunch.com/2013/02/16/the-truth-about-disruption.

141. Kurt Eichenwald, "Enron's Collapse; Audacious Climb to Success Ended in a Dizzying Plunge," *New York Times*, last modified January 13, 2002, http://www.nytimes.com/2002/01/13/us/enron-s-collapse-audacious-climb-to-success-ended-in-a-dizzying-plunge.html.

142. Carl Gutierrez, "Bear Stearns Announces More Job Cuts," *Forbes*, last modified October 3, 2007, https://www.forbes.com/2007/10/03/bear-stearns-layoffs-markets-equity-cx_cg_1003markets23.html#31470483395d.

143. "An Exponential Primer: Your Guide to Our Essential Concepts," *Singularity University*, accessed October 1, 2017, https://su.org/concepts.

144. Gordon E. Moore, "Cramming More Components Onto Integrated Circuits," *University of Texas at Austin*, last modified April 19, 1965, http://www.cs.utexas.edu/~fussell/courses/cs352h/papers/moore.pdf.

145. "Peter H. Diamandis M.D.," *XPRIZE*, accessed October 1, 2017, https://www.xprize.org/about/board-of-directors/peter-h-diamandis-md.

146. Peter H. Diamandis, "The Difference Between Linear and Exponential Thinking," *Big Think*, accessed October 1, 2017,

http://bigthink.com/in-their-own-words/the-difference-between-linear-and-exponential-thinking#videos-nav-dropdown-68.

147. "Cascade Effect Thinking," *The Institute for Cascade Effect Research*, accessed October 1, 2017, https://www.cascadeeffects.com/cascade-effect-thinking.html.

148. "Tipping Point," *Merriam-Webster*, accessed October 1, 2017, https://www.merriam-webster.com/dictionary/tipping%20point.

149. Stuart Taylor, "Looking Back at 2015—A Tipping Point for the Internet of Things," *Cisco* (blog), January 5, 2016, https://blogs.cisco.com/sp/looking-back-at-2015-a-tipping-point-for-the-internet-of-things.

150. Daniel Lin, "How a Pacific Island Changed From Diesel to 100% Solar Power," *National Geographic*, last modified February 23, 2017, https://news.nationalgeographic.com/2017/02/tau-american-samoa-solar-power-microgrid-tesla-solarcity.

151. Jack Ewing, "Volvo, Betting on Electric, Moves to Phase Out Conventional Engines," *New York Times*, last modified July 5, 2017, https://www.nytimes.com/2017/07/05/business/energy-environment/volvo-hybrid-electric-car.html.

152. "Deep Shift: Technology Tipping Points and Societal Impact," *World Economic Forum*, last modified September 2015, http://www3.weforum.org/docs/WEF_GAC15_Technological_Tipping_Points_report_2015.pdf.

153. Michael Chui, James Manyika, and Mehdi Miremadi, "Four Fundamentals of Workplace Automation," *McKinsey & Company*, last modified November 2015, https://www.mckinsey.com/business-functions/digital-mckinsey/our-insights/four-fundamentals-of-workplace-automation.
154. Staff Report, "First Smart Pharmacy Run by Robot Begins at Rashid Hospital," *Gulf News*, last modified January 13, 2017, http://gulfnews.com/news/uae/health/first-smart-pharmacy-run-by-robot-begins-at-rashid-hospital-1.1961228.
155. Mark Bain, "Forget Wearables. In the Future, Your Clothes Will Connect to the Internet," *Quartz Media*, last modified November 20, 2016, https://qz.com/829521/forget-wearables-in-the-future-your-clothes-will-connect-to-the-internet.
156. MarEx, "U.S. Navy Researchers 3D-Print a Small Submarine," *Maritime Executive*, last modified July 31, 2017, https://www.maritime-executive.com/article/us-navy-researchers-3d-print-a-small-submarine.
157. James Manyika, et al. "Disruptive Technologies: Advances That Will Transform Life, Business, and the Global Economy," *McKinsey & Company*, last modified May 2013, https://www.mckinsey.com/business-functions/digital-mckinsey/our-insights/disruptive-technologies.

第七章

158. Vernor Vinge, "The Coming Technological Singularity: How to Survive in the Posthuman Era," Department of Mathematical Sciences, *San Diego State University*, last modified March 31, 1993, https://edoras.sdsu.edu/~vinge/misc/singularity.html.

159. Don Galeon and Christianna Reedy, "Kurzweil Claims That the Singularity Will Happen by 2045," *Futurism*, last modified October 5, 2017, https://futurism.com/kurzweil-claims-that-the-singularity-will-happen-by-2045.

160. Don Galeon and Kristin Houser, "Softbank CEO: The Singularity Will Happen by 2047" *Futurism*, last modified March 1 2017, https://futurism.com/softbank-ceo-the-singularity-will-happen-by-2047.

161. "Moore's Law," *Investopedia*, accessed October 1, 2017, http://www.investopedia.com/terms/m/mooreslaw.asp.

162. Siobhan McFadyen, "Eurozone Turmoil: Spain, Italy and Greece Owe Massive Debt of €1 Trillion to ECB," *Express*, last modified March 20, 2017, http://www.express.co.uk/news/world/781518/Eurozone-finance-economy-trillion-debt-ECB-Spain-Italy-Portugal-Greece.

163. Bob Bryan, "The US Government Just Passed $20 Trillion in Debt for the First Time Ever," *Business Insider*, last modified

September 11, 2017, http://www.businessinsider.com/us-debt-20-trillion-how-much-2017-9.

164. Kimberly Amadeo, "How Interest on the National Debt Affects You," Balance, last modified July 6, 2017, https://www.thebalance.com/interest-on-the-national-debt-4119024.

165. Mike Collins, "The Big Bank Bailout," *Forbes*, last modified July 14, 2015, https://www.forbes.com/sites/mikecollins/2015/07/14/the-big-bank-bailout/#71eae5f22d83.

166. Marjie Bloy, "The Luddites 1811—1816," *Victorian Web*, last modified December 30, 2005, http://www.victorianweb.org/history/riots/luddites.html.

第八章

167. Rachel Hallett and Rosamond Hutt, "10 Jobs That Didn't Exist 10 Years Ago," *World Economic Forum*, last modified June 7, 2016, https://www.weforum.org/agenda/2016/06/10-jobs-that-didn-t-exist-10-years-ago/.

168. U.S. Bureau of Labor Statistics, "Fastest Growing Occupations," *Occupational Outlook Handbook*, last modified October 24, 2017, https://www.bls.gov/ooh/fastest-growing.htm.

169. James Manyika, et al., "Jobs Lost, Jobs Gained: Workforce Transitions In a Time of Automation," McKinsey Global

Institute, last modified December 2017, https://www.mckinsey.com/global-themes/future-of-organizations-and-work/what-the-future-of-work-will-mean-for-jobs-skills-and-wages.

170. Thomas R. Eisenmann, "Entrepreneurship: A Working Definition," *Harvard Business Review*, last modified January 10, 2013, https://hbr.org/2013/01/what-is-entrepreneurship.

171. Ibid.

172. Charles A. Jeszeck, "Contingent Workforce: Size, Characteristics, Earnings, and Benefits," *U.S. Government Accountability Office*, last modified April 20, 2015, https://www.gao.gov/products/GAO-15-168R.

173. "About Us," *Upwork*, accessed October 1, 2017, https://www.upwork.com/about.

174. "Freelancers Union and Upwork Release New Study Revealing Insights Into the Almost 54 Million People Freelancing in America," *Upwork*, accessed October 1, 2017, https://www.upwork.com/press/2015/10/01/freelancers-union-and-upwork-release-new-studyrevealing-insights-into-the-almost-54-million-people-freelancing-in-america.

175. Claire Zillman, "PwC Wants To Use 'Gig Economy' Workers to Staff Projects for Its Clients," *Fortune*, last modified March 7, 2016, http://fortune.com/2016/03/07/pwc-freelance-marketplace.

176. "Chan Zuckerberg Initiative," *Chan Zuckerberg*, accessed

October 1, 2017, https://chanzuckerberg.com.
177. Ibid.
178. William Arruda "Personal Branding Guru, William Arruda", May 5, 2009, https://youtu.be/6paItEm2AF4?t=1m10s.
179. Jesko Perrey, Tjark Freundt and Dennis Spillecke, "The Brand is Back: Staying Relevant In an Accelerating Age," *McKinsey & Company*, last modified May 2015, https://www.mckinsey.com/business-functions/marketing-and-sales/our-insights/the-brand-is-back-staying-relevant-in-an-accelerating-age.
180. Lee W. Frederiksen, "The Research Behind Why You Should Grow Your Personal Brand," *International Coach Federation* (blog), November 4, 2014, http://coachfederation.org/blog/index.php/3581.

第九章

181. "Values First! Personal Values Assessment", Success Rockets LLC, http://valuesfirstassessment.com.
182. "Workplace Conflict and How Businesses Can Harness It To Thrive," *CPP*, Inc., last modified July 2008, http://img.en25.com/Web/CPP/Conflict_report.pdf.
183. Andrew J. Oswald, "Happiness and Economic Performance," *Department of Economics*, *Warwick University*, last modified April 1997, https://warwick.ac.uk/fac/soc/economics/staff/

ajoswald/happecperf.pdf.

184. Kelley Holland, “In Mission Statement, Bizspeak and Bromides,” *New York Times*, last modified September 23, 2007, http://www.nytimes.com/2007/09/23/jobs/23mgmt.html.

185. Steve Jobs, *Steve Jobs Unveils the Think Different Campaign*, YouTube video, 16:01, published March 17, 2015, https://www.youtube.com/watch? v=4HsGAc0_Y5c.

186. Ibid.

187. Dan Schawbel, “Hire For Attitude,” *Forbes*, last modified January 23, 2012, http://www.forbes.com/sites/danschawbel/2012/01/23/89-of-new-hires-fail-because-of-their-attitude.

188. Daniel Goleman, “75 Years Later, Study Still Tracking Geniuses,” *New York Times*, last modified March 7, 1995, http://www.nytimes.com/1995/03/07/science/75-years-laterstudy-still-tracking-geniuses.html? pagewanted=all.

第十章

189. Geoff Williams, “Here’s What Banking And Money Will Be Like 30 Years From Now,” *Business Insider*, last modified September 20, 2013, http://www.businessinsider.com/heres-what-banking-and-money-will-be-like-30-years-from-now-2013-9.

190. Larry Boyer, “Should You Be Worried About AI Taking Your

Job Away?" *Forbes*, last modified July 10, 2017, https://www.forbes.com/sites/forbescoachescouncil/2017/07/10/should-you-be-worried-about-ai-taking-your-job-away/#1b13de3d4843.

191. Garrett B. Gunderson with Stephen Palmer, *Killing Sacred Cows: Overcome the Financial Myths that are Destroying Your Prosperity*. Texas: Greenleaf Book Group LLC, 2008.

192. "SEC Spotlight: Crowdfunding", *Security and Exchange Commission*, accessed November 28, 2017, https://www.sec.gov/spotlight/crowdfunding.shtml.

193. "What Is Crowdfunding," *Fundable*, accessed November 28, 2017, https://www.fundable.com/learn/resources/guides/crowdfunding-guide/what-is-crowdfunding.

194. "Investor Bulletin: Regulation A," *Security and Exchange Commission*, July 8, 2015, accessed November 28, 2017, https://www.sec.gov/oiea/investor-alerts-bulletins/ib_regulationa.html.

195. "Investor Bulletin: Initial Coin Offerings," *Security and Exchange Commission*, July 25, 2017, accessed November 28, 2017, https://www.sec.gov/oiea/investor-alerts-and-bulletins/ib_coinofferings.

196. Karen Rands, *Inside Secrets to Angel Investing: Step-by-Step Strategies to Leverage Private Equity Investment for Passive Wealth Creation*, (Wow! Is Me 2017) .

197. "Angel Investor," *Investopedia*, accessed November 28, 2017,

https://www.investopedia.com/terms/a/angelinvestor.asp.

198. Larry Boyer, "Can You Be an Angel Investor? The Answer May Surprise You," *LinkedIn*, last modified August 7, 2017, https://www.linkedin.com/pulse/can-you-angel-investor-answer-may-surprise-larry-boyer/.

199. Reach Personal Branding, "1-2-3 Success! The Reach Personal Branding Process," Reach Personal Branding, https://www.reachcc.com/reachdotcom.nsf/bdf8f1dec3dadac0c1256aa700820c2c/7fc445a72ce0dbe5c1256af500027f28! OpenDocument accessed November 27, 2017.

200. Andy Lopata, "Why Connecting Is Not Enough," YouTube, March 21, 2014.

201. Alex Santoso, "Four Geeky Laws That Rule Our World," *Neatorama*, last modified September 5, 2012, http://www.neatorama.com/2012/09/05/Four-Geeky-Laws-That-Rule-Our-World/.

202. Dan Schawbel, *Promote Yourself: The New Rules for Career Success* (New York: St. Martin's Press, 2013), p. 27.

203. "Table 7. Survival of private sector establishments by opening year," *Bureau of Labor Statistics*, last modified 2016, https://www.bls.gov/bdm/us_age_naics_00_table7.txt.

204. Greg S. Reid, *Stickability: The Power of Perseverance* (New York: Jeremy P. Tarcher/Penguin, 2013).

205. Napoleon Hill. "Think and Grow Rich" (Virginia: Napoleon Hill

Foundation, 1960), pp. 43–44.

206. Sharon L. Lechter and Greg S. Reid, "Three Feet From Gold: Turn Your Obstacles Into Opportunities" (New York: Sterling Publishing Company, 2009), pp. 21–25.

结　尾

207. Quentin Hardy, "Gearing Up for the Cloud, AT&T Tells Its Workers: Adapt, or Else," *New York Times*, February 13, 2016, https://www.nytimes.com/2016/02/14/technology/gearing-up-for-the-cloud-att-tells-its-workers-adapt-or-else.html.

208. Laura Noonan, Patrick Jenkins and Olaf Storbeck, "Deutsche Bank chief hints at thousands of job losses," Financial Times, November 8, 2017, https://www.ft.com/content/e7844048-c3e5-11e7-a1d2-6786f39ef675.

209. Larry Boyer, "Should You Listen to What CEOs Are Saying?," *LinkedIn*, February 18, 2016, https://www.linkedin.com/pulse/should-you-listen-what-ceos-saying-larry-boyer/.

210. Tibi Puiu, "The AI Buster-buster: New Machine Dominates AI that Dominated Humans at GO," *ZME Science*, last modified October 19, 2017, https://www.zmescience.com/science/news-science/alphago-zero-unstoppable-432432.

211. Ibid.